高等院校学前教育专业系列教材

学前儿童文学教学能力进阶

主　编　漆　凡

副主编　张　琼　席睿琪　王少波

参　编　施　旸　杨　雨　李　珊　邓丽雯

西安电子科技大学出版社

内 容 简 介

本书根据师范院校"学前儿童文学"课程教学实际，以增强文化自信为指引，融合学前儿童文学特点和学前儿童发展特点编写而成。全书共分为三个阶段，从学前儿童文学的初步认知到运用表现，再到进阶提升，内容包括基础知识、朗读能力、表演能力、鉴赏能力、创编能力、校园活动、职业准备七个模块。另外，本书在作品选择上，既突出了学前儿童文学的特点，又兼顾了学前儿童文学教育的需要。

本书可作为高等院校学前教育专业的教材，也可作为幼儿园教师的培训教材，还可作为广大学前教育工作者和家长的参考书。

图书在版编目 (CIP) 数据

学前儿童文学教学能力进阶 / 漆凡主编 . -- 西安：西安电子科技大学出版社，2024.2
ISBN 978 – 7 – 5606 – 7162 – 8

Ⅰ . ①学⋯　Ⅱ . ①漆⋯　Ⅲ . ①学前教育—阅读课—高等学校—教材　Ⅳ . ①G613.2

中国国家版本馆 CIP 数据核字 (2024) 第 007995 号

策　　划　李鹏飞　李　伟
责任编辑　李鹏飞
出版发行　西安电子科技大学出版社（西安市太白南路 2 号）
电　　话　(029)88202421　88201467　　邮　　编　710071
网　　址　www.xduph.com　　　　电子邮箱　xdupfxb001@163.com
经　　销　新华书店
印刷单位　陕西天意印务有限责任公司
版　　次　2024 年 2 月第 1 版　2024 年 2 月第 1 次印刷
开　　本　787 毫米 ×1092 毫米　1/16　印张　14.5
字　　数　341 千字
定　　价　50.00 元
ISBN 978 – 7 – 5606 – 7162 – 8 / G

XDUP 7464001–1

＊＊＊如有印装问题可调换＊＊＊

前　言

本书是与学前教育专业"学前儿童文学"课程相配套的教材。目前，"学前儿童文学"课程的教学存在两方面的问题：一是继承文学理论课程的教学方法，过多强调文学性，重视基本理论、作家、作品的解读；二是过于重视职业性，把"学前儿童文学"课程与幼儿园语言领域教学法等同，忽视了学前儿童文学素养的培养。本书编者认为学前儿童文学课程应与学前教育的专业知识和专业技能紧密相连。为切实培养学生学前儿童文学理论素养和专业能力，实现学生专业素质的可持续发展，为今后的职业发展打下坚实基础，同时又有利于教师开展教学实践，编者组织编写了本书。

全书以职业活动为导向，以职业技能为核心，以学生为主体，以能力为本位，以项目和任务为主要载体，融理论和实践为一体。本书分为"初步认知—运用表现—进阶提升"三个阶段，遵循"理论认知—能力培养—职业需求"的发展脉络，设计了七个模块，十九个项目，五十二个任务。任务从基础训练到提高训练再到具体实践，层层递进，有助于培养学生的实践应用能力。

本书的特色如下：

一、以增强文化自信为指引

学前儿童文学作品是儿童精神成长的重要载体，对儿童思想道德素养和文学素养的形成具有潜移默化的影响。文化自信是一个民族、一个国家对自身文化价值的充分肯定和积极践行，并对其文化生命力持有的信心。因此本书以增强文化自信为指引，融入了社会主义先进文化、革命文化和中华优秀传统文化三个维度。通过模块一至七的内容，培养学生的劳动精神、工匠精神和自强不息的精神，引导学生将个人理想融入实现中华民族伟大复兴的中国梦中去。同时，通过突出传统习俗和节日，让学生了解传统文化的魅力，增强学生的文化自信，激发他们的爱国情感。这样的维度设计有助于学生全面发展，提升学生的文化素养和自信心。

二、理论知识注重文学性与专业性

本书关注学生今后从事学前教育教学工作所需的学前儿童文学基本素养：学前儿童文学作品的朗读、表演、鉴赏、创编能力以及活动设计和指导学前儿童进行文学作品阅读的能力。因此本书在编写时，参考了"学前心理学""学前教育学""学前儿童语言教育"等专业课程的理论成果，将文学性与专业性相结合，不仅培养学生理解美、欣赏美和创作美的能力，还可以通过文学作品让学生理解学前儿童的成长需求，从而更好地理解学前儿童，热爱学前儿童，并在未来的学前教育工作中综合运用所学知识与技能，提高自身的职业认可度和专业素养。

三、产教融合、双元主体编写

编写团队成员包含省级示范幼儿园园长，"校""园"双元主体进行教材编写。每一个模块都设计了"园长谈文学"板块，由张琼、兰萍、黄海蓉、叶妍、易小红、朱颖娜、艾剑云七位幼儿园园长引领学生踏入学前儿童文学之门，感受文学之美。本书突出职业精神，以培养学生综合职业素养和问题解决能力为共同目标，以工作任务和工作过程为基本内容，提高人才培养质量。

四、与教学实践相结合

本书的编写思路来源于课程教师多年的教学思考和改革实践。本书编者主持的"学前儿童文学"课程在 2019 年已被认定为江西省高职院校精品在线开放课程，经过多轮的教学实践，对学生专业能力、综合素质提高有明显的效果。本书是教学实践与理论研究的成果。

本书由宜春职业技术学院漆凡担任主编；宜春市直属机关幼儿园书记张琼，宜春职业技术学院席睿琪、王少波担任副主编。具体编写分工为：漆凡负责模块一、模块五中项目二、模块七的编写及全书的统稿工作，张琼负责"园长谈文学"板块及书中部分案例的编写，席睿琪负责模块二中项目一和项目二、模块五中项目一的编写，王少波负责模块六中项目二的编写；施旸负责模块二中项目三的编写；杨雨负责模块六中项目一的编写；李珊负责模块三的编写；邓丽雯负责模块四的编写。

本书在编写过程中借鉴和参考了一些国内外学前儿童文学的研究成果，在此表示感谢。由于编者水平有限，本书难免有疏漏之处，希望得到同行专家、教师和学生们的批评指正，以期今后修订和完善。

编　者
2023 年 12 月

目　录

阶段一　初步认知

模块一 基础知识

思政点睛

学前时期是人这一生中身心发展最为迅速的时期，也是诸多能力发展、品格塑造的关键时期，是终身发展的奠基时期。帮助学前儿童认识世界、愉悦心性、健康成长是学前儿童文学的责任。

园长谈文学

1. 请你谈谈学前儿童文学作品在你成长过程中的影响。
2. 请你谈一谈幼儿教师树立正确的儿童观和文学观的重要性。

园长分享：基础知识

我们邀请到了江西省南昌红谷滩龙岗幼儿园园长艾剑云为大家分享她的见解。首先，她强调了学前儿童文学作品对她自己成长的深刻影响。这些文学作品不仅丰富了她的世界观，还在她的情感和价值观的发展中扮演了关键角色。其次，艾园长认为树立正确的儿童观可以帮助幼儿教师理解学前儿童的需求和兴趣，选择符合年龄发展特点的学前文学作品。树立正确的文学观可以帮助幼儿教师发现文学的美，从而更好地鉴赏儿童文学作品。她的见解为学前儿童文学教育提供了宝贵的实践经验，为教育工作者和家长提供了有益的指导。通过她的故事，我们不仅可以理解学前儿童文学的重要性，还可以看到如何在实际教育中应用这些理念，以促进学前儿童的全面发展。

项目一 课程概述

任务一 了解课程的目标和内容

学习目标

知识目标
(1) 理解学前儿童文学教学能力培养的三个阶段。
(2) 掌握课程学习目标。
技能目标
掌握学前儿童文学对未来职业发展的作用。
素质目标
培养对学前儿童文学作品的兴趣与爱好，养成阅读作品的习惯。

了解课程目标和内容

课前学习

(1) 观看微课视频"了解课程目标和内容"，了解课程的基本情况。
(2) 课前思考：你认为学习"学前儿童文学"课程可以获得哪些能力？

学习支持

一、"学前儿童文学"课程目标

"学前儿童文学"是学前教育专业的专业基础课程，是与学前教育专业学生未来职业生涯联系最为紧密的课程之一。学前儿童文学课程教学只着重于基本知识的学习与作品鉴赏能力的提升，是远远不够的。课程应当注重将学前教育专业知识和专业技能紧密相连，这是因为该课程关乎学前教育专业学生今后从事学前教育教学工作所需要的学前儿童文学基本素养，例如学前儿童文学作品的鉴赏、传递、创编、教学和活动设计等方面的能力。

基于此，"学前儿童文学"课程的目标为：培养学生在掌握学前儿童文学基本理论的基础上，能够根据学前儿童的年龄特点和各种文学体裁的特点，对各种文学作品进行赏析、讲述、表演，最终达到能够设计与组织学前儿童文学相关教育教学活动的水平。同时，学生能够通过文学作品更好地理解儿童、热爱儿童，提高作为学前教育工作者的职业认可感。

二、"学前儿童文学"课程内容

课程内容思维导图见图 1-1。

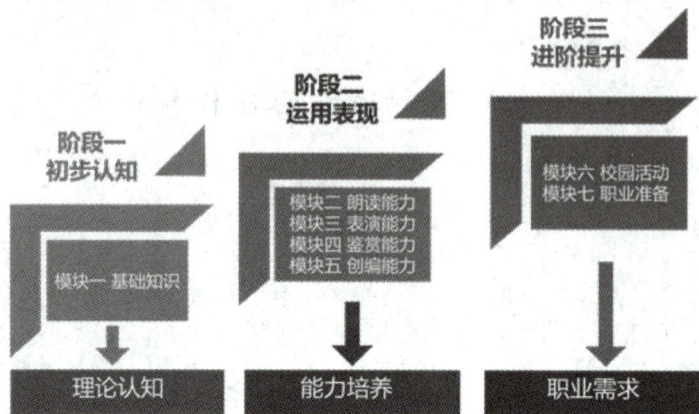

图 1-1　课程内容思维导图

第一阶段为初步认知，主要介绍学前儿童文学相关基础知识，包含课程概述、树立儿童观、树立文学观、认识各类型文体。

第二阶段为运用表现，主要介绍各类型文体作品的朗读、表演、鉴赏、创编能力，将第一阶段介绍的各文体特征、类型和表现手法等文体知识运用于实践中，培养理解美、欣赏美和创作美的能力，其中以儿歌、幼儿诗、幼儿故事、幼儿图画书、戏剧和童话的朗读、表演、鉴赏、创编为重点。

第三阶段为进阶提升，主要介绍学前儿童文学能力的综合运用，内容包含校园活动和职业准备。以学生校园生活的各项活动和幼儿园教育活动的实际问题为场景，通过综合实训将理论知识的学习与实践紧密结合起来，真正实现理论、实际一体化，培养学生的综合职业能力和职业素养。

技能练习

列出你想获得的能力清单。

任务二　了解课程学习方法

学习目标

知识目标

理解"学前儿童文学"课程的学习模式。

技能目标

能熟练使用课程平台进行课前学习和论坛讨论。

素质目标

培养团队意识和协作意识。

课前学习

课前思考：你会采用哪些方法进行课程学习？

学习支持

一、"学前儿童文学"课程学习模式

"学前儿童文学"课程采用混合教学模式 (见图 1-2)。

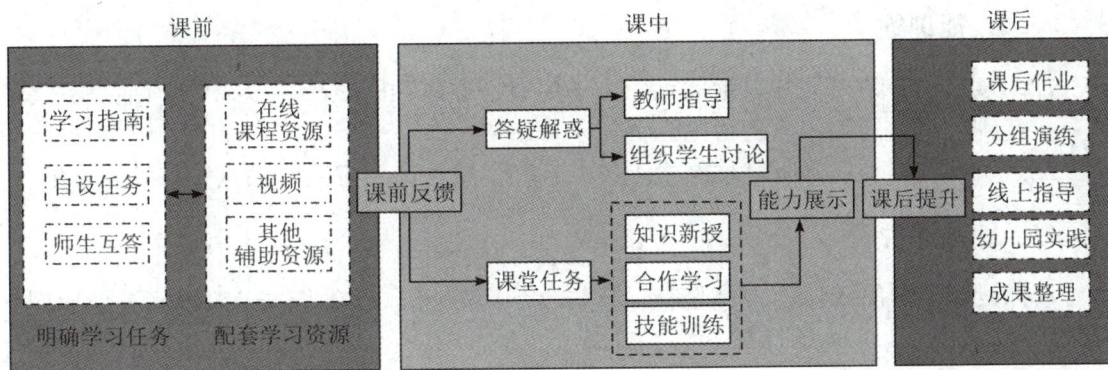

图 1-2　混合教学模式图

　　课前，学生可以利用学习任务单、线上配套学习资源、课程论坛 (这些资源均可在学前儿童文学的在线课程中获得，网址为：https://www.xueyinonline.com/detail/200243799)，明确学习内容，了解学习任务，完成课前测试。

　　课中，教师先根据学生课前学习和讨论情况进行答疑解惑，再根据教材的学习支持、课堂模拟实训、多形式评价等活动完成学习任务，展示能力。

　　课后，学生在完成课后作业后，可通过小组演练的方式来进行能力提升，教师可进行线上指导，掌握学生的能力水平并进行针对性的指导。再通过学期综合实践活动到幼儿园进行锻炼，整理成果，组织分享。课程网站配备优秀作品展示，这些丰富的资源帮助学生虚实结合、理实一体，实现深化学习、强化技能水平的目标。

二、"学前儿童文学"课程学习方法

(一) 问题导向，主动探究

　　《幼儿园教师专业标准（试行）》指出：幼儿园教师要"坚持实践、反思、再实践、再反思，不断提高专业能力"。在学习课程时，我们可以遵循"探究问题—生成问题—依靠线上资源、教师指导、同伴讨论解决问题"的路径，获得能力提升。

（二）碎片学习，自由灵活

本书配套的资源遵循颗粒化原则，以短小精练为准则，推荐学生利用碎片化时间随时观看，高效地预习、学习、复习。学生既可以循序渐进地学习本书内容，也可以通过索引卡片选择有兴趣的内容进行重点学习。

（三）团队协作，激发创意

"学前儿童文学"是一门实践课程，注重读、演、写等方面能力的训练，具有较强的操作性。如果想更好地感受和体验学前儿童文学的魅力，就需要积极参与各种学习活动，与兴趣和经验水平各不相同的同伴一起组建学习团队，共同激发创新能力。

技能练习

一、技能训练

1.朗读活动：请声情并茂地朗读图画书中最让你感动的一个片段或一句话，录成音频，上传到"学习通"相应的讨论区。

2.点赞评论活动：倾听其他同学上传的音频，给你认为好的音频点赞并发表评论。

二、朗读评价表

请你设计一个朗读评价表，以表格的形式写出你评价作品的标准及其所占分值比例，分值采用百分制。

项目二 树 立 儿 童 观

任务一 了解学前儿童身心发展规律

学习目标

知识目标

(1) 了解学前儿童生理、心理及言语三个方面的发展规律。

(2) 掌握发展规律对学习学前儿童文学的启示。

技能目标

掌握学前儿童文学作品对学前儿童身心发展的促进作用。

素质目标

培养多学科综合思考的能力。

课前学习

请回忆一部印象深刻的学前儿童文学作品，并谈谈该作品对你产生的影响。

学习支持

学前儿童文学是以 0~6 岁学前儿童为本位的文学。只有了解学前儿童的特性，作家才能创作出学前儿童能接受的作品，教育者才能选择适合学前儿童年龄阶段发展的作品，帮助其认识自然、了解社会、体验情感，推动个体智力和心理健康发展。因此学前儿童文学是一门交叉学科，需要吸收心理学、语言学、教育学等领域的研究成果。下面我们将从生理特征、心理特征和言语发展特征三个方面来了解学前儿童身心发展的规律。

一、生理特征

个体的生理发展又叫生物因素的发展，指人类个体的生理结构与机能的变化，包含身体形态、组织结构、大脑的生长发展和身体机能生长发育过程，是一个连续而统一的动态过程。结合学前儿童文学的特点，此处侧重介绍学前儿童大脑及大脑功能发展特征。

（一）婴儿期（0~3岁）

0~3 岁是大脑发育的敏感期，具有可塑性。在生命的早期，大脑的发展并不是单纯按照成熟程序展开的，而是生物因素和早期经验两者结合的产物。经验可以改变和调整发展中的神经系统，这就是人类具有独特的可塑性、适应性和个体差异性的原因。同时也意味着给0~3岁婴儿提供科学合理的早期经验刺激，可以挖掘其大脑潜力，促进智力发展。

（二）幼儿期（3~6岁）

幼儿期脑部结构逐渐成熟，幼儿能控制自发性的运动，逐渐具备注意和记忆等能力。随着言语系统逐渐形成，幼儿不仅可以通过直接感知来认识周围事物，还能通过词语的描述、讲解来认识更多不能直接感知的事物。

进入幼儿期后，幼儿的高级神经活动的基本过程——兴奋和抑制机能在不断加强，幼儿每天醒着的时间比以前相对有所增加，有了更多时间去认识事物。我们能用言语帮助幼儿调节其行为和动作，这为培养良好的学习习惯、形成优良的品质提供了条件。同时，幼儿对事物的分辨更加精准，记忆能力更加牢固，且其大脑机能的发展，使其可以开始进行系统的文化知识学习。

二、心理特征

（一）感觉

感觉是大脑对直接作用于眼、耳、鼻、舌、皮肤等感觉器官的客观事物个别属性的反映，也是人最早发生和成熟的心理过程。

学前儿童感觉的特点是：观察和感知事物时较多关注形体的外部特征，是大轮廓、粗线条的，其空间知觉的水平较低，时间知觉发展较迟。

因此，学前儿童文学作品中人物的塑造应注重外部形象的描绘，背景介绍应简洁，时间交代宜笼统。

（二）思维

思维是人脑对客观事物间接和概括的反应过程。

学前儿童思维的特征是：以具体形象性和无意性为主导，抽象逻辑性和有意性初步发展，但缺乏符号认知能力和逻辑推理能力。

因此，学前儿童文学作品一方面应用生动形象的事物和引人入胜的情节吸引学前儿童的注意，另一方面应关注其抽象思维的发展，以给他们探究的兴趣。

（三）想象

学前儿童的精神世界中想象占据主导地位，其想象有以下四点特征。

(1) 万物有灵：世界万物都是有灵性的，学前儿童把那些没有生命或意识的东西都视为有生命、有意识的东西。

(2) 万物有情：学前儿童认为周围的物体都是有感情的。

(3) 自我中心化：学前儿童在进行想象时是从自己的角度出发的。

(4) 视觉外观性：学前儿童往往借助于视觉，对外在形体进行观察，形成自己的想象。

因此，学前儿童文学作品经常用幻想、拟人、比喻、夸张、荒诞、变形的手法来表现事物及其形态，这是非常符合学前儿童想象特征的，有助于他们想象力的发展。

（四）记忆

学前儿童的记忆以无意性为主，有意性记忆初步发展。他们对新奇、特别的事物或是在熟悉场景中发生的事情的记忆能力较好。

因此，押韵、节奏感强、简短的儿歌和描绘学前儿童熟悉生活场景的作品较容易被他们所记住。

（五）注意力

学前儿童的注意力分为无意注意力和有意注意力两种。他们的注意力以无意注意力为主，集中的时间短暂且注意力易转移。一般来说，3 岁的幼儿能集中注意力 3～5 分钟，4 岁的幼儿能集中注意力 10 分钟左右，5～6 岁的幼儿能集中注意力 15 分钟左右。

因此，学前儿童文学作品的篇幅不宜过长，情节要紧张、起伏、有趣，描写事物要新奇。

三、言语发展特征

（一）婴儿言语的形成

1 岁以前是婴儿言语形成的准备期，1～3 岁是婴儿言语真正形成的时期，婴儿言语发展的基本规律是先听懂再学说。

1 岁左右的婴儿能听懂 20 个左右的词，能模仿说出几个词。1 岁半时的婴儿能够说出 50 个词。1 岁半以后是婴儿言语发展最迅速的时期，2 岁时的婴儿能说出 200 多个词，能说出简单句，初步掌握言语。2～3 岁的婴儿能开始说出复合句。3 岁左右的婴儿初步掌握了本民族的基本语言。

（二）幼儿言语的发展

3～6 岁幼儿言语的发展主要是口头语言的发展，主要表现在词汇、语法、表达等方面。幼儿词汇的发展主要表现为词汇数量的增加、词类范围的扩大和词义理解的深化。语法上学会了问句、否定句、复杂句。表达上掌握了许多交谈技巧，沟通能力得到发展。

（三）给学前儿童文学的启示

结合婴幼儿言语发展特点，学前儿童文学作品的语言应力求简洁易懂、形象生动，多用简单句和口语化的句子，以符合婴幼儿言语发展的规律，但也要注意应稍微超出婴幼儿的实际理解能力，以促进婴幼儿言语的发展。

技能练习

张老师在集体活动中发现孩子们的注意力发生了转移，你能运用学前儿童文学作品帮助张老师把孩子们的注意力吸引过来吗？

任务二　了解学前儿童接受文学的特点

学习目标

知识目标

(1) 理解成人读者对学前儿童文学发展的意义。

(2) 掌握学前儿童接受文学的特点。

技能目标

能尝试用合适的语音、语调传递出学前儿童文学作品。

素质目标

站在学前儿童的角度理解他们接受文学作品的特殊性。

课前学习

(1) 观看微课视频"学前儿童文学的接受对象"。

(2) 你认为学前儿童是如何接受学前儿童文学作品的。

学前儿童文学的
接受对象

学习支持

一、学前儿童文学作品的读者构成

学前儿童文学作家致力于创作符合学前儿童特征、愉悦其身心的作品。0~6 岁的学前儿童是学前儿童文学作品首位的、基本的阅读者和接受者。

由于学前儿童处于认知水平、语言能力的发展期，自主阅读学前儿童文学作品的能力还不够，需要成人的辅助。成人 (家长和幼教从业者) 出于教育和熏陶学前儿童的目的，为他们选择恰当的学前儿童文学作品，并在其阅读过程中给予指导，于是成人也成了学前儿童文学作品的重要读者，他们是学前儿童阅读学前儿童文学作品的引导者。此外，在学前儿童文学作品的创作、编辑、研究过程中还有成人作家、编辑、评论家的参与，他们都是学前儿童文学作品的成人读者。

因此，学前儿童文学作品的读者主要有两类：儿童读者、成人读者。这给学前儿童文学作品的创作、评价和研究带来了挑战，应如何对待成人读者呢？

首先，我们要坚持"儿童本位"的观点，成人读者虽然也是学前儿童文学作品的读者，但不是首位和主体，因此不能过分重视成人读者。如果为了迎合成人读者的精神需求而创作，那就偏离了学前儿童文学作品的本质。

其次，不能忽视成人读者，将学前儿童文学作品局限于为学前儿童服务。优秀的学前儿童文学作品应该是能够伴随人的一生的，不同年龄阶段的读者都能从中发掘出新的资源，从而得到滋养。成人读者在学前儿童文学作品中获得的就是这种最纯粹的审美感受：学前儿童文学作品相当于温情的港湾，可以带他们追忆久逝的纯真，净化其在成长和社会化过程中负累的心灵。

最后，成人读者是学前儿童理解作品的桥梁，他们给学前儿童选择什么样的作品，在其阅读的过程中提供什么样的指导，将直接影响到学前儿童接受学前儿童文学作品的程度以及学前儿童文学作家的创作倾向。本身不主动接近学前儿童文学作品，只是为了让孩子获得发展的成人读者，我们称之为被动读者。这类读者在选择作品时表现出较明显的功利性。当前的学前儿童图书出版市场上，一些打着"益智"旗号且种类繁多的学前儿童文学作品就迎合了被动读者对学前儿童智力发展的需求。面对被动的成人读者，学前儿童文学作品要承担起对他们进行启蒙的重任，一方面创作出符合学前儿童发展规律的科学的作品，引导成人读者循序渐进地教育孩子；另一方面要让这些被动的成人读者认识、感受到学前儿童文学作品的魅力，喜欢学前儿童文学作品，使其从单纯为教育孩子出发进行选择转变为内心喜爱并想把这种感受传递给孩子的主动读者。

二、学前儿童接受文学作品的特点

学前儿童在生理、心理和言语发展等方面的特殊性决定了他们在欣赏学前儿童文学作品时也有其特殊的方式。

（一）"听赏"是学前儿童接受文学作品的主要方式

虽然学前儿童掌握了本民族的语言，但还没有达到真正意义上的阅读所需要的识字水平，因此他们接受学前儿童文学作品时需要"中介者"（家长或教育工作者）的指导和帮助。成人通过朗读、讲述、描绘、讲解等方式将作品传达给学前儿童，学前儿童通过听觉来接受和欣赏。这也提示"中介者"应为学前儿童选择恰当的作品，用声音、语调传递出作品的韵律、节奏、趣味，准确解读作品的思想蕴含。

（二）"图画"是学前儿童理解文学作品的重要途径

虽然学前儿童因为识字能力不足不能进行文本阅读，但从感知方面讲，他们的形状知觉和颜色知觉已经发展，从思维方面讲，他们已经开始能够理解直观画面的局部或整体的内容，并可以通过口头语言将其表达出来。因此，在前识字阶段，学前儿童能够阅读图画材料，即具备了前阅读的能力。用色彩、线条、造型、构图来描绘故事的图画书是学前儿童在前阅读阶段最好的阅读材料。

优秀的图画书顺应了学前儿童阅读的能力、认知的发展水平，使儿童亲近文学、喜欢阅读。

（三）"感受"是学前儿童欣赏文学作品的主要特征

学前儿童的思维方式带有较强烈的主观性，他们以自我为中心地去思考问题、感受世界，这使得他们不仅认为万物皆有生命，还无法将想象与现实分清，无法将感性升华到理性，始终将注意力集中在感兴趣的形象、色彩和声音上。他们愿意模仿这些形象的动作、语言、神态、行为等，容易投入故事的情境中去，体会人物所经历的各种情感。他们很难像成人读者那样置身事外地去欣赏作品，他们常常把自己的感情完全投射到故事中的人物身上。因此，我们必须了解学前儿童这种纯真、直露、感性的思维方式，并呵护他们稚嫩的心理，给他们选择美好的作品。

技能练习

"听赏"是学前儿童接受文学作品的主要方式，请用合适的语音、语调传递出下列作品。

儿歌《小动物》

小鸡小鸡叽叽叽，
爱吃小虫和小米。
小鸭小鸭嘎嘎嘎，
扁扁嘴，大脚丫。
小青蛙，呱呱叫，
专吃害虫护庄稼。
小肥猪，胖嘟嘟，
吃饱饭，睡呼呼。
小松鼠，尾巴大，
轻轻跳上又跳下。
我帮你，你帮他，
采到松果送回家。
小孔雀，真美丽，
身穿一件花衣裳。
衣服干净又整齐，
我们大家喜欢你。

项目三　树立文学观

任务一　理解学前儿童文学的内涵

学习目标

知识目标

(1) 了解学前儿童文学的概念。

(2) 掌握学前儿童文学的文学性。

技能目标

能熟练表述学前儿童文学作品对学前儿童身心发展的促进作用。

素质目标

从学前儿童观出发感受学前儿童文学的美。

课前学习

(1) 观看微课视频"学前儿童文学概述",了解学前儿童文学的内涵。

(2) 学前儿童文学是儿童文学的一个分支,你认为两者之间的联系和区别是什么?

学前儿童文学
概述

学习支持

学前儿童文学是以0～6岁学前儿童为接受主体,具有符合其独特审美意识与心理发展的艺术特征,能促进其健康成长的文学。

学前儿童文学的内涵可从以下三个方面来理解。

一、学前儿童文学是符合学前儿童特征的文学

儿童文学按照读者对象年龄阶段的不同可分为学前儿童文学、童年文学和少年文学。学前儿童文学是儿童文学的一个分支。

学前儿童文学:以婴幼儿期(0～6岁)的学前儿童为对象。

童年文学:以童年期(7～12岁)的儿童为对象。

少年文学:以少年期(13～15岁)的儿童为对象。

三个年龄阶段的儿童在生理、心理、审美等方面存在很大的差别,因而三个层次的文学在儿童文学的共性之上又有着各自的特殊性。学前儿童文学必须符合0～6岁学前儿童的生理、心理特征和接受能力,适应他们感知事物规律、欣赏文学作品的年龄特点,从而被

他们理解并喜爱。这是作家在创作、成人在鉴别学前儿童文学作品时首先要考虑的因素。

如果作品内容以学前儿童及其生活为描写对象，但立足于成人视角，且语言繁复、结构错杂，超出他们的理解和接受能力，这样的作品不能称之为学前儿童文学作品。而一些作品的描写对象虽然并不是学前儿童(如《长腿爸爸》)，或者创作初衷并不是给学前儿童看(如《西游记》)，但因其某些方面适应了学前儿童的心理特点和审美情趣，备受他们的喜爱，便进入了学前儿童文学的范畴。

因此，把握学前儿童文学的含义，我们首先要明确的是："写学前儿童"和"为学前儿童"不是判断学前儿童文学的最主要因素，"符合学前儿童特征"才是最核心的标准。不考虑学前儿童特殊性的作品，就不属于学前儿童文学的范畴。只有真正关注学前儿童年龄特征、心理特质和审美意识的作品才能称之为学前儿童文学作品，才能为学前儿童的健康成长提供良好的精神食粮。

二、学前儿童文学的目的性

学前儿童文学不是一种纯粹自我的艺术，其担负着教育的使命，这始于儿童文学诞生之初。儿童文学的概念产生于现代，在古代东西方文学类别中都没有将儿童文学单独列出来。儿童文学的独立依赖于现代儿童观的确立。如果未意识到儿童是区别于成人的独立群体，不为儿童单独创作出一种特殊的文学来满足其需求，儿童文学就无法成为独立学科，而现代儿童观的萌发直接与教育相关。

童年概念的迅速发展使得儿童文学得以独立。这使儿童文学呈现出与其他类型文学样式不同的特质，其具有较强的目的性，且承担着让儿童得到健康成长的重任。

在现代儿童观的指导下，我们要意识到学前儿童文学的教育性决不能与理性主义的传经说教、功利主义的拔苗助长等同。我们要用正确的儿童发展观带给学前儿童享受童年乐趣的权利，用优质的儿童文学作品守护、培养、发展他们的感性，供给他们成长所必需的土壤、阳光和养分。

三、学前儿童文学的文学性

儿童概念的产生使儿童文学有了从文学大系中独立出来的契机，但儿童文学还需要以文学为根基使其真正成为独立学科。作为文学大系统中的一个分支，学前儿童文学具有文学的一般属性，符合文学的基本审美特征和创作规律，是一门语言的艺术。

基于婴幼儿思维发展和能力的特点，学前儿童文学作品更注重内容的趣味可感、结构的简洁单纯、形象的具体生动、语言的浅显明快、情感的真善美。只有那些具有生动鲜明的形象、活泼明快的语言、丰富奇妙的想象、贴近学前儿童生活的场景和饱含真挚情感的作品才能吸引学前儿童主动关注，进而使其产生听赏和阅读的兴趣，收获各种美感体验，陶冶身心。

技能练习

以幼儿诗《春雨的悄悄话》为例，谈谈你对学前儿童文学目的性的理解。

《春雨的悄悄话》

樊发稼

嘀嗒，嘀嗒，下春雨啦。

嘀嗒，嘀嗒，那是春雨在跟小树说悄悄话——

这里的小朋友可好啦！

他们不折你的枝丫，

也不用弹弓把鸟儿打。

长吧，快快地长吧！

等你长高，等你长大，

爱唱歌的黄鹂、画眉，

穿花衣裳的斑鸠、喜鹊，

都要来你这里安家。

任务二 了解学前儿童文学的特点

学习目标

知识目标

(1) 了解学前儿童文学的故事性。

(2) 掌握学前儿童文学的美学特征。

技能目标

能熟练表达学前儿童文学作品对学前儿童身心发展的促进作用及其体现出的美学特征。

素质目标

培养多学科综合思考的能力。

课前学习

你认为学前儿童文学区别于其他文学的美体现在哪里？

学习支持

一、学前儿童文学的文本特征

（一）学前儿童文学的故事性

1. 故事性与学前儿童阅读

故事性是指文学作品中完整的故事情节所造成的叙事特质，是一切叙事性文学作品的共同特质。学前儿童文学作品就是以故事性吸引读者，故事性强读者就读，故事性不强读者就不读。

故事性与学前儿童阅读联系紧密。第一，吻合学前儿童的阅读需求心理，喜欢听故事是学前儿童的本能和需求。第二，故事性反映了学前儿童的思维——学前儿童读文学作品是出于一种故事思维，他们凭借故事来体会作品中的生活。第三，故事性是为学前儿童写作的作家和学前儿童共同的思维方式，作家借故事将思想变为感觉，学前儿童凭借故事去感觉作品中的思想。

2. 故事性构成的常用方式

几种常见的故事性构成方式如下：

"纵列式结构"又称"顺叙法"，以时间顺序安排结构，分为按某一事件发生发展的自然进程，按某一人物经历变化的自然进程，按某一事物的来源或产生的自然进程三种程式。这种构成方式有利于满足儿童读者希望从头到尾、有声有色地阅读故事前因后果的愿望，有利于丰富故事的可传递性。

"三迭式结构"又称"三段法"，在故事情节的安排上，一般遵循三迭式发展的原则。或把事件分成开端、发展、结局三个阶段进行叙述，或在人物事件的配置上以"三"为单位，或重在表现人物活动和事件发展前后三次的重叠变化。这是传统民间故事的叙事手法在儿童文学中的运用。如童话《稻草人》《野葡萄》就采用了这种构成方式。

"连环式结构"又称"多段式情节反复法"，其特点是在三迭式反复的基础上再一环扣上一环地向前延伸、发展，情节的推进次数超出三次以上，如《木偶奇遇记》的多重情节发展，五次奇遇，五大波澜。

"对立式结构"又称"对照法"，即从正反、左右、前后、上下等相互对立的两个方面来组织情节。对立可以是人物自身的对立，也可以是人物与人物的对立。如张铁苏的儿歌《没耳朵变尖耳朵》、张天翼的童话《大林和小林》就采用了这种构成方式。

3. 故事性在不同文体中的具体体现

"故事性"是以情节的完整起伏来体现的。"故事"也是吸引学前儿童的手段，迷恋故事是他们的天性，因此，故事性体现在学前儿童文学的所有文体中。

儿歌、幼儿诗用简单的情节来吸引学前儿童读者的注意力。即使是韵文作品也有故事存在，这个"故事"体现为情节。情节即事件发展的过程，儿歌和幼儿诗中的情节有完整短小而凝练的特点，如蒋应武的《小熊过桥》、金波的《春的消息》。

童话用故事性来加强人物形象的塑造。童话凭借故事性增强自身的奇幻性、可读性。幼儿故事以故事性表现事件的过程，加强故事的吸引力和趣味性，如《煎饼帽子》《克里克塔》《六个娃娃七个坑》等。

（二）学前儿童文学的语言特点

1. 幻想性

学前儿童在阅读学前儿童文学作品的过程中可以受到童话故事和寓言等文学体裁的熏陶。童话故事，是在幻想的世界中描写人物和事件，在学前儿童心中唤起想象的形象，唤起他们对真善美的追求；寓言是一种言简意赅、意蕴深远的文学体裁。学前儿童读这些作品时，可以受到启迪和教育，可以想象自己就是这些形象的创造者。学前儿童文学作品中所运用的一些富有幻想性的语言，有助于学前儿童从中获得丰富的想象，在想象中感受美、创造美。

2. 形象性

学前儿童文学作品所塑造和描写的形象是作家通过对学前儿童心理和生活环境的描写来塑造的。这不仅是经过精心构思和选择而成的，而且语言文字要生动形象、富于美感。学前儿童是活泼好动和好奇多问的，用富有感染力的语言来刻画人物形象和塑造丰富多彩、栩栩如生的形象，才能够吸引读者。

3. 韵律感

学前儿童在阅读学前儿童文学作品时，会受到韵律感的影响。韵律以语音为基础，又通过韵脚构成押韵。押韵有增强语言节奏感、促进理解等作用，使作品富有音乐美和节奏美。

二、学前儿童文学的美学特征

学前儿童文学作为文学的一种特殊门类，除了具备一般文学的美学特征，还具有独特的美学特征。学前儿童文学的美学特征主要表现在纯真美、稚拙美、荒诞美等方面。

（一）纯真美

在广袤而复杂的大千世界面前，学前儿童有着一颗纯真之心，这也是他们天真纯朴的心理状态。孩子的心灵是单纯而明净的，他们不谙世事，以真诚的天性对待一切事物。这种纤尘不染的童真得到许多作家的热情讴歌，人们甚至用童真去对照、映现成人世界的种种病态与丑恶。纯真美是学前儿童文学独有的美，它是学前儿童纯洁真诚的心灵在作品中的艺术再现，它所展现的是一种极为透明、至纯至真的美，常给成人以自愧弗如的感觉。

李其美的《鸟树》是一篇生活气息浓郁的幼儿生活故事，描写了学前儿童爱护生灵的纯真故事。幼儿园的冬冬和扬扬捉住了一只小鸟，他们喂小鸟东西、帮小鸟找妈妈、解绳子放小鸟飞，可小鸟已经死了。他们很难过，想不通为什么对小鸟那么好，小鸟还会死掉。一连串的细节把两个孩子天真、纯洁、善良、富于同情心的纯真感情真切自然地表现出来。他们埋葬了小鸟，折了一根葡萄藤插在土堆上。春天，藤上长出了绿芽，他俩认为那就是鸟树，鸟树长大后会开鸟花结鸟果，鸟果裂开会跳出很多小鸟。作品真实地写出了学前儿童天真无邪的童心和属于他们那个年龄的独特的想象，真实感人、真情动人。

（二）稚拙美

稚拙，是学前儿童文学天然拥有的美学语汇和艺术特质。

稚拙是幼稚而拙朴，表现了一种原始而又纯真的感情的艺术形式。学前儿童的"稚"和"拙"是其心智未开时固有的天性。学前儿童生活经验不足，却喜欢用自己有限的经验来解释世界。这种矛盾所产生的想法和行为，充满了情趣。

学前儿童文学作品中的稚拙美不是愚昧无知、呆头呆脑的表现，而是作家对学前儿童天性的认识、提炼和升华，也是对其独特心理的艺术把握和再现。它所展示的是一种质朴的、原始的，有悖于常情常理却异常透彻、明净而又令人惊奇、赞叹的美。

在郑春华的《小鸭子毛巾》中，托儿所的阿姨把小鸭子毛巾收去洗了。小朋友们午睡起来后到处找小鸭子毛巾，有的说飞走了，有的说大概到河里洗澡去了，于是大家一起喊："小鸭子毛巾，快——回——来！"作者精心选取了学前儿童特有的心理、行动、思想和感情，使作品的稚拙美表现得淋漓尽致。

（三）荒诞美

荒诞美是学前儿童的"自我中心"思维在文学中的反映。他们不懂得事物的内在联系，常常将不同类别、不同性质的事物混淆在一起。因此，其在审美时对作品中的"荒诞"部分特别容易接受。学前儿童文学中的荒诞美是具有喜剧色彩的，往往表现为怪异、奇特、夸张、巧合、公然违反常规而又似乎合情合理等，给人以奇异怪诞而又自由轻松的审美愉悦。

儿歌中的颠倒歌，集中、突出地体现了学前儿童文学的荒诞美，如"麻雀踩死老母鸡、蚂蚁身长三尺六、八十岁的老头儿坐在摇车里"，充分体现了学前儿童任意逻辑的思维特点，具有强烈的荒诞美。

学前儿童只有从小感受美、欣赏美，萌生对美的热爱之情，才会为日后去追求美、创造美积蓄起足够的心理动力。学前儿童文学能够培养他们的审美能力，即对美的感受能力和欣赏美的能力。学前儿童文学以其独特的美深深地感染着学前儿童，成为文学中最具特色、最具魅力、最鲜活、最可爱的一个分支。

技能练习

分析《一朵红玫瑰》对学前儿童身心发展的促进作用及其体现出的美学特征。

《一朵红玫瑰》
张秋生

雾来了，白白的雾弥漫在森林里。

小猴不敢下树，小鹿不敢出门，松鼠把头探出洞外，又缩了回去。尽管他们的肚子饿得咕咕叫了，也不敢出门找一顿早餐。

因为这太危险了。说不定在雾里会绊倒、会迷路，还会碰上凶狠的老虎、狼和蟒蛇……

终于，雾消散了，太阳露出了笑脸。

奇怪的是，小猴的树下放着一堆黄瓜；

松鼠的树下有一串蘑菇；

小鹿家的门口，放着几个苹果……

是谁干的好事呢？谁也不知道。

小猴搔搔头皮，找来了松鼠、小鹿、小羊、小兔、豪猪、刺猬和小黑熊。

小猴说："是谁干了好事，给我们大伙送来了蘑菇和瓜果，我们应该感谢他。"大伙都同意，可是没有谁出来承认。

小猴朝大伙看了一眼，继续往下说："其实我早就知道是谁干的了，就在他干好事的时候，我偷偷在他胸前别上了一朵红玫瑰，可他还不知道呢！"

大伙立刻东张西望，找别人胸前的红玫瑰。只有小黑熊慌忙低头看自己的胸前。

小猴拍着巴掌笑了。他说："我知道是谁干的好事了，我代表大伙感谢他。"说着，小猴从身后拿出一朵鲜艳的红玫瑰，别在了小熊的胸前。

大伙热烈地鼓起掌来。

这次，轮到小黑熊搔自己的头皮了，他不好意思地笑了……

任务三　了解学前儿童文学的功能

学习目标

知识目标

(1) 了解学前儿童文学的功能。

(2) 理解学前儿童文学的娱乐功能。

技能目标

能结合具体作品说明学前儿童文学在学前儿童教育中的作用。

素质目标

坚持以学前儿童文学作品让学前儿童感受美、理解美、评价美和创造美的立场。

课前学习

请回忆一个体现出快乐的学前儿童文学作品。

学习支持

一、审美功能

学前儿童文学以艺术形象教育和感染读者，作品中表现出的温暖、快乐、幽默和机智等都萦绕着美的感情、美的精神、美的品格，对学前儿童的意识和情感有着极为强烈的感化力量。

人对事物的审美体验是根据一定的美的评价标准而产生的高级情感。学前儿童爱美、求美之心迫切，培养他们的审美能力很重要。在学前儿童文学作品中，美与丑的表现是鲜明的。他们会在对作品形象的感知中，通过对形象自身的内外对比和两个形象的反差做出自己的判断，在对比中鉴别了美丽与丑陋、纯真与虚假、文明与粗野，受到美的观念的熏陶。

学前儿童文学中的文学形象有助于培养学前儿童的审美鉴赏能力。学前儿童文学作家将生活中较粗糙、分散和处于自然形态的美的事物，形象地概括提炼为更强烈、更丰满和更理想的艺术美，通过作品集中表现生活美、自然美与艺术美。学前儿童文学既是生活的真实反映，也是生活的审美反映。通过作家所塑造的一系列丰满、理想的艺术形象，来影响学前儿童的思想感情，培养和陶冶学前儿童健康的生活情趣，发展其欣赏能力，加深了他们对现实生活中美的感受和领悟。

培养学前儿童感受美、理解美、评价美和创造美的能力是学前儿童文学整体审美功能的实现，是一种学前儿童发展过程中升华的推动，属于一种精神力的培养。这是一个渐进且历时的过程，从学前儿童时期接受文学作品到逐渐成熟，再到能初步评价作品，在这个过程中文学接受体现为：从初期的感知、感受，到最终的理解、评价和创造。

二、教育功能

学前儿童文学是陪伴和促进学前儿童精神成长的重要资源，引导学前儿童从自然人向社会人转化，引导其形成健全人格。学前儿童在阅读和欣赏儿童文学作品的同时潜移默化地受到思想、品德方面的启发和教育，以及情感、情操、精神境界等方面的感染和影响。

应该正确对待学前儿童文学的教育功能，不能将学前儿童文学读物等同于课本，不能直截了当地说教，而应寓于作品形象中，遵循作品的"文学性"教育，以形象化的教育引导学前儿童，培养学前儿童。

三、娱乐功能

学前儿童文学的娱乐功能是一种客观的存在。学前儿童最不喜欢枯燥的故事和乏味的叙述，他们需要有趣的东西。娱乐，是学前儿童生理和心理上的自然需要。现代心理学研究证明，童年期是一个充满了压抑感和焦虑感的困惑时期。为了释放自己压抑的情绪，学前儿童必须找到一条释放自己情绪的途径。娱乐有助于疏导他们的情绪，有助于教育功能的实现，有助于愉悦其身心，有助于培养学前儿童活泼开朗的性格。因此，学前儿童文学相对于成人文学来说，总是洋溢着更为浓郁的谐趣和欢愉之美。

四、认知功能

学前儿童有着强烈的求知欲，学前儿童文学能通过作品的内容扩大学前儿童认知领域。学前儿童文学能以其生动的形象、有趣的情节和活泼的笔法，把小读者引进那个他们想要探知的世界，从而激发他们的好奇心与求知欲，引发他们浓厚的认知兴趣。

科学文艺作品，更是吸引他们用好奇的心理去打开科学的大门。如高炜宾的科学幻想小说《心脏停止跳动以后》，作者用了幻想之笔描绘了未来医学的动人前景：人们制造出太阳能心脏，以神奇的力量征服心血管疾病。

学前儿童文学还能提高学前儿童的语言能力，优秀的学前儿童文学作品所使用的优美、规范的文学语言是学前儿童学习的极好材料，从质量和数量上丰富了学前儿童的词汇。

此外，在学前儿童文学作品的欣赏过程中还能培养学前儿童的想象能力和思维能力，陶冶情操，启迪心智。

技能练习

列举具体作品案例，说明学前儿童文学在学前儿童教育中的重要作用。

项目四 认识各类型文体

任务一 了解文体知识

学习目标

知识目标

了解学前儿童文学各种文体的概念。

技能目标

准确掌握区分各种文体的方法。

素质目标

在阅读学前儿童文学作品的过程中，提升文学素养，加强审美体验。

课前学习

(1) 查询并阅读幼儿故事《谁勇敢》，把握幼儿故事的内涵和特点。

(2) 你知道学前儿童文学都包括哪些文体吗？请分别举出一些代表作品。

学习支持

一、学前儿童文学各文体相关知识

（一）儿歌

1. 概念

儿歌是适合学前儿童听赏念唱、具有民歌风味的简短歌谣。它是儿童文学中最古老、最基本的体裁形式之一。儿歌中既有民间流传的童谣，也有作家创作的新儿歌，它是儿童歌谣的简称，是人们口头诗歌创作的一个重要组成部分。

2. 种类

儿歌有以下九种：

(1) 摇篮曲。摇篮曲又称摇篮歌、催眠曲，古代称其为抚儿歌。它是母亲或其他亲人哄孩子睡觉时所哼唱的儿歌，也是学前儿童最早接触的一种文学样式。儿歌音韵轻柔悦耳，音调柔和动听，抒情性强，它的主要作用是催眠。母爱是摇篮曲永恒的主题。例如：

《摇篮曲》

莱蒙托夫

睡吧，我可爱的小宝贝，

睡吧，睡吧！

明月静悄悄，把你摇篮照，

我给你讲故事，给你唱歌谣，

你闭上小眼快睡觉。

睡吧，睡吧！

(2) 游戏歌。游戏歌是学前儿童游戏时伴随着一定的游戏动作而吟唱的儿歌。孩子们边玩边唱，既可以提高游戏的兴趣，给孩子们带来欢乐，又可以协调游戏的节奏和动作，还可以丰富游戏的内容。

(3) 数数歌。数数歌是培养学前儿童掌握数目概念的儿歌。它是数学与文学的巧妙结合，融数字教学、知识教育和形象描述为一体，让学前儿童在轻松愉快的诵读中掌握一些基本的数学知识，学会数数或简单的运算，被认为是学前儿童最早的算术教材。例如：

《数蛤蟆》

一只蛤蟆一张嘴，

两个眼睛四条腿，

扑通一声跳下水。

两只蛤蟆两张嘴，

四个眼睛八条腿，

扑通扑通跳下水……

(4) 问答歌。问答歌又叫答调、对歌、盘歌，是一种采取一问一答或多问多答的形式来描述事物、反映生活的儿歌。例如：

《什么好》

朱晋杰

什么好？

公鸡好，

公鸡喔喔起得早。

什么好？

小鸭好，

小鸭呷呷爱洗澡。

什么好？

小羊好，

小羊细细吃青草。

什么好？

小兔好，

小兔玩耍不吵闹。

(5) 连锁调。连锁调又叫连珠体、连句或衔尾式，其运用"顶真"的修辞手法，将上句末尾的词语作为下句的开头。在韵律上，每个层次更换一个韵脚，上句起韵，并用此韵引出下句，往往是"随韵接合、义不相贯"。例如：

《野牵牛》

金波

野牵牛，

爬高楼；

高楼高，

爬树梢；

树梢长，

爬东墙；

东墙滑，

爬篱笆；

篱笆细，

不敢爬；

躺在地上吹喇叭，

嘀嘀嗒！嘀嘀嗒！

(6) 字头歌。字头歌又叫字尾歌，是一种古老的儿歌形式，每句句尾词语基本相同。字头歌多以"子""头""儿"做尾字，一韵到底，语言亲切风趣，有很强的韵律感。

(7) 绕口令又称"急口令""拗口令"，指用声、韵、调相近的词语组成意义简单、内容诙谐有趣的儿歌，具有短小、绕口、活泼、有趣、节奏明快的特点，对学前儿童吐字、咬字的语言训练有重要作用。例如：

《四和十》

四是四，

十是十，

十四是十四，

四十是四十。

(8) 颠倒歌。颠倒歌又叫滑稽歌、古怪歌或倒唱歌，指故意把事物的本来面目颠倒过来叙述，使其具有幽默和讽刺意味的儿歌。颠倒歌以诙谐、幽默和夸张为基本调子，使学前儿童在笑声中辨别真伪，加强对正确事理的认识，培养他们的幽默感。

(9) 谜语歌。谜语歌，即用儿歌形式表达谜面的谜语。谜语歌采用寓意的手法，抓住谜底与谜面间的某种联系，以歌谣的形式叙述现象和事物的特征。学前儿童通过联想、推理和归纳等脑力活动，猜出谜底，从而达到认识事物、培养想象力、开发智力和增添乐趣的目的。

3. 作用

学前儿童最早接触的文学样式就是儿歌。儿歌总是和他们的游戏活动相伴相随，因此儿歌对学前儿童的作用也就和游戏的作用联系在一起，使他们在欢歌嬉笑中受到文学的感染。

1) 学前儿童情感教育的需要

学前儿童听唱儿歌既可以联络与周围人的感情，也可以使他们的情感得到抒发，从而调节他们的情绪，使其得到愉悦。其中，学前儿童听儿歌，会从和谐优美的声音中感受亲人的爱抚，从而产生情感效应，心理得到慰藉和满足。学前儿童唱儿歌，则是感情的外泄过程，能从中体验并模仿成人的劳作和生活，验证自己的经验和记忆。例如：

《小板凳》

小板凳，

真听话，

和我一起等妈妈。

妈妈下班回来，

我请妈妈快坐下。

这首儿歌抒发了孩子对妈妈依恋、期盼妈妈早点回家的真实情感，从而使其学会尊重妈妈，尊重他人。

2) 学前儿童启迪心智的需要

儿歌中有大量的作品，都是以某方面的知识为题材，可以形象有趣地帮助学前儿童认识自然界，认识社会生活，开发他们的智力，启发他们的思维和想象力。儿歌中有介绍山水草木和鸟兽虫鱼的形象、习性和功能的，有描述日月星辰、四季节气变化的，也有介绍浅显的自然和生活常识的，还有介绍简单数字和时间观念的。例如：

《雨》

千条线，

万条线，

掉在河里看不见。

再如：

《风来咯》

风来咯，

雨来咯，

老和尚背了鼓来了。

这两首儿歌描绘了两幅趣图：一幅是睁着大大的眼睛看着唰唰雨点落在河里，却再也找不到影子而面面相觑的可爱的面孔，通过比喻将雨的形态形象地表现出来；另一幅是一群顽皮又兴高采烈的孩子，一边落荒而逃一边欢呼……通过儿歌让学前儿童知道了什么是雨和风。可以说，儿歌是引导他们认识世界、认识自己、步入人生的一个启蒙者。

3) 语言训练的需要

儿歌语言浅显、明快、通俗易懂、口语化、有节奏感，便于学前儿童吟诵。反复吟诵儿歌，能帮助他们矫正发音、正确把握概念、初步认识事物，并能培养他们语言的连贯性和表达力，训练和发展思维，培养和提高他们运用语言的能力。例如：

《一个瓜》

金瓜瓜，

银瓜瓜，

瓜瓜落下来，

打着小娃娃。

娃娃叫妈妈，

　　　　妈妈抱娃娃，

　　　　娃娃怪瓜瓜，

　　　　瓜瓜笑娃娃。

　　这首儿歌是典型的用来纠正发音的作品。"怪""瓜"同声母，"瓜""妈""娃"同韵母，"金""银"发音相似，较难念清，将这些字、词组合在一起，构成了生动有趣的小诗，激发想象力，更有助于提高学前儿童的表达能力。

（二）幼儿诗

1. 概念

　　幼儿诗是指以学前儿童为主体接受对象，适合于其听赏吟诵的自由体短诗。这个概念有三个层面的含义：第一，要切合学前儿童的心理；第二，要适合学前儿童听赏吟诵，抒发情感，寄托乐趣；第三，幼儿诗是自由体短诗，不讲究严格的韵律，篇幅也不宜过长。

2. 种类

　　幼儿诗有以下七种：

　　(1) 抒情诗。抒情诗是作者以主人公的口吻，直接抒发内心的思想感情的文学样式。儿童抒情诗可以借景抒情、托物抒情，但大多是直接抒情，自我色彩明显。

　　(2) 叙事诗。叙事诗是通过写人叙事来表达思想情感的诗。叙事诗对故事的完整性没有严格的要求，情节结构允许有较大的跳动。叙事诗要求情节生动、语言精粹、形象鲜明、意境优美且富有童趣。

　　(3) 童话诗。童话诗是以诗的形式叙说富于幻想夸张色彩的童话（或传说）故事的作品。童话诗有完整的童话故事情节，其中的人物多是拟人化的动物形象。

　　(4) 题画诗。题画诗是根据画面题写的抒情诗。它的特点是诗情与画意有机融合，内容源于画面，但又不拘泥于画面，它往往是从画面的内容或其中一点展开的。它可以与画一起供学前儿童欣赏，也可以脱离画面，作为独立的诗歌存在。

　　(5) 散文诗。散文诗是用散文形式写的抒情诗。它比一般的抒情诗自由灵活，在语言形式上，分段不分行，不要求有严格的韵律，但具有诗的抒情性、韵律感和优美的意境。

　　(6) 讽刺诗。讽刺诗是用比喻和夸张等手法对生活中孩子的某些不良现象或不良习惯进行提示或批评，引导他们对照自省的幽默诙谐的幼儿诗。

　　(7) 幼儿科学诗。幼儿科学诗是用诗歌的语言与形式来表现科学的幼儿诗。

3. 作用

　　幼儿诗是"听觉"的文学，学前儿童通过听赏、诵读来体会这个世界的丰富多彩。幼儿诗可以让学前儿童亲近母语，感受情感的诗意表达，丰富他们的想象力。他们对诗歌不但敏感，而且善感。

（三）幼儿故事

1. 概念

　　幼儿故事有广义和狭义之分：广义的幼儿故事包括学前儿童童话故事、笑话和为学前儿童改写的神话、传说故事等；狭义的幼儿故事是指适合学前儿童欣赏的篇幅短小、情节单纯且语言浅显的叙事性文学作品。我们在这里所说的是狭义的学前儿童故事。

2. 种类

幼儿故事有以下四种：

(1) 生活故事。生活故事是直接源于现实生活的故事，大都取材现实生活或与之有关的社会内容，有很强的现实针对性。

(2) 动物故事。动物故事主要描绘动物的生活、行动和它们之间的相互关系，或介绍各种动物习性、特点，或表现它们与人类的交往关系，并间接地反映人类社会的生活。

(3) 历史故事。历史故事是以一定史料为依据而编写的故事。历史故事大致分为两类：一类以表现事件为主，描写发生在某一历史时期的重大历史事件；另一类以表现人物为主，描写某一历史时期的重要历史人物。

(4) 图画故事。图画故事是一种以图画形式来表现故事内容的文学样式。大致可分为两类：一类是无文图画故事；另一类是图文并茂的故事，以图为主，以文为辅。图画书的适用范围较宽，浅显的作品适合学前儿童阅读，深刻的作品则适合中、高年龄段以上的少年儿童。

3. 作用

学前儿童正处于生理和心理的成长期，对世界满怀好奇，喜欢探究未曾接触过的事物。故事中多样的题材、丰富的生活场景和开阔的视野给他们认识世界、了解世界提供了极好的平台，为他们答疑解惑，促进他们身心的成长，让他们增长知识、发展智力，并从中受到感染和教育，懂得分辨真善美与假恶丑，提升对爱憎是非的情感认识。

（四）幼儿图画书

1. 概念

幼儿图画书是以图画为主、文字为辅或者全部用图画表现故事内容的一种特殊的学前儿童文学样式。

2. 种类

幼儿图画书分为无文图画书和图文并茂的图画书。

无文图画书没有文字，完全用画面表现故事内容，具有情节简单，篇幅短小，用画面的跳跃性表现情节的连续性等特点。

图文并茂的图画书采用有文字又有图画的方式表现内容。其特点是图文共同表现作品主题，两者相辅相成，形成一个不可分割的整体。图文并茂的图画书包括两种：一种以图为主，配有少量文字，提示故事发展脉络，比较适合年龄较小的孩子阅读；一种文字比较丰富，配有少量图片，比较适合年龄较大的孩子阅读。

3. 作用

新西兰图书馆馆员多罗西·怀特在《关于孩子们的书》中说："图画书是孩子们在

人生道路上最初见到的书，是人在漫长的读书生涯中所读到的书中最重要的书。一个孩子从图画书中体会到多少快乐，将决定他一生是否喜欢读书。幼儿时期的感受，也将影响他长大成人以后的想象力。"可见，图画书能让学前儿童在对画面的感知中快速理解事物，较早地得到文学艺术的美感熏陶，对其健康成长有着多方面的作用。

1) 满足阅读欣赏需求

图画书能满足学前儿童的阅读欣赏需求，有利于其智力的发展。学前儿童的审美活动常常依赖于感性形象，图画书通过一个个富有吸引力的画面讲述故事，用生动的视觉刺激弥补了经验的不足，并与文字相互印证，为其提供了视觉性的文学传达，满足了其认知的需要，培养其观察力。同时，图画作为一种比文字更直观、更丰富有趣的信息符号载体，其生动的视觉表现为学前儿童提供了一个广阔的想象空间，他们在阅读图画书或听成人讲述图画故事的同时，会将静止的画面变为头脑中生动的情节画面，激发其对所视对象的兴趣。在这个过程中，学前儿童的想象力、观察力、记忆力及创造力等诸多思维能力都得到了发展。

2) 促进语言能力发展

图画书作为学前儿童的最佳读物，比其他种类的学前儿童文学作品更具优势的是，它通过美丽的图画为故事情节提供视觉支持，能更有效地帮助学前儿童理解和记忆，学前儿童在阅读过程中能够潜移默化地掌握了大量丰富、生动的词汇。另外，学前儿童在倾听或与他人进行讨论的过程中，就画面内容可发表自己的看法，以获取丰富的阅读体验，积累大量的素材，从而提升其语言表达能力。

二、如何区分儿歌与幼儿诗

幼儿诗和儿歌都属于诗歌艺术，但在我国学前儿童文学中这两类属于不同的韵文体裁。虽然两者有交叉的情况，但它们在总体上有明显的区别，具体如下：

(1) 节奏特征：幼儿诗的节奏、韵律比较灵活自由；儿歌则特别讲求节奏、韵律，音乐性很强，格式比较整齐，被称为"半格律诗"。

(2) 语言表达：幼儿诗的语言具有一定的书面语色彩；儿歌的语言则十分口语化。

(3) 题材内容：幼儿诗的题材广阔，内容丰富；儿歌则多取材于日常生活，内容单纯浅近。

(4) 表现手法：幼儿诗可以自由地运用多种多样的艺术手法，注重情感的抒发、思想内涵的锤炼、意境的营造和表达的含蓄；儿歌则常以叙述、白描及说明等方式表述事物现象，偏重于明白的展示，追求生动幽默，富有趣味，有着明显的实用性和游戏性。

(5) 接受对象：幼儿诗适合年龄稍大的中、大班孩子听赏诵读，儿歌则更受小班孩子的喜爱。

(6) 篇幅长短：幼儿诗有长有短，不受限制，其中叙事诗、童话诗的篇幅都比较长；儿歌因为有口头创作、供学前儿童吟唱的特征，一般都较为短小。内容详见表1-1。

儿歌和幼儿诗的区别是相对的，作为同样适合学前儿童的诗歌文体，两个文体间的渗透和融合不可避免。

表 1-1   儿歌与幼儿诗的区别

类 别	儿 歌	幼 儿 诗
接受对象	以婴幼儿及幼儿园小班的学前儿童为主	以幼儿园中、大班的学前儿童为主
思想内容	单纯、直率，表现主题较直接，取材于日常生活，表现事物的现象	含蓄曲折，构思严密，文学意味更浓，内容丰富，以间接形式表现主题，注重意境营造、情感抒发，联想思考成分多
篇幅结构	有口头创作特征，一般较为短小，结构简单	篇幅长短不拘，结构较为复杂
语言表达	采用口头语，语言浅显易懂，讲求顺口好记，合辙押韵，句式整齐，节奏韵律严格，注重语音外在表现形式的音乐感	采用书面语，语言优美、含蓄。句式韵律要求不严格，形式灵活自由，音乐美体现在诗意之外
功 能	歌唱游戏，有明显的娱乐实用价值	听赏吟诵，具有审美及提高艺术欣赏能力的作用
历史形成	有悠久的历史，古老的民间童谣提供了丰富和较为成型的表现形式，可作为儿歌创作的依傍	相对短暂，除从古代诗歌、外国诗歌、儿歌中借鉴外，无直接应用的经验

技能练习

简述以下作品分别属于哪类文学体裁，并分析它们的异同。

《夏天在哪里》

夏天在哪里？
夏天在树上，
知了吱吱叫。
夏天在哪里？
夏天在池塘，
荷花香味飘。
夏天在哪里？
夏天在头上，
戴顶小红帽。

《夏天爱什么》

秋天喜爱把树上的黄叶抖掉，
冬天喜爱给小河贴上冰的封条，
春天喜爱撒处处花花草草，
夏天喜爱什么？
只有我知道。
我知道夏天爱吹口哨。
你听，"知了、知了……"
一只蝉儿，一只口哨，
吹得多么热闹。

任务二　熟知文体特点

学习目标

知识目标

了解儿歌、幼儿诗、幼儿故事及幼儿图画书的基本特征。

技能目标

能够准确区分学前儿童文学的不同文体。

素质目标

培养熟知多种文体的素养。

课前学习

(1) 查询并诵读儿歌《太阳和月亮》《矮矮的鸭子》，把握儿歌的特点。

(2) 查询并诵读幼儿诗《阳光》《虫和鸟》，把握幼儿诗的特点。

(3) 课前讨论：上节课我们区分了幼儿诗和儿歌的异同，那么同学们能简单总结出幼儿诗和儿歌这两种文体的特点吗？

学习支持

一、儿歌的特点

在学前儿童文学领域中，儿歌占有重要的地位。它采用了积极健康的内容题材、生动活泼的艺术形式和朗朗上口的语言，可供学前儿童听、赏、玩、悟，同时，儿歌又以其独特的艺术魅力深深地吸引着他们，启迪孩子们的智慧，陪伴他们度过欢乐的童年。

（一）语言通俗，内容浅显

儿歌作为供学前儿童吟唱欣赏的一种听觉艺术，语言要合乎学前儿童口语，浅显易懂。一首儿歌往往单纯、集中地描述一件事物或某种现象，明白地表达一个意思或事理，让他们一听就懂，很快领悟到其中的内涵，并且受到启迪。例如：

《布娃娃》

圣野

布娃娃，

不听话，

喂她吃东西，

不肯张嘴巴。

这首儿歌天真稚气，表达了学前儿童对周围生活的模仿与思考。同时，孩子在诵唱这首儿歌的时候，能够联想到自己平时吃饭挑食的情景，有助于养成良好的生活和行为习惯。

（二）篇幅短小，主题活泼

浅显不浅薄、单纯不单调是古人称儿歌为"天地之妙文"的原因。由于学前儿童还处在"无意记忆"的心理发展阶段，他们的生活经验较少、知识有限，辨别事物的能力较弱，模仿性强，因此儿歌一般都比较短小精巧、结构简单、易于记忆。一般只有短短的四句、六句、八句，也有较长的。就每句的字数看，有三言、四言、五言、七言、杂言。内容通常较为活泼，充满稚趣。例如：

《小青蛙》

全舒

小青蛙，

叫呱呱。

捉害虫，

保庄稼。

我们大家都爱它。

这首儿歌仅仅十九个字，描述了青蛙鸣叫的田野图画，并告诉学前儿童青蛙是益虫的生活常识。

（三）形象具体，节奏明快

学前儿童处于学习语言和提高语言表达能力的阶段，具有好动的特点，注意力难以集中和持久，他们对事物的感知多从兴趣出发，因此富有音乐感、节奏明朗及表现学前儿童生活情趣的儿歌语言可以引起他们的愉悦感，带给他们美感，激发其学习语言的积极性。儿歌都具备押韵、节奏明快、易唱、语言活泼的特点。例如：

《矮矮的鸭子》

谢武彰

一排鸭子，个子矮矮。

走起路来，屁股歪歪。

翅膀拍拍，太阳晒晒。

伸长脖子，吃吃青菜。

一排鸭子，个子矮矮。

走起路来，屁股歪歪。

二、幼儿诗的特点

"诗者，吟咏性情也"。诗歌作为一种文学样式，着重于自我内心世界的展示和对社会、自然以及人生的心灵感受。幼儿诗作为诗歌的一种，具有诗歌所共有的特征：一是要把情感与想象完美结合，二是语言凝练又具有音乐美，三是结构具有跳跃性。幼儿诗的主要接受对象是幼儿，它符合其年龄和心理特点，因此幼儿诗充满了游戏性、趣味性、直感性和幻想性。幼儿诗的特点主要表现为以下五点。

（一）自然率真的情感

幼儿诗抒发的是学前儿童自然率真的情感，表达的是喜怒哀乐和理想愿望，以及天真烂漫的情感。例如：

《蘑菇》

林良

蘑菇是，

寂寞的小亭子。

只有雨天，

青蛙才来躲雨，

晴天青蛙走了，

亭子里冷冷清清。

　　这首简单、短小的幼儿诗抒发的是每一个害怕孤独的孩子的情感，弥漫着一种淡淡的孤独感。

（二）鲜明动感的形象

　　学前儿童思维的特点是具体形象，即通过表象进行思维，所以，幼儿诗中往往有比较直观的图画和形象。幼儿天性好动，他们对活动的事物最感兴趣，他们自己的情感也是起伏多变的，因此，幼儿诗歌里的形象具有强烈的动感，可以说幼儿诗就是"动"的诗。例如：

《阳光》

林武宪

阳光在窗上爬着，

阳光在花上笑着，

阳光在溪上流着，

阳光在妈妈的眼里亮着。

　　诗人用"爬""笑""流""亮"这几个动词，将阳光描绘了成了一个可爱、调皮的孩子，形象、具体又富有动感。作品最后一句"阳光在妈妈的眼里亮着"体现了伟大的母爱主题，富有感染力。

（三）充满稚趣的想象

　　学前儿童的想象力非常丰富，而且常常是物我不分、主客体不分，在他们的世界里，万物皆有灵性，花会笑、草会舞、鸟会唱。幼儿诗就是在想象的世界里用心灵和学前儿童对话，常读幼儿诗可以引导孩子张开想象的翅膀，感受世界的美丽。幼儿诗常常采用夸张、比喻、拟人、象征等手法来表现丰富的想象，例如：

《春天》

熊博宇

春天是只大懒虫，

妈妈叫了好久，

也不醒。

春雷公公来了，

把它的大鼓一敲，

吓得春天，

滚到了大地上。

　　这位八岁的小诗人，运用比喻的手法将春天比作一只大懒虫，形象地描绘了春雷滚滚，一场春雨洒落大地的场景。

（四）灵动巧妙的构思

　　幼儿诗注重与学前儿童心理的契合，并以此吸引他们的好奇心。通过对日常生活中的事物加以新鲜的想象、精心的设计，融合学前儿童喜好的情感色彩，展现他们特有的天真、率直、无邪和活泼的天性。例如：

《猫头鹰》

常福生

睁一只眼放哨，

闭一只眼睡觉。

我要是像猫头鹰，

该有多妙！

一只眼睁着看电视，

一只眼闭着睡觉。

全诗在"睁一只眼""闭一只眼"上起笔，道出了千万小"电视迷"的心声。展现了诗人在学前儿童视角下的幽默思考，这种对比和联系使诗歌具有趣味性，透过孩子的想象创造出了一幅生动有趣的画面。

（五）自然明快的韵律

幼儿诗讲求节奏、韵律，因而具有音乐美。在节奏、韵律上，它比儿歌自由宽松，比成人诗单纯明快。它不仅音韵自然和谐，而且力求诗中内在的感情起伏和外在的音响节奏声情相应。幼儿诗常用反复的手法以及叠音词、象声词等，摹声绘色，使诗的语言具有回环往复的音乐美。例如：

《轻轻》

寒枫

轻轻的云朵，

轻轻的风。

轻轻的柳条，

轻轻地动。

轻轻的小船，

轻轻地划，

轻轻的桨声响不停。

我轻轻地唱支划船歌，

"轻轻是我，

我是轻轻。"

这首甜美的小诗中描写的一切都是轻轻的，云朵、风、柳条和小船等景象都是轻轻的，划船是轻轻的，桨声是轻轻的，连同"我"唱的划船歌也是轻轻的。以简洁明了的语言，描绘了一幅优美轻盈的图画。轻快的节奏、和谐的音韵、叠音词"轻轻"的反复运用，形成了小诗独具一格的音乐美，给人以轻柔如梦的美感，把孩子们引入美妙绝伦的意境之中。

三、幼儿故事的特点

幼儿故事具有自己的艺术魅力和艺术特征。它独特的艺术特征主要有以下三点。

（一）主题明确，内容写实

幼儿故事的主题大都较为明朗，有一定的针对性和教育意义。学前儿童认知世界，在很多时候是通过模仿来实现的。因此，最贴近他们生活的故事成了他们的最爱，这些故事截取了他们日常生活中的某些现象、片段、事例，在很大程度上是他们生活的真实写照。孩子看故事似乎就看到了自己。对于很多生活中发生的事情，学前儿童由于缺乏生活经验，无法判断其对错、是非，但通过故事往往能够迎刃而解，并在以后的生活中学习、模仿，这就达到了故事的教育意义。

例如《瓜瓜吃瓜》，写的是一个喜欢吃西瓜的小男孩儿因为乱扔瓜皮而没有吃到外婆送来的大西瓜的故事。教育孩子们不要乱扔果皮，意在让孩子们认识并摒弃不良习惯，保持公共卫生，遵守社会公德。

（二）情节曲折，结构单纯

由于学前儿童的注意力容易分散和转移，精力难以集中和持久，平淡乏味的故事很难引起他们的兴趣，所以幼儿故事需要生动曲折的情节，要有悬念、有波折。但是，由于学前儿童逻辑思维能力不强、生活经验不足，因而故事的情节和结构又不能起伏过大，要讲究线索单一，即情节沿着一条线索发展，贯穿到底。单纯而不平直，短小而又曲折，是幼儿故事与成人故事在情节结构上的区别之一。例如，《狐狸和鹤的酒宴》中狡猾的狐狸怎么会请鹤吃饭呢？作者设计了狐狸用"大平盘里的汤"捉弄鹤，鹤通过"细颈水瓶里的汤"回敬狐狸的故事情节，告诉孩子们想办法害人终究没有好结局的道理。

（三）叙述明快，充满情趣

优秀的幼儿故事，不仅要有鲜明的主题、生动的人物和情节，还应当有浓郁的儿童情趣，学前儿童才乐于接受。学前儿童故事是以孩子真实的生活为底本，写给孩子欣赏的，因此有生活情趣才能调动孩子听赏的积极性。

例如，冰子的《小手印》就是一个风趣幽默、充满儿童情趣的故事，讲的是"飞飞拍完皮球不洗手直接去抓馒头，馒头上的手指印在显微镜下变成了一群妖怪——细菌和虫卵"的故事。

四、幼儿图画书的特点

图画书是图画和文字相结合的综合性艺术样式。在图画书中，图画和文字不是简单相加，而是互相渗透、互相融合、图文并茂，共同表现同一个主题，共同创造同一个世界。幼儿图画书也因此区别于学前儿童文学的其他体裁，而具有自己的鲜明特征。

（一）具有直观的形象

图画故事与以文字为载体的学前儿童文学故事的最大区别在于它是运用视觉语言来讲述故事，通过鲜明协调的色彩、创意独特的构图和富有动感的画面构成具有完整意义的故事，从而以直观的故事形象直接作用于幼儿的视觉，作品的内容直接呈现为可感可视的画面。它比纯粹的语言艺术更形象直观。

例如，由欧洲民间故事《大灰狼和七只小羊》改编的图画故事，就给孩子们带来充分的视觉享受：狼打开门进来，所有的小羊都很惊慌，有的藏在大钟里，有的藏在床下，有的藏在门后，还有的藏在沙发后……这时，画面的提示使孩子们感到情势的紧迫，他们担心着小羊的命运，专注地寻找着躲在各处的小羊。故事的结尾是羊妈妈剪开狼肚子救出了小羊，而被装了一肚子石头的老狼一头掉进了山洞。在这个故事中，连续的画面使故事情节变得清晰可见。

（二）充满趣味的画面

学前儿童的观察、注意与记忆有很强的无意性，这就要求图画应该富有情趣，具有学前儿童的生活气息，才能唤起其的记忆，激发其的感情。画面的趣味性是图画书的生命，只有有趣味的图书才能让孩子爱上读书。例如，图画书《狐狐》的封面上画着一只小狐狸忘情地吹着骨头笛子，笛子的一端还有一只小鸟，也在投入地歌唱。画面有趣、灵动，狐狐亲切、深情。仅仅是封面就会让孩子产生阅读期待：到底是什么样的情形让狐狐拿起了笛子来吹奏呢？到底发生了一个什么样的离奇的故事呢？其中又有什么样的思想呢？这些问题将引领孩子走进图画书。

（三）明朗的色彩搭配

色彩是一种特殊的语言，要求图画色彩与故事要表达的中心相吻合，与故事的风格相统一，与故事表达的情感相协调。色彩的浓淡，线条的粗细，风格豪放或婉约，都受故事内容的约束。同时，色彩的变化与处理会不同程度地作用于学前儿童的视觉与心灵。图画的和谐美，会给予他们更高层次的审美启蒙。

（四）简洁的语言表达

有的图画书没有文字，有的图画书配有少量文字。图画书中的文字不是图画的补充，而是整个故事的有机组成部分，文字和图画有机地结合在一起，共同形成一个优美的文学世界。有的图画书中虽然文字并不多，但是非常点睛。例如，日本作家五味太郎的《鳄鱼怕怕 牙医怕怕》讲述了鳄鱼找牙医治牙病的故事，故事中没有多余的叙述，只将必要的语言分别重复一次，就道出了鳄鱼与牙医同样惊人相似的想法。

技能练习

请简要分析以下幼儿诗的特点。

《家》

杨唤

树叶是小毛虫的摇篮，

花朵是蝴蝶的眠床。

歌唱的鸟儿谁都有一个舒适的巢。

辛勤的蚂蚁和蜜蜂都住着漂亮的大宿舍，

螃蟹和小鱼的家在蓝色的小河里，

绿色无际的原野是蚱蜢和蜻蜓的家园。

可怜的风儿没有家，

跑东跑西也找不到一个休息的地方，

飘流的云没有家，

天一阴就急得不住地流眼泪。

小弟弟和小妹妹最幸福哪!
生下来就有爸爸妈妈给准备好了家,
在家里安安稳稳地长大。

模块小结

　　本模块主要介绍学前儿童文学相关基础知识,详细讲解了课程的目标、内容、学习方法,为坚定儿童立场详细介绍了儿童观、文学观。同时,详述了学前儿童文学的各类型文体及其特点,方便大家初步建立起学前儿童文学的知识框架。

模块测试

1. 学前儿童文学课程目标是什么?
2. 简述学前儿童心理特征对学前儿童文学的影响。
3. 简述学前儿童在欣赏学前儿童文学作品时的特殊方式。
4. 如何理解学前儿童文学的目的性?
5. 如何区分儿歌与幼儿诗?

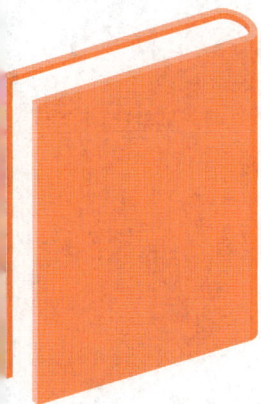

阶段二　运用表现

模块二 朗 读 能 力

思政点睛

　　教育是全面建设社会主义现代化国家的基础性、战略性支撑之一。职业教育作为国民教育体系的重要组成部分，肩负着培养多样化人才、传承技术技能、促进就业创业的重要职责。人文素质是现代人文明程度的综合体现，高等职业教育要加强学生的人文素质教育，这有利于全面提高学生的综合素质，为其以后的发展奠定良好基础。而语文作为基础教育的一门重要学科，对提高学生的人文素养和精神有重要作用。朗读则是学生的听觉感知、情感体验、想象联想和创造性思维等心理活动融为一体的实践活动。学生的审美能力能在这种独特的发声实践活动中培养出来。通过掌握语音的发声技巧、朗读各类优秀儿童文学作品等，可以使学生获得一种情感体验，产生心灵的共鸣，引发思想上的变化，使学生能够具有比较科学的是非判断标准，从而使学生树立正确的人生观和世界观。

园长谈文学

　　1. 你认为朗读能力对未来从事幼儿园教师有哪些作用？
　　2. 在幼儿园有哪些场景需要运用朗读能力？

园长分享：朗读能力

　　我们邀请到了江西省宜丰县幼儿园党支部书记、园长叶妍为大家分享她的见解。首先，她指出了朗读能力对未来从事幼儿园教师的重要性。朗读不仅是一种语言技能，更是一种情感表达和互动的方式。通过朗读，幼儿园教师可以传递情感，激发学前儿童的兴趣，帮助他们建立情感联系，这对于幼儿园教育的成功至关重要。其次，叶园长强调了朗读在幼儿园不同场景中的应用。在幼儿园环境中，朗读不仅仅是为了传达故事，还可以用于指导和引导学前儿童。教师可以采用朗读的方式在课堂上教授语言技能，也可以通过朗读在日常活动中创造愉快的氛围。它可以帮助学前儿童更好地理解概念，培养想象力，提高语言表达能力，以及促进情感和社交发展。

项目一 基础能力

任务一 了解发声

学习目标

知识目标

了解发音器官与发音原理。

技能目标

能在日常生活中灵活掌握并运用正确的发声技巧。

素质目标

通过发声训练，能够正确运用嗓音发音并使声音更有感染力。

课前学习

讨论：最新调查显示，教师中慢性咽喉炎的发病率很高，10个教师中5个就有声带小结。还有些教师稍微用一下嗓子，就会嘶哑充血。由此可见，保护嗓子对教师来说非常重要，那你觉得该如何发声呢？

学习支持

一、发音器官与发音原理

语音是由人的发音器官（发音器官纵侧面示意图见图2-1）发出来的具有一定意义的声音。人的发音器官根据功能不同，可以分为以下三部分。

（一）呼吸器官：肺和气管

气管是气流的通道，肺是产生气流的动力站。肺部出来的气流，通过气管到达喉头，冲击声带振动。

（二）发声器官：喉头和声带

喉头用于保护气管，是由四块软骨构成的

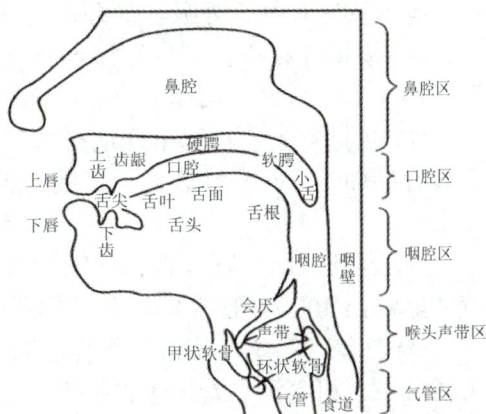

图 2-1　发音器官纵侧面示意图

圆筒，圆筒的中部附着声带。声带是两片富有弹性的肉薄膜，两片薄膜中间的空隙是声门，声音就是气流通过声门时冲击声带振动产生的。人的声带既可以放松，也可以拉紧。放松时发出的声音较低，拉紧时发出的声音较高。

（三）共鸣器官：咽腔、口腔和鼻腔

咽腔是个三岔口，下连喉头，前通口腔。鼻腔和口腔靠软腭和小舌隔开，软腭和小舌上升时，口腔畅通，这时发出的声音在口腔中共鸣，叫作口音；软腭和小舌垂下时，口腔被堵塞，气流只能从鼻腔呼出，这时发出的声音主要在鼻腔中共鸣，叫作鼻音。

以上三类发音器官各有分工，都十分重要。肺部产生的气流是引起声带振动的基本前提，因此，它是人类发出声音的动力源；声带在气流的冲击下产生振动，是发出声音的根本原因，可以将其看作人类语音的发声源；咽腔、口腔和鼻腔通过形状的改变对声带发出的声音进行调节，构成了人类语音的调音器。人类就是在这些发音器官的配合下发出各种声音的，任何器官发生病变，都会对说话产生影响。

二、用气发声

在口语交际过程中，人人都希望自己语音准确，声音清晰响亮、圆润甜美。但在现实生活中并非人人都能做到这一点。特别是在朗读文学作品的时候，很多人声音干涩、语调平淡。因此，掌握一些发声技能是非常必要的。这些技能主要体现在用气发声、吐字归音和共鸣控制三个方面。

气息是声音的动力来源，如果想要嗓音富有弹性、耐久，就需要掌握正确的呼吸方法。常见的呼吸方法有三种：胸式呼吸、腹式呼吸以及胸腹式联合呼吸。胸式呼吸主要靠提起肋骨来吸气，其特点是吸气量小，呼出的气流浅而弱，声音窄而细、轻飘，易造成胸部、喉部紧张，声带疲劳，声音僵化，不是理想的呼吸方式。腹式呼吸主要靠降低横膈膜和扩张腹部空间来吸气，其特点是吸气时腹部放松外突，呼吸量大，但发音较低沉，音色发闷，老人、病人常用这种方式呼吸，这也不是理想的呼吸方式。较为科学的呼吸方法是第三种——胸腹式联合呼吸法，这种方法介于胸式呼吸和腹式呼吸之间，主要运用小腹收缩，靠丹田的力量控制呼吸，因此又称丹田呼吸法。

练习胸腹式联合呼吸法的办法有很多，常见的有以下几种。

(1) 模拟闻花香：把气深深地吸下去，一直吸到肺底，获得小腹及腰围的胀满感，要吸得深入、自然、柔和。

(2) 半打哈欠：嘴巴半开地打哈欠，体会进气最后一刻的感觉。意念上感觉气息沿后背脊柱而下，吸入肺底部，后腰有胀满感。注意力放在两肋后面向左右打开支撑的感觉上。

(3) 发延长的"嗞"音：深吸一口气后，咬住牙，从牙缝中发出"嗞"声，吸一口气能够呼出 30~40 秒为好。发出的声音可检验呼出的气流控制得是否匀量、匀速。

(4) 把练气与练习绕口令结合起来，比如练习绕口令《数枣儿》：出东门，过大桥，大桥底下一树枣；拿着杆子去打枣，青的多，红的少。一个枣、两个枣、三个枣……十个枣；十个枣、九个枣、八个枣……一个枣，这是一则绕口令，一口气说完才算好。

三、吐字归音

有人说话声音含糊、听不清，其主要原因就是吐字不清晰，归音不到位。克服这种毛病的办法就是要学会吐字归音。人们对吐字归音的要求往往是"字正腔圆"。

吐字归音是我国传统说唱艺术理论中的一个术语。它将一个音节的发音过程分为"出字""立字""归音"三个阶段。出字是指声母和韵头（介音）的发音过程；立字是指韵腹（主要元音）的发音过程；归音是指音节发音的收尾（韵尾）过程。其基本要领是：出字要准确有力；立字要明亮充实，圆润饱满；归音要趋向鲜明、干净利落。快速练读不同发音部位的单个字音。例如：

细　纪　前　现　黑　飞　分　风　苏　资
聪　散　诗　初　专　输　日　入　热　软
序　拍　拔　打　塔　都　通　那　拉　鸟

四、共鸣控制

有人感觉说话费劲，声音传不远，大致有两个原因：其一是气息不稳定；其二是没有充分利用共鸣器官。下面来谈谈语音共鸣的控制。

说话用声以口腔共鸣为主，以胸腔共鸣为基础。共鸣器可分为高、中、低三区共鸣。高音共鸣区即头腔、鼻腔共鸣，音流通过该区共鸣，可以获得高亢响亮的声音。比如在讲故事中小兔、小猴等音色较高偏尖的角色时，可找该区的共鸣；中音共鸣区就是咽腔、口腔共鸣，这里是语音的制造场，是人体中最灵活的共鸣区，音流在这里通过时，可以获得丰满圆润的声音；低音共鸣区主要是胸腔共鸣，音流通过该区共鸣，可以获得浑厚低沉的声音。比如在讲故事中大老虎、笨狗熊等音色较低沉粗犷的角色时，可找该区的共鸣。

科学控制共鸣器官，可以做到高音不喊、低音不散。有的人不懂得这个道理，为了追求声音洪亮，一味地加大发声力度，加强声带的振动，结果不仅效果不佳，还容易造成声带充血、声音嘶哑。

掌握了以上发声技能后，还需要坚持练习，特别是在平时说话过程中，应有意识地去实践，让自己的口语变得越来越"美"——发音正确、吐字清晰、表达流畅且富有感染力。

技能练习

1. 讨论：结合所学的胸腹联合呼吸法，谈谈自己的学习体会。
2. 请把用气发声的训练绕口令录制成视频并发至学习通平台。

任务二　练习发音

学习目标

知识目标

掌握音节中的声母、韵母、声调的发音方法和技巧。

技能目标

能解决发音常见的难点问题，做到语音准确清晰。

素质目标

通过发音技巧的练习，感受汉语语音的魅力，增加对母语的热爱之情。

课前学习

讨论：语言是人们交流思想的工具，也是人们进行社会生产和社会生活的手段。现在世界上不少国家以全民族共同语言在国民中的普及程度，来衡量国家的进步和文明程度。我国地广人多，是个多民族国家，各民族风俗习惯不同，语言差异也很大。如果要使语言在高速发展的历史时期发挥更大的作用，就必须不断提高全社会的普通话水平。作为学前教育专业的学生，普通话水平和语言表达能力都很重要。就目前来说，你觉得自己的普通话语音还有哪些不足？举例说说。

学习支持

普通话是以北京语音为标准音，以北方话为基础方言，以典范的现代白话文著作为语法规范的现代汉民族共同语。

我国语言学家根据传统分析方法，把汉语字音分成声母、韵母、声调三部分。一个音节的开头部分叫声母，其余部分叫韵母，音节的音高叫声调。

一、声母发音

声母发音

声母是音节的开头部分，中国传统音韵学中叫"字头"。声母由辅音充当。

普通话中共有 22 个辅音，其中有 21 个能充当声母，只有一个只能充当韵尾 (ng)。这 21 个声母分别是 b、p、m、f、d、t、n、l、g、k、h、j、q、x、z、c、s、zh、ch、sh、r。

而辅音的特点是时程短、音势弱，很容易受到干扰，也很容易产生"吃字"现象，从而影响语音的清晰度和准确度。因此，作为未来的一名学前儿童启蒙老师，要想为学前儿童树立一个模范，就必须认真练习声母的发音，努力做到"咬得准、发得清"，使整个音节完整、清晰。

声母辨正是普通话语音辨正的一个组成部分。不同方言区的人在学习普通话的过程中遇到的情况是不一样的，以下所举是较难且具有普遍性的几个问题。

（一）难点声母分辨：z、c、s 和 zh、ch、sh

把握发音要领：两组声母的主要差异是发音部位不相同，z 组声母是舌尖接触或接近下齿背，zh 组声母是舌尖稍稍后缩上翘接触或接近硬腭前部。

1. 字的对比

z—zh　宗—中　凿—着　早—找　在—寨

c—ch　匆—冲　材—柴　忖—蠢　凑—臭

s—sh　梭—说　俗—赎　伞—闪　岁—睡

2. 词的对比

栽花—摘花　死寂—史记　乱草—乱吵　三层—山城

3. 平翘舌音组词对比

z—zh　赞助　遵照　追踪　种族
c—ch　粗茶　草虫　揣测　冲刺
s—sh　肃杀　桑葚　深邃　哨所

（二）难点声母分辨：n 和 l

把握发音要领：这两个声母的主要差别是发音方法不同，发 n 时，软腭下降，气流从鼻腔呼出；发 l 时，软腭上升，气流从口腔舌头两边呼出。

1. 字的对比

那—辣　碾—脸　南—蓝　尿—料
讷—乐　妞—溜　逆—立　挪—罗

2. 词的对比

大怒—大路　泥巴—篱笆　水牛—水流　允诺—陨落

3. 鼻边音组词对比

年轮　耐劳　脑力　女郎　鸟类　冷暖　留念　老衲　烂泥　流年　农历　奴隶

（三）难点声母分辨：f 和 h

把握发音要领：f、h 的发音部位不同。f 的发音部位是上齿接近下唇，而 h 是舌根接近软腭。

1. 字的对比

发—花　烦—环　方—慌　粉—混　父—户

2. 词的对比

理化—理发　纷乱—混乱　舅父—救护　防虫—蝗虫　公费—工会

二、韵母发音

韵母是音节中声母后面的部分，普通话里一共有 39 个韵母，其中单元音韵母有 10 个，复合元音韵母有 13 个，复合鼻尾音韵母有 16 个。如果按韵母开头的元音发音口型来分，可以分为开口呼、齐齿呼、合口呼、撮口呼四类。

韵母发音

（一）韵母分类

(1) 单元音韵母有 10 个，分别是：a、o、e、ê、i、u、ü、-i(前)、-i(后)、r(卷舌韵母)。

(2) 复合元音韵母有 13 个，分别是：ai、ei、ao、ou(前响复韵母)，ia、ie、ua、

uo、üe(后响复韵母)，iao、iou、uai、uei(中响复韵母)。

(3) 复合鼻尾音韵母有 16 个，分别是：an、en、ian、in、uan、uen、ian、ün(8 个前鼻音韵母)，ang、eng、iang、uang、ing、ueng、ong、iong(8 个后鼻音韵母)。

（二）难点：前后鼻韵

1. 前后鼻韵比较

an—ang　开饭—开放　天坛—天堂	ian—iang　新鲜—新乡　小县—小巷
uan—uang　官民—光明　车船—车床	en—eng　长针—长征　真理—争理
in—ing　信服—幸福　辛勤—心情	un—iong　勋章—胸章　运煤—用煤

2. 前后鼻韵练习

an—ang　班长　盼望	ang—an　长安　抗旱
ian—iang　艳阳　边疆	uan—uang　宽广　观光
en—eng　真正　神圣	in—ing　民兵　聘请

三、声调

（一）声调的定义

声调又叫字调，它是一个音节发音时高低升降的变化形式。

（二）声调的作用

(1) 有区别词义的作用，相同的声母和韵母构成的音节，如果声调不同，它们所表示的意义也不一样。

(2) 声调可增强语言的节奏感和感染力，使汉语具有抑扬顿挫的韵律美。

（三）调值和调类

调值是声调的实际读法，也就是音节的高低、升降、长短、曲直的变化形式。一般采用"五度标记法"对调值进行描写，即把声调的相对音高分为低、半低、中、半高、高五个等次，依次用 1、2、3、4、5 表示。普通话有以下四种基本调值。

(1) 阴平：高平调，用五度标记法表示，就是从 5 到 5，写作 55。

(2) 阳平：高升调，用五度标记法表示，就是从 3 升到 5，写作 35。

(3) 上声：降升调。用五度标记法表示，就是从 2 到 1 再升到 4，写作 214。上声的音长在四个声调中是最长的。

(4) 去声：高降调 (或全降调)，起高音，接着往下滑，用五度标记法表示就是从 5 降到 1，写作 51。去声的音长在四个声调中是最短的。

（四）难点：两字词声调

(1) 阴阴：参加　西安　播音　工兵　拥军

(2) 阴阳：资源　坚决　鲜明　飘扬　新闻

(3) 阴上：批准　发展　班长　听讲　灯塔。

(4) 阳阴：国歌　联欢　革新　南方　群居
(5) 阳上：华北　黄海　遥远　泉水　勤恳
(6) 上上：古典　北海　领导　鼓掌　广场
(7) 上去：改造　舞剧　主要　访问　考试
(8) 去阴：下乡　矿工　象征　地方　贵宾
(9) 去上：耐久　剧本　跳伞　下雨　运转
(10) 去去：日月　大厦　破例　庆贺　宴会

（五）按四声顺序排列的声调训练

中国伟大　山河美丽　天然宝藏　资源满地
阶级友爱　中流砥柱　工农子弟　千锤百炼
身强体健　精神百倍　心明眼亮　光明磊落

技能练习

通过学习发音后，请有感情地朗读以下内容，并给鼻韵母字注上拼音，发至学习通讨论区。

《海上喷泉》

"你见过喷泉吗？"小黄鱼问鲸鱼。

"当然见过了！喷泉啊，就是喷出来的水柱，要是有了彩灯，看起来就更漂亮。"鲸鱼说。其实，他也是从书本上看来的，他也没见过真正的喷泉。

"真的吗？好想去看看！"小黄鱼说。

"城市里太危险了，我们根本不能去！"鲸鱼说："再说，我也会喷泉哪！"接着，鲸鱼张开大嘴，从头顶上的排水孔喷出了高高的水柱。小黄鱼看得呆住了，想不到鲸鱼还有这个本领！

项目二　能 力 进 阶

任务一　掌握故事口语化

学习目标

知识目标

掌握故事口语化的方法，学会灵活运用故事化模式。

能力目标

通过口语练习，如复述练习等，提高故事口语化的能力。

素质目标

通过口语化的训练，提升对语言表达的兴趣。

课前学习

讨论：在人际交往中，口语表达一直伴随着我们的生活。在生活中，你是否遇到过因口语表达能力欠缺而造成了一些不利影响的情况？举例说明。

学习支持

在日常交际过程当中，口头语言有着非常直接、广泛的交际作用。口语表达能力是指用口头语言来表达自己的思想、情感，以达到与人交流目的的一种能力。对未来的学前儿童教师来说，要想高质量地完成教育教学工作，就必须有良好的口语表达能力。口语表达能力直接影响教师完成教育教学工作的质量。可以说，口语表达能力是教师职业技能的核心。表达中的语感就显得尤为重要。本节将从故事口语化要求、故事口语化训练、口语化练习——复述三个方面帮助大家掌握故事口语化。

一、故事口语化要求

（一）避免口头禅

有些人在讲故事时会出现口头禅，常见的有"啊""这个""那个""然后"等。口头禅是个不好的习惯，它把一句完整的话，分离得支离破碎，冲淡了语意，影响了表达效果。形成口头禅的主要原因是思路不清，对自己所讲的故事内容不熟悉等。

（二）不要背稿

在一些比赛中，我们经常看到许多人在讲述作品时面对评委和麦克风会很恐惧，无所适从。因此，很多故事讲述者会选择背诵故事，这是不可取的。因为背诵和讲述有明显区别，不但在语调、语气等方面有明显的不同，而且在表情动作上也有很大差别。因此不能背诵故事，因为无论背得多么熟练，都会在表达过程中出现不自然、僵硬刻板等现象，直接影响讲故事的效果。因此，讲故事前做好充分准备，对故事内容做到心中有数，最好能根据故事情节配上适当的体态语，这样，讲起故事来就会更加自如。

二、故事口语化训练

（一）将故事中书面语改为口语

"我也想住在这儿，"鸡先生说，"每天我可以到山头去打鸣，保证不妨碍你的睡眠。"鸡太太看鸡先生威风凛凛，跟他住在一起，准没人敢来偷鸡蛋。"好吧，住在一起就住在一起，不过，只要有一回你吵醒了我，你就必须马上把家搬走。"

——《鸡先生和鸡太太的故事》

（二）将故事中长句改为短句

皮皮说："这些小东西都是好朋友送的，当时他们对我说的话，我也把它们放在里面了哦！这一朵小花，是小狗阿福送我的，我记得他说：'皮皮，谢谢你教我打球，你是世界上最有耐心的教练。'这一颗彩色的小石头，是大脚鸭送我的，我记得他说：'你是世界上最大方的朋友。'这一张图，是小猪仔画的，我记得他说：'皮皮，谢谢你和我玩捉迷藏，你是世界上最有趣的大象。'我把他们说的话和送我的小礼物，都藏在这个盒子里，只要我打开盒子，它们就会像一只只的蝴蝶，在我身边飞舞，让我很开心！"

——《盒子里的蝴蝶》

三、口语化练习——复述

讲故事是用通俗易懂的口语将书面文字的故事材料描述给别人听，是学前教育教师需要具备的一种口语能力。讲述训练包括复述训练等具体形式。学前教育教师要掌握故事讲述的方法和技巧，就必须先掌握故事复述的基本技能。

复述就是在听到或看到故事材料后，通过回忆重新整理，再次用口语讲述故事材料的一种独白式说话形式。复述不仅要理解、记忆故事的内容，而且要把握故事的逻辑结构。

（一）复述的基本类型

复述可以分为概要复述、详细复述和扩展复述三种类型。

1. 概要复述

概要复述是在理解故事原材料的基础上，用简洁的语言准确地概括故事的主要内容，复述类似于作文中的"缩写"。具体地说，就是要抓住故事的中心，对主要内容进行归纳，用简明连贯的语言进行口头叙述。

2. 详细复述

详细复述是在理解故事原材料的基础上，完整连贯、详尽细致地重复原故事的一种复述形式。详细复述要按照原故事的叙述顺序，将书面语言转换成口头语言，尽力做到复述内容与原故事保持一致。但并非全文照搬，背诵下来。一般性的语言可以适当地增加、删减或调整。

3.扩展复述

扩展复述是在理解故事原材料的基础上，适当地扩充、展开的一种复述形式。

扩展复述通过合理的联想和想象，既可以丰富细节、扩展情节，也可以续编结尾，增加修饰性内容等，但不要背离原意和基本框架。

（二）复述的基本步骤

复述可分为理解原文、重新整合、反复讲述三个步骤。

(1) 理解原文：听清或记清全部故事材料，整体把握故事的基本内容、思想以及必要的细节，可以列出内容提纲。

(2) 重新整合：根据复述的要求，对原故事材料进行重新整理，可以提纲挈领，浓缩要点；也可以回忆要点，再现细节；还可以展开想象，丰富情节。

(3) 反复讲述：根据复述提纲或腹稿，条理清楚地完整复述，切忌写成文字，可以反复进行讲述训练，以求达到较好的效果。

技能练习

1. 请对幼儿故事《长颈鹿的长脖子》进行概要复述。
2. 请选择你喜爱的一部电影，复述其主要故事情节。

《长颈鹿的长脖子》

任务二　掌握故事节奏化

学习目标

知识目标
了解语言表达的技巧和方法。

技能目标
通过节奏化的训练，在朗读作品中能够灵活运用其方法。

素质目标
在学前教育教学中让学前儿童收获浓厚的情感体验，引导其树立正确的价值观。

课前学习

讨论：在我们朗读一些作品的时候，是否会觉得自己的朗读缺少美感？如朗读断断续续，易读错、读不好，甚至造成语病和歧义等。

学习支持

　　朗读是把书面语言转化为发音规范的有声语言的再创造活动。朗读作品时要做到准确清晰、声情并茂。可以通过一些语言表达的技巧来实现。

一、语言表达技巧的类型

　　从作品内容出发，在深刻理解作品的前提下，恰当地运用语言表达技巧，能更好地对作品进行再创造，能够形成一定的抑扬顿挫的节奏感。语言表达技巧的运用主要包括停顿、重音、语调、语速、语气。

二、具体节奏化

（一）停顿

　　停顿是指词语或语句之间声音上的间歇。

　　朗读中的停顿既是生理上的需要，也是表情达意的需要。一个较长的句子，不可能一口气读完，朗读者需要有声音上的间歇，听者也需要一定的时间来理解所听到的语言信息。恰当地处理停顿，能使语言变得参差错落，语意层次分明，避免听者产生误解。例如：

咬死了猎人 | 的狗。

咬死了 | 猎人的狗。

　　停顿包括结构停顿、语法停顿、逻辑停顿和感情停顿。

1. 结构停顿

　　结构停顿是根据文章的段落层次、标点符号、句子的语法结构所做的停顿。

　　(1) 根据段落层次所做的停顿。其时值由长到短依次是题目、部分、段落、层次和句子。

　　例如：

　　朋友即将远行。‖

　　暮春时节，又邀了几位朋友在家小聚。| 虽然都是极熟的朋友，却是终年难得一见，偶尔电话里相遇，也无非是几句寻常话。| 一锅小米稀饭，一碟大头菜，一盘自家酿制的泡菜，一只巷口买回的烤鸭，简简单单，不像请客，倒像家人团聚。‖

　　其实，友情也好，爱情也好，久而久之都会转化为亲情。

（《朋友和其他》）

　　(2) 根据标点符号所做的停顿。其时值由短到长依次是顿号、逗号、分号、冒号、句号、问号和省略号。其中句号、问号和省略号停顿的时间最长，顿号停顿的时间最短。冒号是一种运用比较灵活的标点符号，它所表示的停顿时间一般比分号长，比句号短。句中的省略号和破折号也表示一定的停顿。例如：

　　白天，| 它这样淘气地陪伴我；‖ 天色入暮，它就在父母再三的呼唤声中，| 飞向笼子，| 扭动滚圆的身子，| 挤开那些绿叶钻进去。(《珍珠鸟》)

2. 语法停顿

根据句子的语法结构所做的停顿，即所谓的语法停顿。一般来说，主谓之间、动宾之间、修饰语与中心词之间、介词结构前后、数量短语之后等，都可以停顿。例如：

盼望着，盼望着，东风 | 来了，春天的脚步 | 近了。(《春》)

遇到 | 这样的情况，公司、商店 | 常会停止上班，学校 | 也通过广播，宣布 | 停课。(《课不能停》)

3. 逻辑停顿

逻辑停顿是指为了强调某一特定的意义、表明某种特定的语意逻辑关系所作的停顿。例如：

这就是 | 中国的牛。(《中国的牛》)

海上的夜 | 是柔和的，是静寂的，是梦幻的。(《繁星》)

4. 感情停顿

感情停顿又叫心理停顿，是指为了强调某一种感情所做的停顿。例如：

春天到了，可是 | 我什么也看不见！(《春》)

是的，智力可以受损，但爱 | 永远不会。(《一个美丽的故事》)

逻辑停顿、感情停顿与语法停顿并不是截然分开的，有时候它们往往是重合的。

(二) 重音

重音是指朗读或说话时，需要强调突出的词、短语，或者某个音节。在朗读时，找准重音，读好重音，可以突出重点，使每句话表达得更加准确鲜明。

语句重音可分为语法重音、逻辑重音和感情重音。

1. 语法重音

根据语法关系说得或读得重些的音节，叫语法重音。语法重音的位置较固定，常见的有以下三种：

(1) 定语、状语、补语比它们的中心词读得稍重些。例如：

山川、河流、树木、房屋，全都罩上了一层厚厚的雪。(《第一场雪》)

我常常遗憾我家门前那块丑石。(《丑石》)

(2) 就基本成分 (主谓宾) 而言，主谓相比，谓语为重，谓宾相比，宾语为重。例如：

风停了，雨住了，太阳出来了。

西部是华夏文明的源头。(《西部文化和西部开发》)

重音

(3) 疑问代词和指示代词常重读。例如：

谁能把花生的好处说出来？(《落花生》)

什么是永远不会回来呢？(《和时间赛跑》)

2. 逻辑重音

逻辑重音指的是为了突出或强调句中主要思想所读的重音。逻辑重音与上下文语境、情景语境密切相关，它没有固定的位置，随着语意表达焦点而变化，重音位置不同，表

达的意思也就不同了。例如：

他去过武汉（用来回答"谁去过武汉了"？）

他去过武汉（用来回答"他去没去过武汉"？）

他去过武汉（用来回答"他去过哪里"？）

逻辑重音常用来表示强调、并列、对比、呼应等特定意义，其功能在于凸显语义重点。例如：

假如安排两座以上的桥梁，那就一座一个样，决不雷同。（《苏州园林》）

"这里的荷花真好，你若来……"（《态度创造快乐》）

他翻遍了整块土地，但连一丁点儿金子都没看见。（《金子》）

3. 感情重音

感情重音是为了表达某一种特殊感情而加强的重音。

我爱这一行的真正原因，是爱我的学生。（《我为什么当老师》）

外祖母生前最疼爱我，我无法排除自己的忧伤。（《和时间赛跑》）

逻辑重音、感情重音往往以语法重音为基础，经常是重合的。例如：

明天请早一点儿回家——我想和您一起吃晚餐。（《二十美金的价值》）

我骄傲，我是中国人。（《我骄傲，我是中国人》）

一般认为，语法重音是语句在自然状态下的重音。如果逻辑重音、感情重音与语法重音产生矛盾，则以逻辑重音、感情重音为主。

4. 显示重音的方法

重音并不是一味地加重声音，为了准确细微地表情达意，突出重音的方式是多种多样的。例如：

(1) 加重音量法。

让暴风雨来得更猛烈些吧！（《海燕》）

(2) 拖长音节法。

就是这篇文章，深深地打动了他的老师。（《一个美丽的故事》）

(3) 虚实结合法。

周总理啊，周总理，全国人民都在哀悼您，都在呼唤您，都在想念您。

（《敬爱的周总理永垂不朽》）

重音与停顿往往是连在一起的。许多停顿前或停顿后的音节常常是重音，而有重音的地方一般都需要停顿。在朗读中，应注意重音与停顿的配合运用。

（三）语调

汉字音高的升降变化称为声调，说话腔调的高低升降变化称为语调。说话人用语调可以表示不同的态度和感情。语调可以概括以下四种类型。

语调

1. 升调

语调前平后高，或句末上升。常用来表示疑问、反问、号召、呼唤等语气。例如：

犯得着在大人都无须上班的时候让孩子去学校吗？（《课不能停》）

让我们高举起振兴中华民族的希望火炬，去奋斗、去开拓，去创造我们美好的未来。

2. 降调

语调先平后降。常用来表示肯定、感叹或请求等语气。

3. 平调

语调平稳，变化不大。常用来表示庄重、严肃等语气。例如：

因此，巨大的海洋就像是天然的"温箱"，是孕育原始生命的温床。（《海洋与生命》）

4. 曲折调

调子前后低中间高，或前后高中间低，或呈波浪起伏状。常用来表示风趣、含蓄、双关、讽刺、夸张、反语等复杂的语气感情。例如：

你本事可真不小啊，牛皮都吹到天上去了。

语调与语音的高低、强弱、轻重，语言的停顿、速度等的变化有密切的联系，这些变化构成语言表达中的抑扬顿挫。

（四）语速

语速指的是说话和朗读时的快慢缓急。语速的快慢决定了语言的节奏，是表情达意的重要手段。语速大致可分为快速、慢速、中速。

1. 快速

可表现出兴奋、欢快、激动、愤怒、申辩、急迫等。例如：

忽然，从附近一棵树上飞下一只黑胸脯的老麻雀，像一颗石子似的落到狗的跟前。老麻雀全身倒竖着羽毛，惊恐万状，发出绝望、凄惨的叫声，接着向露出牙齿、大张着的狗嘴扑去。（《麻雀》）

2. 慢速

可表现出忧郁、悲伤、平静、思索、迟疑等。例如：

那哀痛的日子，断断续续地持续了很久，爸爸妈妈也不知道如何安慰我。他们知道与其欺骗我说外祖母睡着了，还不如对我说实话：外祖母永远不会回来了。（《和时间赛跑》）

3. 中速

可用于叙述、介绍、说明、描写、交代、过渡性的语言。例如：

生命在海洋里诞生绝不是偶然的，海洋的物理和化学性质，使它成为孕育原始生命的摇篮。（《海洋与生命》）

（五）语气

语气，从字面上理解，"语"是通过声音表现出来的"话语"，"气"是支撑声音表现出来的话语的"气息状态"。语气既有内在的思想感情的色彩和分量（神），又有外在的快慢、高低、强弱、虚实的声音形式（形），是神与形的结合体。例如：

小草偷偷地从土里钻出来，嫩嫩的，绿绿的。园子里，田野里，瞧去，一大片一大片满是的。(《春》)(喜爱)

"亲爱的狼先生，那是不会有的事，去年我还没有生下来呢。"(《狼和小羊》)(惧怕)

"就算这样吧，你总是个坏家伙！我听说去年你在背后说我的坏话。"(《狼和小羊》)(发怒)

技能练习

1. 请观看幼儿故事《谦虚过度》，根据所学的语言表达技巧，选一个自然段进行故事讲述，并通过录音方式录制下来，发至学习通讨论区。

《谦虚过度》

2. 找一首你喜欢的现代诗歌，根据所学的语言表达技巧进行朗诵。

任务三 掌握故事感情化

学习目标

知识目标
能理解感情化的要求。

技能目标
能根据故事内容激发想象力和感官体验，能够表达出丰富的感情。

素质目标
通过感情化练习来达到在学前教育教学中用爱和情感化学前儿童的目的。

课前学习

查询并阅读幼儿故事《小白兔的蘑菇伞》，讨论：在讲述幼儿故事时，有感情地表达作品重不重要？你觉得应如何有感情地讲述幼儿故事呢？

《小白兔的蘑菇伞》

学习支持

作为学前教育专业的学生，讲故事是必备的专业技能，要不断提高讲故事的能力。讲故事，不仅仅是把无声的文字语言变成有声语言展现，还必须对故事中的每个字词、每句话和每个段落进行反复咀嚼和体味，要求故事讲述者对故事中的文词具备高度的感受能力。所谓故事感情化，就是要求故事讲述者在充分感受故事中文词的基础上，有能力把枯燥的语言符号变成活生生的、有血有肉的有声语言，从而增强故事表达的听赏效果。

一、感情化的要求

（一）饱满的情感

讲述故事时，要把自己带入角色，通过对作品的理解，结合自己的生活经验，学会用饱满的情感去反映出故事中的情感，这样才能把故事讲好、讲生动。如果故事讲述者对什么事情都不感兴趣，对什么事情都不动感情，情感世界相对贫乏，就没办法讲出动人的故事。

（二）敏锐的感受力

讲故事前先通读故事文本的内容，从而引发和调动具体的思想感情。这就需要故事讲述者对故事中的语言文字有敏锐的感受力。这种感受力不但体现在对故事整体情感的把握上，还体现在对组成故事的文字的具体把握上。例如，看到"愤怒"这个词，联想到生活中气愤的事情，产生"生气"的感受；看到"大老虎"这个词，可以想到老虎的外形，产生"威风凛凛"的感受；总之，不能仅仅停留在字面意思上，要多去用心感受。

（三）生动的再现力

讲述故事时，要善于把作品中的角色、事件、情节、场面及情绪等合理想象出来，在讲述过程中尽量做到情景再现，这就要求我们能够准确把握故事内容，在自己内心深处产生丰富的联想画面，调动各方面的感知能力，生动地再现故事内容。

1. 理清故事头绪

首先通读文本，要对作品的整体内容有个清晰的印象。故事是如何开头的，接下来是怎么变化的，以后又是怎样展开、如何发展的？故事情节中哪一部分是详述，哪一部分是简述？哪里是故事的高潮？哪里是故事的伏笔？对于这些，故事讲述者要做到心中有数。

2. 感同身受

故事讲述者在讲述故事时要把所叙述的一切视为自己亲身经历的事情，要把自己带入角色里具体的事件、场面中去，不能置身事外，显得与"我"无关。虽然，幼儿故事的角色形象比较多样，动植物、神仙、妖怪都可能成为故事的主角，但不管角色形象是什么，他们多半具有人类的情感。所以，故事讲述者要有感同身受的能力，进入角色，根据角色特点来传达故事的内容。

3. 触景生情

讲故事时要善于触景生情。当故事描述的某种画面在脑海里浮现时，一定要做出积极的情感上的反应。讲故事时特别强调积极的情感反应，一个具体的"景"的刺激，应当马上引起我们具体的"情"的反应，当然这种情感要完全符合故事内容。

二、感情化练习

要学会感受故事的情感，感受是由理解到表达的重要桥梁。如果缺乏感受力，往往在讲述时会特别生硬，那么故事讲述很难达到生动、自然的状态。所以，我们要具备看到故事材料就在头脑中产生相应画面的习惯和能力，学会感受作品，从而为故事情感化的表达打下良好基础。

阅读以下材料，学会用材料中的文字调动自己的各种感官，引发丰富的联想，去联想语言文字描绘的画面和场景。

（一）视觉感受练习

(1) 曲曲折折的荷塘上面，弥望的是田田的叶子。叶子出水很高，像亭亭的舞女的裙。层层的叶子中间，零星地点缀着些白花，有袅娜地开着的，有羞涩地打着朵儿的；正如一粒粒的明珠，又如碧天里的星星，又如刚出浴的美人。微风过处，送来缕缕清香，仿佛远处高楼上渺茫的歌声似的。这时候叶子与花也有一丝的颤动，像闪电般，霎时传过荷塘的那边去了。叶子本是肩并肩密密地挨着，这便宛然有了一道凝碧的波痕。

(2) 春天里，鲜花盛开，小草从地里冒出来，燕子从南方飞回来了，叽叽喳喳叫个不停，柳树在春风的吹拂下轻盈地舞蹈。温暖的阳光照耀着大地。

夏天，阳光灿烂，蔚蓝色的天空飘浮着朵朵白云。风筝钻进云层，就像飘在洁白的棉絮上。清清的河水，洁白的小花，知了在欢快地唱着歌。

秋天，树叶变黄了，秋风吹起，落叶在风中飘舞。

冬天，白雪皑皑，寒风凛冽。雪花飘在小朋的脸上，融化了，冷冷的。

（二）听觉感受练习

我和往常一样放学回家，一回家就听到有些奇怪的声音，咚咚地响，还没有规律，一会儿又会发出沙沙的抓挠声，还有哼哼的叫声。这是什么动物，怎么跑到我家来了？四处寻找都没有看到，最后在家门口的一个纸箱里找到了，声音是从这里面发出的，用脚踢踢纸箱，里面的叫声更大了，不断地哼哼，会是什么动物呢？老鼠？它怎么会跑到这来？我鼓足勇气打开了箱子，啊，是一只可爱的小狗，毛茸茸的。看到了我，小狗非常高兴，拼命地摇着尾巴，不断地哼哼着。它太小了，估计还没有满月呢，这就是爸爸送我的 7 岁生日礼物。

（三）嗅觉感受练习

大约也因那蒙蒙的雨，园里没了浓郁的香气。涓涓的东风只吹来一缕缕饿了似的花香，夹带着些潮湿的草丛的气息和泥土的滋味。园外田亩和沼泽里，又时时送过些新插的秧、少壮的麦，和成荫的柳树的清新的蒸气。这些虽非甜美，却能强烈地刺激我的鼻观，使我有愉快的倦怠之感。

（四）味觉感受练习

入口，先是一丝甜，淡淡的。然后觉出一些咸，是生养它的南太平洋海水的记忆。一股油脂的香，弥漫在口鼻之间。不是猪油般腻，不是鸭油般腥，也不是牛羊油的膻，是你从没尝过的醇香的油脂。不需咀嚼，鱼肉已经在舌苔上化开。千万个味蕾敞开怀抱，拥抱不期而遇的美味。你听见乐声响起，你看见鲜花满地。咽下去的时候，喉咙里咕噜一声，震得你两耳嗡嗡作鸣，你以为满室的人都听得见。

（五）触觉感受练习

渐渐它胆子大了，就落在我书桌上。

它先是离我较远，见我不去伤害它，便一点点挨近，然后蹦到我的杯子上，俯下头来喝茶，再偏过脸瞧瞧我的反应。我只是微微一笑，依旧写东西，它就放开胆子跑到稿纸上，绕着我的笔尖蹦来蹦去，跳动的小红爪子在纸上发出嚓嚓响。

我不动声色地写，默默享受着这小家伙亲近的情意。这样，它完全放心了，索性用那涂了蜡似的、角质的小红嘴，"嗒嗒"啄着我颤动的笔尖。我用手抚一抚它细腻的绒毛，它也不怕，反而友好地啄两下我的手指。

技能练习

1. 按照情感化的要求，依次分析课前准备的幼儿故事《小白兔的蘑菇伞》的作品内容。

2. 有感情地讲述故事，并将录制的音频发至学习通讨论区。

项目三 各文体朗读

任务一 掌握儿歌的朗读技巧

学习目标

知识目标
掌握儿歌的朗读方法。

技能目标
能根据儿歌形式及内容进行自主朗读。

素质目标
感受儿歌的节奏，理解文学的韵律美。

《鹅鹅鹅》朗读

《马虎鬼》朗读

课前学习

查询并观看儿歌朗读视频《鹅鹅鹅》和《马虎鬼》，思考古典诗歌儿歌和现代儿歌在朗读上各有什么韵律特点？

学习支持

一、把握节奏

节奏是儿歌的灵魂。儿歌产生节奏感最重要的途径是有规律的句式。有整齐的三言、四言、五言、六言、七言、三三七言等。一般规律是：三言、四言儿歌有两个节拍，五言儿歌有 3 个节拍，六言、七言儿歌有 4 个节拍。当然，节奏的划分并非一成不变，要符合儿歌表达的思想感情和人们的说话习惯。例如下面这首七言儿歌，可以这样来划分节奏：

《小鸡》

佚名

小鸡小鸡 / 叽叽 / 叽，

跟着妈妈 / 去啄米，

看见 / 天上老鹰飞，

躲进 / 妈妈 / 翅膀 / 里。

学前教育专业的学生走上工作岗位后面对的是三至六岁的学前儿童，而这个年龄阶段的孩子对节奏的感知不是特别敏感。所以在教他们朗读儿歌时，还可借助一些道具或辅助性动作来帮助他们感知节奏，如以拍手的方式打节拍，或者利用快板、铃鼓等工具来辅助敲击节奏，可达到事半功倍的教学效果。

二、突出重音

重音是体现语句内容的重要手段。虽然师生们明白其重要性，但在朗读作品时，容易产生困惑：到底哪些字词需要重读呢？其实，重音在语句中的位置没有固定格式。结合儿歌内容浅显、押韵等自身特点，要确定儿歌的重音，笔者认为可从以下两方面来把握：

（1）重读韵脚。在朗读儿歌时，可有意地将韵脚稍稍加重或适当延长，以显示出儿歌韵律和谐的特点。

（2）重读需要重点强调的内容或表示某种特殊含义的词句。前提是深刻理解和感受作品内容，才能体会哪些是其重点强调的内容或具有特殊含义的词句。

三、注意语调

语调是指语句里声音高低升降的变化。语调的变化由说话人对他所说的事物的态度来决定。所以，当我们拿到一首儿歌，想掌握它的语调变化时，首先要分析儿歌内容、情感脉络及人物性格特点，然后根据其人物特点和情节发展变化把握声音和语气的变化。例如，小孩说话声音高而细，语速相对较快；老人说话声音低而粗，语速相对缓慢；高兴时，语调欢快轻松；悲伤时，语调低沉缓慢……这样，学前儿童就能通过语调区分角色和感情的变化。例如：

《小熊过桥》

蒋应武

小竹桥，摇摇摇，有只小熊来过桥，

（叙述性句子可以平淡地读）

站不稳，立不牢，走到桥上心乱跳。

（语速稍快，读出紧张的感觉）

头上乌鸦哇哇叫，桥下流水哗哗笑。

（别人的嘲笑，让小熊很难受、很着急，"哇哇叫""哗哗笑"应慢读）

妈妈妈妈快来呀，快把小熊抱过桥。

（读出小熊的着急、撒娇的语气）

河里鲤鱼跳出水，对着小熊大声叫：

"小熊，小熊，别害怕，眼睛向着前面瞧！

一二三，走过桥！"

（高声地读，读出鲤鱼的热情与鼓励）

四、态势得体

态势语是教师在教学时所采用的表情与动作。因学前儿童的思维以形象思维为主，所以他们更喜欢直观的事物。教师在教学时如能运用一定的动作与表情，既可以引起他们的学习兴趣，又可增进他们对儿歌内容的理解。不过，使用态势语时，要注意以下两点：

（1）表情要自然，充满自信，眼睛切忌向下看，否则会给人目光呆滞、没精神的感觉。

（2）动作要得体适度。要和内容有效配合，协调一致，不能一字一动、一词一比画；

或是机械做作，让人看上去不舒服；又或是为了动作而动作，与儿歌内容完全脱节，这样的动作宁可不要。

综上所述，语音标准、理解作品、投入情感都是朗读儿歌必备的基本条件，而掌握一定的朗读技巧是读好儿歌的关键。因此，学前教育专业的同学们想要提高儿歌朗读的水平，就要讲究方法，多学多练，这样才能将儿歌朗读得津津有味，激发学前儿童学习儿歌的兴趣。

技能训练

1. 朗读活动：请标注出停顿，声情并茂地朗读儿歌，并将其录成音频，上传到学习通相应的讨论区。

《摇篮》

黄庆云

蓝天是摇篮，

摇着星宝宝，

白云轻轻飘，

星宝宝睡着了。

大海是摇篮，

摇着鱼宝宝，

浪花轻轻翻，

鱼宝宝睡着了。

花园是摇篮，

摇着花宝宝，

风儿轻轻吹，

花宝宝睡着了。

妈妈的手是摇篮，

摇着小宝宝，

歌儿轻轻唱，

小宝宝睡着了。

2. 点赞评论活动：倾听其他同学上传的音频，给你认为好的作品点赞并邀请同寝室同学进行评分（儿歌朗读评分标准见表 2-1）。

表 2-1　儿歌朗读评分标准

具 体 标 准	得 分
(1) 发音标准，停连恰当，节奏感强（15 分）	
(2) 能够准确理解儿歌内容（25 分）	
(2) 能够在理解内容的基础上表达感情（25 分）	
(4) 能够设计合理的态势语并增进情感表达（20 分）	
(5) 仪态端庄大方，服饰得体（15 分）	

3. 教学设计活动：请选择你最喜欢的儿歌作品撰写相关教学设计，录制模拟教学视频并上传到学习通，请老师及 2～4 位同学打分（儿歌教学设计评分标准见表 2-2）。

表 2-2   儿歌教学设计评分标准

具 体 标 准	得 分
(1) 教学设计上能够充分表现儿歌内容的教育价值，目标明确、详细，符合学前儿童年龄特点 (10 分)	
(2) 教学内容有针对性，能很好地实现教学目的，难度适中、层次清楚、要点突出 (20 分)	
(3) 相关教学环节时间安排合理，节奏张弛有度 (15 分)	
(4) 教学活动设计能充分调动学前儿童的积极性、创造性，教学互动和教学效果良好 (20 分)	
(5) 教学语言精练规范、生动，富于感染力，易于学前儿童理解，拥有较高水平的教学基本功 (15 分)	
(6) 教具制作合理、适用，其准备利于学前儿童的探究，演示操作正确娴熟 (10 分)	
(7) 教学方法有创新点 (10 分)	

任务二   掌握幼儿诗的朗读技巧

学习目标

知识目标
了解幼儿诗的文体、韵律特点。

技能目标
掌握幼儿诗的朗读方法。

素质目标
从朗读中体会幼儿诗的诗意。

课前学习

查询并观看幼儿园大班幼儿诗朗诵视频《我希望》及幼儿古诗朗读视频《游子吟》并进行课前讨论：如何把握幼儿诗的语言节奏？

幼儿园大班幼儿诗朗诵《我希望》

幼儿古诗朗读《游子吟》

学习支持

一、幼儿诗朗读技巧

（一）调动生活经验，反复感知朗读内容

幼儿诗相较儿歌更注重情感表达，这些作者的情感表达也应成为朗读者感情表达的基调。同学们可以采取联想、换位思考等方法尽己所能地调动自己的生活经验，去贴合作者的主观情感，更好、更自然地通过声音表达情感。

（二）认真投入感情

朗读幼儿诗的关键在于技巧，或在于理解力，这种看法有一定道理，但又失之偏颇，因为还有比技巧更重要的东西，那就是情感。如明代谢榛《四溟诗话》中所说："景乃诗之媒，情乃诗之胚。"一语道出了诗歌的本质，情感是诗人创作的出发点，是诗的基石，是沟通诗作、诗人、读者、听者的精神纽带。同学们在朗读时切忌做作，应自然表达自己对幼儿诗文本的主观感受。

（三）把握抑扬顿挫

幼儿古诗的语言节奏是天然形成的，朗读者能较为轻松地掌握；而现代诗歌的语言节奏是词或词组的排列，就需要朗读者自行分割，使语言节奏分明了然。这种按照语法结构的划分方法相对轻松和简单，同学们多尝试几次会颇有心得，适应节奏之后再朗读，语言节奏会即刻有改观。

（四）优化作品的表达处理

全面深刻理解作品后，要把作品真正融入内心感受，变成自己真正想要说的话，积蓄强烈饱满的表达愿望后，用最自然的语气、最舒服的声音去尽情抒发表达。

二、幼儿诗讲授技巧

如要教学前儿童学会朗诵，建议先从篇幅短小的诗歌入手。一般来说，给小班学前儿童朗诵的幼儿诗最好不超过 8 句，给中班学前儿童朗诵的不超过 12 句，给大班学前儿童朗诵的不超过 16 句。

无论是成人还是学前儿童，都容易对有所理解、感受深刻的东西产生记忆。所以教学前儿童朗诵诗歌时首先要让他们尽量感受和理解诗歌内容，可以采用以下方法。

（一）教师有感情地反复朗诵诗歌

幼儿园教师有感情地反复朗诵能重现幼儿诗的优美旋律，让学前儿童直观地感受到诗歌的音乐美，加深对诗歌的整体感受。同时，老师的反复朗诵还能重现诗歌所描绘的场景，表达出诗歌所蕴含的感情，从而激起他们的情感共鸣。这样，他们便能在形式和内容两方面受到感染，加深对幼儿诗的理解。

（二）有针对性地作补充解释

在教授幼儿诗的过程中，教师应对诗歌中不好理解的地方作适当通俗的解释，对诗句之间被省略的话语进行必要补充，以增进学前儿童对诗歌的理解。例如：

《小蚱蜢》
张继楼

小蚱蜢，学跳高，一跳跳上狗尾巴草。
腿一弹，脚一跷，"哪个有我跳得高！"
草一摇，摔一跤，头上跌个大青包。

教师在讲授这首幼儿诗时，应向学前儿童解释："蚱蜢很小、很矮，它站在地上看狗尾巴草就像我们站在地上看高高的大楼一样，是很高很高的。小蚱蜢一下就跳到狗尾巴草上，就像我们小朋友能从地上一下子跳到高楼顶上一样，所以说小蚱蜢跳得高极了。"像这样联系生活经验来讲解，能使他们快速理解诗中第一小节的意思，即小蚱蜢跳高的本事很大，谁都赶不上它。小蚱蜢一看自己跳得那么高，骄傲得不得了，于是忘记了站在狗尾巴草上不稳当，不留心摔下去了。这样就与诗歌下文的意思衔接起来，学前儿童也就能具体形象地理解到诗歌的中心思想——有了成绩不能骄傲。

（三）采用编故事的方法帮助理解诗歌

在编故事时要尽量把诗中难理解的词语和意思变成通俗易懂的口头语言，并将诗句之间省略的意思补充出来，达到帮助学前儿童快速理解诗歌内容的目的。

（四）使用直观教具帮助学前儿童感受、理解文本内容

学前教师可使用桌上游戏、贴绒教具、木偶、幻灯片等，采用一边朗诵一边演示教具的方法帮助学前儿童感受文本内容。

（五）创设诗歌情境，使其身临其境

教师可把诗歌内容编成一段小戏先演给学前儿童看，演员可由教师和学前儿童担任，也可以尽量把环境布置得和诗歌情境一样，让他们产生身临其境的感觉，增强代入感。

（六）边朗诵边画简图示意，帮助理解和记忆

《给雷锋叔叔的诗》
佚名

雷锋叔叔，
你离开我们已很久很久，
但是你的故事像星星一样多，
你背伙伴过河，
你扶大娘上火车，
你冒雨送大娘和孩子回家，
你到工地去干活，
你打扫车站为旅客服务。
啊，雷锋叔叔，

你的故事讲也讲不完。

雷锋叔叔，

你离开我们已经很久很久，

但是你的精神永远留在人间，

我会在公共汽车上给老人让座，

我会看见垃圾就捡起来，

我会把零花钱捐给希望小学，

我会把摔跤的小朋友扶起来。

啊，雷锋叔叔，

我要做的事情还很多很多。

雷锋叔叔，

你离开我们已经很久很久，

但是你的名字永远刻在我心中。

在讲授这首幼儿诗时，教师可抓住诗歌情节发展的几个关键情节和画面，如"扶大娘上火车""冒雨送大娘和孩子回家""打扫车站为旅客服务"等。在教授过程中简笔勾画几个相关画面，可加深形象记忆，从而帮助他们迅速理解诗歌内容，同时提高记忆速度。

（七）抓住日常生活中的有利时机，启发想象

教朗诵前，教师可抓住日常生活中的有利时机，启发想象，把学前儿童引入与诗歌内容相似的诗情画意中。

综上所述，以上七种方法都符合学前儿童思维具体形象的特点，能有效帮助他们感受和理解诗歌内容。但无论使用何种方法，都要注意尽可能地使用诗歌中的词、句，达到让他们反复接触诗句、不断增进理解的目的。

学前儿童尚未识字，学习诗歌必须以教师的语言为媒介，示范朗诵是讲授幼儿诗的主要手段。所以学前教师的示范朗诵须有强烈的感染力，要能通过朗诵重现诗歌中的艺术形象，把学前儿童带入诗歌语言营造的意境中去。而且，示范朗诵还应有目的、有计划地进行，每次示范除感染学前儿童这个共同目的外，还应各有侧重：第一次应重在吸引，引起学前儿童对诗歌内容的兴趣和学习欲望；其余各次或让他们观察某些字发音的口型（学习发音），或结合教具帮助他们感受、理解诗歌内容，或引导朗诵、记忆。每次示范朗诵之前都要根据目的对学前儿童提出明确要求，才能取得预期效果。

教学前儿童朗诵时教师应以整首跟念的方法为主，这样能保持诗歌的完整性，学前儿童更能领略到诗歌语言艺术的美，从而进一步提高朗诵的兴趣和欲望。如遇篇幅较长的诗歌时，可以灵活处理，分节跟念。在开始跟念的阶段，可以采用教师大声念、学前儿童小声念的方式。几遍之后，可改为教师小声念、学前儿童大声念。最后再尝试独立朗诵。在此过程中还可结合诗歌文本内容不断变换形式，把全体齐诵、分小组诵、男孩子诵、女孩子诵、老师和他们交叉诵等形式结合起来，以增强参与感，提升兴趣。教师可同时使用鼓励和竞赛口吻来调动他们的积极性。待基本记熟诗歌后，还可以让学前儿童自主配上动作朗诵或分角色朗诵。

技能训练

1. 倾听其他同学上传的朗诵《蝴蝶花》和《小象》的音频，找出你最喜欢的《蝴蝶花》《小象》音频作品，并分别予以评论和点赞，同时，按照以下评分标准分别给这两个音频作品评分 (幼儿诗朗读评分标准见表 2-3)。

表 2-3   幼儿诗朗读评分标准

具 体 标 准	得　分
(1) 发音标准，停连恰当，节奏感强 (15 分)	
(2) 能够准确理解幼儿诗内容 (25 分)	
(3) 能够在理解内容的基础上表达感情 (25 分)	
(4) 能够设计合理的态势语并增进情感表达 (20 分)	
(5) 仪态端庄大方，服饰得体 (15 分)	

2. 请为你最喜欢的幼儿诗撰写相关教学设计，录制模拟教学视频并上传到学习通，邀请老师及 2~4 位同学给予评分 (幼儿诗教学设计评分标准见表 2-4)。

表 2-4   幼儿诗教学设计评分标准

具 体 标 准	得　分
(1) 教学设计上能够充分表现幼儿诗内容的教育价值，目标明确、详细，符合学前儿童年龄特点 (10 分)	
(2) 教学内容有针对性，能很好地实现教学目的，难度适中、层次清楚、要点突出 (20 分)	
(3) 相关教学环节时间安排合理，节奏张弛有度 (15 分)	
(4) 教学活动设计能充分调动学前儿童的积极性、创造性，教学互动和教学效果良好 (20 分)	
(5) 教学语言精练规范、生动，富于感染力，易于学前儿童理解，拥有较高水平的教学基本功 (15 分)	
(6) 教具制作合理、适用，利于学前儿童探究，演示操作正确熟练 (10 分)	
(7) 教学方法有创新点 (10 分)	

任务三 掌握幼儿故事的朗读技巧

学习目标

知识目标
了解幼儿故事朗读的语言要求，学习分角色朗读的方法。

技能目标
练习朗读幼儿故事的语气，学会朗诵并复述幼儿故事，探讨幼儿故事寓意。

素质目标
通过朗读激发阅读兴趣。

课前学习

查询并观看幼儿故事朗读视频《想飞的乌龟》《农夫与蛇》，分学习小组并对其朗读技巧进行模仿、讨论。

幼儿故事《想飞的乌龟》朗读　　幼儿故事《农夫与蛇》朗读

学习支持

一、朗读幼儿故事时语言要清晰

（一）掌握音量

在给学前儿童讲故事时要根据场地条件、班级学前儿童数量及距离学前儿童的远近来调节、控制自己的音量，以便在任何情况下都能让他们听得清楚。

（二）准确发音

讲故事时要尽量注意发音的准确，才能使学前儿童准确并快速地理解所听故事的内容。

（三）精准表达

首先要准确找到故事的中心意义，抓住每段话的主要思想，弄清语句的轻重主次，把握语句中的思想逻辑，摸透其中的来龙去脉。这样在讲故事时才不至于把故事讲得支离破碎、情节颠倒，叫人难以捉摸。有些教师会将本来完整的一句话分割成几截去表述，没有层次，没有变化；还有些教师每个字都想去强调，生怕孩子听不懂，但越是这样，孩子听起来反而越费劲，越听越糊涂。

（四）反复练习

在给孩子朗读故事之前，应反复练习，做到熟能生巧，语言连贯，停连恰当，绘声绘色，才能引起他们的兴趣。

二、朗读幼儿故事时语言要感人

（一）注意声与情的结合

声与情是语言艺术的两大支柱。如果想要语言具有强烈的艺术感染力、动听感人，就要先解决好声与情的结合，做到以情带声、声情并茂。

（二）赋予语言音乐性和诗意

这里所指的音乐性并不是像在音乐中那样，根据节拍、强弱、快慢、音符、旋律等来固定朗读节奏，更不是配乐诗，而是指在讲述时，朗读者融入对作品的感悟，靠声情结合，通过优美的旋律、起伏鲜明的节奏、声音色彩的变化、声音的布局、开合收放、轻重层次等手段来体现的。

三、朗读幼儿故事时的技术运用

（一）构建内心视像

生动是使语言具有吸引力和感染力，也是更好地表达作品思想感情的重要因素，可以快速让观众产生共鸣。朗读者可以在内心建立起"视像"，即当你用语言表达某些事物的时候，一定要先在内心想到、看到这些事物，即所谓的"言之有物"。可以调动你曾经的经历帮助你传情达意，描述你看到过的场景，尽最大可能通过你声情并茂的讲述让观众像你自己一样看到和感觉你想表达的一切。例如，在讲述有关母爱的幼儿故事时，可以先回忆母亲曾经对自己的付出、关爱和具体细节，以便让学前儿童在故事中更能"身临其境"。

（二）把握好朗读节奏

(1) 把握好逻辑重音（为了突出语句中具有特殊含义部分而读的重音）和情感重音（为表达情感需要，对语句中的某些词加以强调，即为情感重音，情感重音建立在逻辑重音基础上）。

(2) 把握好停顿（为情感的铺垫或转折使用，分为语法停顿、逻辑停顿、情感停顿、结构停顿等）和高低起伏。

人在说话时，声带拉紧，声音（调值）则高；声带放松，声音（调值）则低。声音高时，显得响亮清脆，在情绪上给人以明亮、愉快、兴奋和振作的感觉；声音低时，则显得幽暗、沉闷，在情绪上给人带来压抑、深沉、哀痛和负重的感觉。利用声音这种传递情绪的作用，可以形成表达作品感情的节奏。

在作品中声音的起伏和节奏更多取决于作品内容的起伏。根据作品中描述的故事情节的发展，确定哪里为高潮、哪里是低潮、哪里是平铺，何时急剧上升，何时下伏缓冲。根据起伏的快慢、升降的幅度等因素先理出一条总的情节起伏发展脉络，然后再去处理每段和每句的高低起伏，安排语句之中的细微变化。

（三）把握好速度、节奏和气息

在不同的情绪和环境下，说话的速度与节奏是不同的。朗读者通过调节各种语言速度与节奏的变化，能充分揭示故事中的矛盾冲突，有力地表达情节与事件发展的全部过程，从而对正确地展现主题和具体内容产生直接的作用和影响，调动学前儿童的情绪，提高其注意力，增强艺术感染力。

朗读中强调以情运气，气随情动。只有思想感情动起来了，加之强烈的讲述愿望，呼吸才能变化自如，语言也会富有色彩。比较常见和多用的气息运用方法有以下 10 种：

(1) 偷气。当句子较长且表达的语义又不能中断，不允许中间停顿换气时就得偷气。偷气吸得少，动作要快且小，不能让听众感觉出来。

(2) 换气。一般在一个句子表述完之后，可以换口气给自己一个喘气的机会，也给听众思考的时间。一般来说换气较偷气时间稍长。

(3) 补气。句子较长、中间有逗号等标点，或感情要转入高潮，为了表达更激昂的感情，积蓄力量，中间要补气。其动作和时间比换气要快、要短，比偷气又慢且长些。

(4) 大吸气。一般用于感情比较激昂或气势较大的一句话的开头。用大吸气来表达这种激昂的情感，大吸气有点像"闻"或深呼吸时的感觉，以口吸气，同时发出吸气的声音，多用于表达惊讶、恐惧、悲伤等感情。

(5) 提气。不是把气调到上胸部，而是丹田拉住气。这时的气息控制力比较强，一般用于表达比较兴奋的情绪，但是切忌一激动气就浮上来或吊到嗓子眼上去的毛病，而是要将气用丹田拉住。

(6) 挺气。一般用于抒情、亲切的文本内容，气息好像被承托着，比较轻而柔和。

(7) 沉气。小腹放松，气息下沉，这时声音较为深沉、饱满，多用于表达内在、深沉、凝重的感情和内容。

(8) 憋气。话说半截又咽住，这时气息憋住而不能松懈，一般多用于更强烈的感情爆发之前，或用于引起对下面表述内容注意的地方，还有就是用在给人以悬念的地方。

(9) 长呼气。一般多用于感慨、叹息时，边说边往外大呼气，一口气伴随语言同时一呼而尽，话说完的同时，气也呼尽。

(10) 顿气。感情非常激动，或哭或笑，或喜或悲时形成的一种气抖声颤的效果。

总之，气息运用的方式是多种多样且较为灵活的，但其宗旨是为了表达出所朗读故事的思想感情。在朗读中，语言和声音表达作为朗读者的再创作，其中所用到的呼吸方法，往往不是单一的，而是需要相互渗透、综合运用。

技能训练

1. 找一个你最喜欢的幼儿故事进行朗读并制作配音视频。观看其他同学上传的视频，然后找出你最喜欢的作品予以评论和点赞。

2. 请选择你最喜欢的幼儿故事并撰写相关教学设计，录制模拟教学视频并上传到学习通，邀请 2～4 位同学评分。

任务四　掌握幼儿图画书的讲读技巧

学习目标

知识目标

把握幼儿图画书中图文之间的关系，了解幼儿图画书的讲读技巧。

技能目标

能够自主开展幼儿图画书的讲读。

素质目标

培养阅读幼儿图画书的兴趣。

幼儿图画书朗读《是
谁嗯嗯在我的头上》

幼儿图画书朗读
《我爸爸》

课前学习

查询并观看幼儿图画书朗读视频《是谁嗯嗯在我的头上》《我爸爸》，分学习小组并对其朗读技巧进行模仿、讨论。

学习支持

对优秀的图画书来说，"每一张画面就像一台戏，人和物，情和景，性格形象的刻画，位置的经营，气氛的渲染，色彩的处理，它所表达的内容有时是上百上千个字都无法描写的。"正因为图画书这种独有特质，学前儿童在阅读图画书的过程中才会感到趣味横生，从而爱不释手，教师也应紧紧抓住图画书的这一特质开展图画书的讲读。

一、利用图像文字，进行声音与空间的再现

1. 抓住变形变色文字信息

图画书的图文通常交织在一起，能带给读者视觉上的新鲜感，有些图画书的文字甚至还带有情感情绪与音响效果，能更好地揭示图画的蕴涵。例如，在《嗷呜！嗷呜！》这一图画书中，当猫要吃老鼠的时候，发出了一声"嗷呜"，作者把"嗷呜"两字放大很多倍，且绘以红色，其目的是让这两个字更加突出，从视觉上更加吸引读者的注意，激发读者的情感，让读者意识到这两个字对情节发展比较重要——故事发展到此处，一个新角色出现了，而且是一个与老鼠相对立的新角色，这预示着故事情节将有新的突破；而且暗示将出现的这只猫叫声响亮，正得意扬扬地准备吃老鼠。文字本是抽象的，但这种将其字体特意变大变红的艺术处理方式就能非常立体形象地呈现角色发出声响的大小，让读者较易理解情境中角色的心理状态。在朗读时应抓住这些变形变色的文字信息，在朗读时用声音再现出来，以帮助学前儿童更好地体验图画书中所包含的生活情趣和艺术情趣，更好地理解与把握作品中人物的内心活动。

2.梳理故事情节

教师应先行理解和梳理图画书中的故事，形成自己的第一手理解和感受。教师自身的实践经验和情感经验本身就是个性化解读的基础，细读故事、梳理故事情节脉络是朗读和讲授好图画书的第一步。

3.把握故事氛围

每个故事都有其产生的背景和民族特色，也有其独特的图文营造出的氛围感。如《爷爷一定有办法》（菲比·吉尔曼）中朴素的语言里蕴含了家庭中温暖且深厚的情感，爷爷在孩子心目中的完美形象带来的幸福感，在朗读和讲授时利用声音和节奏烘托这种故事氛围可以帮助学前儿童理解内容。

4.关注故事类型

如一些诗性或散文化的图画书，讲述时就要注意使用富有情感和诗意的语言；如民间故事风格的图画书，则可用活泼诙谐的口语讲述或用夸张的角色扮演；再如寓意深刻的图画书，可以采用相对平实但具有启发性风格的语言讲述。

5.配合文本节奏

应考虑文本的节奏特征和故事整体结构，遵循图画书中故事的起伏和走向，牵引和推动学前儿童理解故事。悬念的拉伸、高潮的抑扬，艺术化地进行结局的揭示都是有价值的朗读和讲授策略。在讲读中一定要善于使用留白，在情节的转折处、发展处、结局处，关键句处多一些停顿，以形成自然又用心的讲读节奏。

二、抓住隐藏的人物，进行人物的再现

有些图画书没有将一些关键的人物呈现在画面中，而是隐藏在画面外，可谓"只闻其声，不见其人"。为了让学前儿童能够体验图画书的这一特点，前期需要通过想象完善其中的人物信息，然后进行模拟表演和声音表现，使人物和情景再现出来。例如，在《大卫，不可以》（大卫·香农）这本图画书中，妈妈只出现了两次，第一次出现在扉页：上身穿白底蓝点短袖上衣、下身穿绿裙子、腰扎黑色腰带、双手握拳叉腰，但是作者没有画出妈妈的头。第二次出现在最后一页：大卫扑到妈妈怀中，倾听着妈妈的心跳，妈妈则用温柔的双手抚摸着怀中的大卫，妈妈的脸依旧被作者巧妙地隐去了。在整本手册中，每页唯一的文字则是妈妈阻止大卫调皮捣蛋的呵斥声。这就需要教师在朗读和教授时带领他们每翻开一页，大胆想象和模仿大卫妈妈当时的心理、神态、语气、语调与肢体动作，让学前儿童感受画面之外的妈妈的心理和性格特点。虽然学前儿童没有在图画书中看到大卫妈妈的表情，但由于作品紧贴学前儿童生活，通过想象再现妈妈这一隐形人物，他们还是能够深刻体会到大卫妈妈是一位话语简单严厉甚至有点粗暴，但内心却充满温情和浓浓爱意的母亲，当他们与大卫一起理解了妈妈的一番苦心后，才能接受最后大卫扑到妈妈怀里的故事结局。

由于图画书的故事相较纯文本故事更生动形象，因此一定要把握住故事和图片中展现出的人物形象特点，用声音和语言节奏模拟出"显性人物"和"隐形人物"的性格、心理和语气，增强朗读的感染力，以便更好地向学前儿童讲读图画书的主题。

三、把握文本节奏，灵活翻页讲述

图画书通常在版式上都是进行了精心设计的，其封面、扉页、环衬、正文以及封底共同构成了一个完整的故事，依靠翻页逐步推进情节，同时在上一页画与下一页画之间必然存在着某种跳跃性，从而使图画书的叙事凸显出某种韵律节奏感。为了引导学前儿童更好地把握和领悟这种叙事节奏，在图画书的朗读和讲授中应善于运用灵活多样的翻页技巧。除惯常的顺页翻阅法外，还可以根据图画书特点采取单页、多页、跳页和抽页等翻页方法，使用倒叙制造悬念等效果，激发阅读兴趣，深化阅读体验。

例如，在阅读《1 只小猪和 100 只狼》(宫西达也)这本图画书时，就可以采用连续翻 3 页的翻页技巧来激发学前儿童思考：当小猪遇见了 100 只狼时会发生什么事情，并深刻感受作者的意图。在这 3 页中，作者运用了类似电影中的蒙太奇手法，让小猪逃跑的方向来了两次 180° 大逆转，让静态的画面产生了动态效果，可以让读者身临其境般地感受到小猪四处逃窜的危险处境与惊慌失措的紧张心情，从而帮助他们更好地理解故事。而当看到小猪被狼群包围起来，并且包围圈变得越来越小，小猪吓得全身发抖时，教师可以采用跳页的翻页方式，直接跳到封底的故事结局——小猪安然睡在自家小屋，以此制造悬念，引发学前儿童无尽联想，从而充分调动孩子们的参与热情和探索欲望，提升其阅读质量。

四、挖掘画面细节，深化对故事内涵的理解

一本好的图画书除了有好的故事内核，必定还有许多让人赞叹不已的画面细节，有的用于表现故事主人公的性格特征，有的用于表现故事的主题趋向。图画书的细节不仅能够辅助文字进行意义的表达，而且还能够有力地增强图画书主题的表现力，这些细节通常互隐互现于图画书各处，不断为孩子们制造惊喜。例如，《逃家小兔》(文：玛格丽特·怀兹·布朗、图：克雷门·赫德)中的兔妈妈变作渔夫去捉小兔变成的鱼时，用的钓饵是胡萝卜；兔妈妈变作大树让小兔变成的鸟儿栖息时，大树是一只大兔子的形态；小兔变成帆船时，船帆是兔耳状……这些充满浪漫幻想的细节闪耀着一种充满智慧光芒的幽默，能够让读者在会心一笑时更深地感悟到兔妈妈对小兔子的深情厚爱。在讲读图画书时应善于挖掘这类细节，引导学前儿童将其与故事情节、人物、主题等联系起来，加深学前儿童对图画书内涵的理解。

如果说学前儿童选择一本图画书，往往是由于其"好玩"或"有趣"，那么在讲读图画书时就应关注学前儿童的这种心理需求，将重视学前儿童的阅读态度、阅读能力、阅读兴趣等的发展与图画书的特征相互作用结合起来，为提高学前儿童自主阅读能力打下良好基础。为此，我们要大力加强自己的文学艺术修养，提高自己解读图画书的能力，在讲读中重点关注图画书艺术表现手法对学前儿童阅读发展的重要价值，只有这样才能引导学前儿童喜欢并"看懂"图画书包含的三重故事(用文字讲述的故事、用图画暗示的故事及图画与文字两者结合而产生的故事)，并在感受作品别具一格的艺术手法中体验阅读乐趣，积淀阅读经验。

技能训练

找一本你最喜欢的幼儿图画书进行配乐朗读并制作视频，观看其他同学上传的幼儿图画书视频，找出你最喜欢的作品予以评论和点赞。

任务五 掌握幼儿戏剧台词的朗读技巧

学习目标

知识目标
掌握幼儿戏剧台词的艺术性。

技能目标
(1) 能在松弛的状态下完成幼儿戏剧中一个或多个角色的台词表演。
(2) 学会在幼儿戏剧台词表演过程中合理使用肢体语言。

素质目标
通过练习激发表演和创作兴趣。

课前学习

讨论：你认为儿童戏剧台词朗读与故事朗读有哪些不同？

学习支持

一、掌握幼儿戏剧台词的艺术性

（一）幼儿戏剧台词具有动作性要求

戏剧是行动的艺术，须在有限的舞台演出时间内迅速展开人物的行动，并使之发生戏剧冲突，以此揭示人物的思想、性格、感情。这就要求台词服从戏剧行动，具备动作性，把角色的内心世界形象地再现在观众面前。

（二）幼儿戏剧台词具有戏剧化要求

幼儿戏剧剧本中人物形象的塑造需依靠人物自身的台词和行动完成，而且是在有限的时空里进行的，这对剧本台词的性格化提出了较高要求，需要根据人物的出身、年龄、职业、教养、经历、社会地位以及所处时代等因素，掌握人物的语言特征。同时要把握人物性格的发展，揣摩人物表达内心的语言方式与特点。

（三）幼儿戏剧台词具有口语化要求

要富有生活气息，亲切自然，句式稍短，音韵和谐，便于学前儿童表达和表演；同时可根据台词内容，赋予语言一定的诗意，提升学前儿童审美品位。

二、根据台词内容和人物性格朗读和表演

表演活动是听、说、做、演、思等多种感官的综合使用，可培养学前儿童的创造性表达能力、批判性思考能力、思维能力、想象能力、团结合作能力及人际交往能力。在表演与欣赏戏剧的过程中，学前儿童容易获得心理放松，产生愉悦情绪，释放和宣泄不良情感，培养和形成勇敢、开朗、活泼的个性品质。朗读幼儿戏剧台词和指导学前儿童表演时要注意以下四点。

（一）语言表达

指导学前儿童用声音演绎故事人物，表现故事情节，学习通过语气、语调和语速变化表现故事中人物角色的情感、态度，初步学会用语言为不同人物角色造型。如老虎个性凶狠、残暴，适宜用雄性深沉、粗哑的嗓音和语气表现；狐狸个性圆滑、懒惰，适宜用雌性尖利而婉转的语调表现；小猴儿个性顽皮、活泼，适宜用儿童式伶俐、快速、急促的语速表现等。

（二）动作表情

可教授学前儿童在朗读和表演台词时运用恰当的身体动作、手势、面部表情来表达对戏剧中故事情节的理解认识。如表演《拔萝卜》时，可指导学前儿童运用身体动作：一个拉一个的衣服后襟，身子前后晃动，面部表情开心兴奋，做出使劲用力的样子，合着节拍喊："小姑娘，快快来，快来帮忙拔萝卜！"

（三）鼓励创造性表演

幼儿戏剧教育和我们平时接触的传统教育不同。戏剧大多数时候是没有一个固定答案的，这不仅给学前儿童提供了想象的空间，还能锻炼学前儿童多角度看问题的能力。我们可启发学前儿童在没有道具、场景的环境中根据台词内容进行虚拟动作表演；表演过程中允许他们自由选择角色表演或可互换角色表演；鼓励他们自主设计场景或改变原来戏剧中的某些情节、台词和表演范式进行创新尝试等。

（四）培养孩子的抗挫力

戏剧表演的完成需要反复打磨和排练，在一次次的排练过程中，为了达到更好的表演效果，孩子可能会被多次否定，然后再重来，直到达到最佳表演效果。这个过程中，孩子的抗挫折能力在不知不觉中得到了提升，同时可以帮助孩子树立独立的人格，塑造正确的人生观、价值观，进而达到"全过程教育"的目的。

技能训练

1. 一人分饰多角，学会使用道具模拟出不同场景和空间中的声音，朗读下面的幼儿戏剧《小红帽》（多幕剧）并制作音频和视频片段。

《小红帽》(多幕剧)

人　物：小红帽，大灰狼，猎人，外婆。

第一幕

地　点：路上。

小红帽：(胳膊上挎着篮子，蹦蹦跳跳地上)我跑啊跑，我跳啊跳。我是可爱的"小红帽"。聪明伶俐人人爱，外婆夸我是好宝宝。大家都叫我"小红帽"，是因为去年我过生日时，最喜欢我的外婆送给我一顶小红帽，我很喜欢这顶帽子，我经常戴着出去玩，所以大家都叫我"小红帽"，嘻嘻，我也很喜欢这个名字。

[路人甲上]

路人甲：咦，那不是小红帽吗？喂，小红帽，你要去哪儿啊？

小红帽：你好啊！我住在森林里的外婆生了病，妈妈让我把蛋糕和这瓶葡萄酒给外婆送去，外婆吃了就会好一些的。

路人甲：你真是个懂事的孩子！那路上小心些啊，尤其注意可恨的大灰狼啊！祝你外婆早日康复！

小红帽：谢谢您，我会注意的。我要走了，再见！(蹦蹦跳跳下)

路人甲：再见！(望着小红帽身影)真是个懂事的孩子！(边说边下)幕落。

第二幕

地　点：森林(道具：树木若干，花草若干)。

大灰狼：(跌跌撞撞上)我逃啊逃，我藏啊藏，我是可恨的大灰狼，不仅样子长得凶，还天生一副坏心肠。

(稍顿)唉，昨天因为肚子饿，吃了农夫的牛和羊，激怒了农夫一家人，请了猎人来帮忙，又是刀来又是枪，说要扒了我的狼皮做衣裳，我逃了一天没停步，疲惫不堪饿得慌。

(惊奇状)咦？那边好像过来个小姑娘。哈哈，拿她做早餐最理想！(侧身隐于树后，做躲藏状)

小红帽：(蹦蹦跳跳上)森林里，野花香，心里着急我赶路忙，盼着早到外婆家，外婆吃了我的蛋糕早健康。

[大灰狼跳出]

大灰狼：哈哈，你好啊，小红帽！

小红帽：(很有礼貌地)你好，狼先生！

大灰狼：你篮子里装的是什么？要去哪里啊？

小红帽：这是蛋糕。我住在森林里的外婆生了病，妈妈让我把蛋糕给外婆送去，外婆吃了就会好一些的。

大灰狼：(转过身)哈哈，天助我也！这个小孩子这么小，不够我一顿饭！让我先吃了她，再去吃了她的外婆！(转回来，对着小红帽)你外婆住在哪里呀，小红帽？

小红帽：（用手一指）进了林子还有一段路呢。她的房子就在三棵大橡树下，低处围着核桃树篱笆。你一定知道的！（突然看到地上野花）哇，好美的花啊！狼先生，我要去采些花送给外婆！再见了！（蹲下去采花）

大灰狼：（在小帽背后做扑状）哈哈哈，让我先吃了你！

〔猎人持枪上〕

猎　人：大灰狼，我看你又做坏事！今天非杀了你不可！

大灰狼：哎哟妈呀！猎人追来了！

（仓皇下）（猎人追下）幕落。

第三幕

地　点：森林外婆家（道具：床，床头帐幕）。

外　婆：（穿睡衣斜靠床上）上周到森林去采蘑菇，天凉没穿厚衣服，回到家里就生了病，又发烧来又是吐，哎哟哟，浑身上下都不舒服。唉，昨天我女儿捎信来，说我可爱的外孙女小红帽今天要来看我，哎呀，我最喜欢这个外孙女了！我的小宝贝啊，也该到了吧？

大灰狼：（鬼鬼祟祟上）多亏我狡猾又聪明，让那猎人扑了空，肚子饿得我眼发绿，为找食物我快发疯。咦？想起小红帽说外婆生了病，那我就先吃了外婆再把孙女等。嗯，到了，这应该就是小红帽的外婆家了。（上前做敲门状）

外　婆：谁呀？

大灰狼：（模仿小红帽的声音）外婆，我是小红帽，我带东西来看您了！

外　婆：啊，小红帽，你可来了，我的乖孙女！咦？不对啊，小红帽，你的声音怎么怪怪的呢？

大灰狼：外婆，我跟您一样感冒了。喉咙好痛，所以声音不太一样了，你快开门让我进去吧！

外　婆：可怜的小红帽，感冒了怎么还跑这么远来呢？（边说边去开了门）啊！大灰狼！

大灰狼：（扑上去）哈哈哈，我是来吃你的。我好几天没吃东西，饿死了！

外　婆：不好了。

〔外婆跑到床幕后，狼追至，一会儿穿外婆睡衣出来〕

大灰狼：一口把外婆吞下肚，再换上外婆的衣服，只等小红帽来上门，乐得我现在直迷糊。哈哈哈，马上我又可以吃到小红帽了！

〔小红帽唱歌上〕

小红帽：啊，终于到了，我去敲门，给外婆一个惊喜！（做敲门状）

〔大灰狼听到声音，用被子蒙住了头〕

小红帽：咦，怎么没有声音？（进屋）外婆，您好些没有？我带了很多好吃的东西来看您，快起来嘛！

大灰狼：噢，你来了，我的乖孙女儿，外婆正想着你呢！

小红帽：外婆，您的声音好怪哦！

大灰狼：我感冒了呀，声音才变了！

小红帽：（走到床前）外婆，您……您的耳朵变得好大哦！还有眼睛……嘴……

大灰狼：耳朵大才能听清你的声音啊，眼睛大才能看清你的脸啊，嘴巴大才能吃了你啊！（说着跃起）

小红帽：大灰狼！

［跑至床幕后，大灰狼追至，一会儿，鼓着肚子出来］

大灰狼：两个多，一个少，现在吃得真是饱！到了中午我犯了困，先到床上睡个午觉，啊！我先睡个觉再说吧！（伸懒腰，躺在床上，一会儿呼噜声响起）

［猎人上］

猎　人：背猎刀，挎猎枪，勇敢的猎人人敬仰，保护大家是我的职责，专除虎豹与豺狼。我是猎人，前两天一只凶恶的大灰狼吃了农夫的牛羊，被我追到了这里，咦，好像有睡觉打呼噜的声音啊。难道是狼？（仔细听）声音好像是从这屋子里传出来的！（推门进去）哇，这可恶的狼真在这里，它的肚子好大，难道？

小红帽：（在狼肚子里）救命啊！

猎　人：果然，大灰狼把人吞进肚里去了，哼，等我用刀剖开它的肚子！

［猎人剖开狼肚子，小红帽和外婆钻出来］

外　婆：谢谢你救了我们祖孙二人！

猎　人：这只可恶的大灰狼，我正找它呢！

小红帽：等我装上一百块石头在它的肚子里！让它可恶！（外面捡石头，装石头）

猎　人：我们先到外面躲起来，看大野狼醒过来会怎么样？

［三人躲起来］

大灰狼：啊，睡得好舒服哇！咦，肚子怎么这么重呢？好渴呀！我去找水喝！（艰难地下床，到院子里井边）

大灰狼：奇怪，肚子好重呀，真受不了。（一低头，栽进井里）

猎人、小红帽、外婆：（高兴得从后面跳出来）我们终于消灭了可恶的大灰狼！剧终。

2. 观看其他同学上传的《小红帽》音频和视频片段，然后找出你最喜欢的作品并予以评论和点赞。

3. 以寝室为单位，分组创作或改编一个幼儿戏剧剧本，自行排练后在班级里表演。

模块小结

本模块主要介绍了朗读能力的基础能力（包括发声和发音）和能力进阶（包括故事口语化、节奏化、感情化），详述了各文体朗读的方法和技巧等。

除了根据以上理论知识进行各文体的朗读练习，还可结合声乐专业课上学习的气息练习方式感受气息的运用，以提高自己对声音的驾驭能力。同时通过大量阅读和学习，更新教育理念和儿童观，了解学前儿童的接受水平及阅读心理，主动研究文本特质。如此才能大大提高教学效率，创造出更和谐的师生互动情境，帮助学前儿童从阅读中得到更多的乐趣，为养成乐于阅读、善于阅读的好习惯打下坚实基础，同时让孩子在接触学前儿童文学作品的过程中，受到艺术熏陶，提升艺术审美能力。

模块测试

1. 故事口语化的处理方法有哪些?
2. 故事口语化的要求有哪些?
3. 复述的基本步骤是什么?
4. 什么是重音? 显示重音的方式有哪些?
5. 什么是语调,语调与声调有什么不同?
6. 寻找同一主题的儿歌和幼儿诗并对比其异同,体会朗诵节奏和朗读方式的不同。
7. 可利用哪些方式对幼儿图画书中的图像和文字进行声音与空间的再现?
8. 幼儿戏剧台词有哪些艺术性?

模块三　表演能力

思政点睛

为引导青少年树立社会主义核心价值观，将其内化为精神追求、外化为自觉行动，提升学生学习兴趣，我们可以将原本"结论式"的授课方式转变为"研讨式"，寻找适合的案例，让学生在学习表演技巧的同时进行自主讨论，提升表演能力、表达能力和思悟能力。老师则在分析角色的过程中力求将积极向上、永不言弃等中华优秀传统文化的精神内核传递给学生。

园长谈文学

1. 你认为表演能力对未来从事学前教育工作有哪些作用？
2. 幼儿园有哪些场景需要用到表演能力呢？

园长分享：表演能力

我们邀请到了江西省宜春市铜鼓县幼儿园园长兰萍为大家分享她的见解。首先，她强调了表演能力对未来从事幼儿园教师的重要性。表演不仅仅是演员的专长，它是一种能力，可以帮助教师更好地与学前儿童互动和传递知识。通过表演，教师可以生动地呈现故事、角色和概念，激发学前儿童的兴趣，促进他们的参与和学习。其次，兰园长提到了幼儿园中需要用到表演能力的场景。例如在教授故事时，引导角色扮演，组织戏剧表演，或者在庆祝活动中演出节目。通过这些表演活动，学前儿童可以更好地理解情感表达，发展语言能力，培养社交技能，同时也增强对中华优秀传统文化的认识和理解。

项目一　基　础　能　力

任务一　学习面部表情

学习目标

知识目标

(1) 了解面部表情训练的作用。

(2) 认识面部表情练习的常用方法。

技能目标

(1) 能进行面部放松练习。

(2) 能进行面部常用表情练习。

(3) 能初步开展图画书表演。

素质目标

(1) 初步跨越内心体验和外部体现之间的鸿沟。

(2) 形成舞台表演的初步意识。

课前学习

(1) 观看微课视频《面部表情变变变》，了解常见的面部表情。

(2) 思考：幼儿教师为什么要训练面部表情？

《面部表情变变变》

学习支持

　　面部表情可以反映出人的感情，如愤怒、忧虑、紧张、惧怕等，面部表情训练主要解决体验与体现相统一的问题。通过学习面部表情，可培养由内而外的创作素养，实现内心体验与外部体现的结合。本节在强化面部表情训练的同时，还重视内心的感知、体验、理解。

一、面部放松练习

（一）面部训练

请在训练前保持舒适的坐姿，调整呼吸，放松内心，放松面部的肌肉。

(1) 睁开双眼，练习抬眉、皱眉。按顺序做，每组动作，保持 10 秒左右。

(2) 面部放松，练习耸鼻、示齿。按顺序做，每组动作，保持 10 秒左右。

(3) 双唇紧闭，练习噘唇、咧唇、鼓腮。按顺序做，每组动作，保持 10 秒左右。

以上三组动作每组5～10次，练习数次后，感受面部肌肉的紧张、放松、再紧张、再放松……做完后，闭目养神休息片刻。

在整个的练习过程中，不仅要放松面部进行表情练习，还要感受内心的变化，注重内在感受。

（二）眼部练习

请在训练前保持舒适的坐姿，调整呼吸，放松内心，双眼呈放松状。

(1) 平视前方，缓慢睁大眼睛，练习瞪眼，保持5秒，再放松下来。

(2) 双眼平视，由老师发送指令：双眼向上、向左、向下、向右转动，每一个方向都保持5秒，再放松下来。顺时针、逆时针各两组。做完后，闭目养神休息片刻。

二、面部常用表情练习

面部常用的三个地方（眉毛、眼睛、嘴巴）最能体现情绪，其中的每一种生理器官都可以展现出细致又微妙的情绪。

眉毛：皱眉表示愤怒、忧愁；扬眉表示激动、兴奋。

眼睛：双眼平视表示平和，俯视表示羞涩，仰视表示思考。

嘴巴：双唇合拢表示庄重、宁静；双唇半开表示惊讶、疑惑；双唇紧闭表示盛怒、对抗；双唇噘起表示不满。

（一）个人训练

1. 喜

双目微睁，双眉向上挑，嘴角上扬。

2. 怒

双目圆睁，逼视对方，双眉收紧，嘴紧闭，牙齿咬紧。

3. 哀

双眼微垂，双眉上挑，鼻翼微张，双唇微微闭拢。

4. 怕

双目圆睁，愣住，双眉上挑，嘴张开吸气。

5. 愁

双眉紧锁，双唇闭拢，嘴微微张开，做吐气状。

6. 盼

双目凝视远处，双眉上挑，嘴张开吸气，气息急促，头稍稍上扬。

7. 惊

双眉上抬，双眼瞪大，嘴微张，同时下颚下垂。

8. 厌

双眉下垂，收紧状，抬高下眼睑，而上眼睑没有抬高，鼻翼上抬。

以上训练，还需要用心体会不同人物的年龄、性格、思想情感及剧情发展，以进行差异化表现，才能更好地塑造人物形象。

（二）集体训练

1. 表情传递游戏

所有同学双眼紧闭，由教师先做第一个表现情绪的表情，后面的同学按顺序依次模仿。感觉模仿得非常逼真的同学可自由调节面部表情，再依次传递。

在这个过程中，要求尽量不笑场，控制情绪。同学互相观察：谁模仿得像，谁更大胆，谁放不开？最后一位同学要把教师的表情表现出来，然后大家互相交流心得，以促进共同进步。

2. "我是木头人"游戏

一是选两名学生到台前，面对面站好，依照教师指定的情绪表情，互相注视，比如用微笑互盯；用愤怒和惊讶互相注视等。要求这个过程中，互盯的双方要控制情绪，表情准确并与目光维持时间同步，看谁盯住的时间长。

二是选一名学生站在台上，面对台下同学做出各种面部表情，台下所有同学热情鼓掌，只要同学们掌声不断，面部表情就不停止。同时要求眼睛按顺序依次注视每一位同学的眼睛至少 5 秒钟，直至注视完最后一位同学。这个过程中，要求全体同学用掌声激发他（她）的热情，树立他（她）的信心，培养彼此的注意力。

三、初步开展图画书表演

图画书《表情的表演》中的阿咪虎因为表演节目而发愁！有了爸爸的提醒！阿咪虎的表情表演把大家都逗笑了！

(1) 复习面部表情练习。

(2) 观察各种不同的表情、发型、眼睛、鼻子和嘴巴的特点。

(3) 表演绘本《表情的表演》中为节目做准备的阿咪虎。

技能练习

表演《表情的表演》中阿咪虎给大家带来的节目，并将各种各样的表情录制成视频上传到学习通相应的讨论区。

任务二　学习体态语

学习目标

知识目标

认识体态语包含的行为动作。

技能目标

能开展各类体态语的练习。

素质目标

养成在生活中观察模仿人物的习惯。

课前学习

思考：身体各部分的动作有哪些？体态语的学习有什么意义和作用？

学习支持

体态语，别称为人体语言、体态语言、行为语言等。它是交际过程中伴随言语交流或非言语交流时，通过身体的行为动作姿态，以及面部表情变化而完成交际的一种辅助工具。教师的体态语实际上是教师展现课堂教学艺术的有效手段，是实现教师教学意图的重要方式，是教师完成和学生交流的必要辅助手段。

一、身体各部分动作练习

此部分练习由教师带领学生一起进行，练习时要保持自然站立状态。

（一）头部练习

(1) "钟表式"练习：头部向下低垂、向左肩靠、向后仰、向左肩靠，再回到下垂位置，顺时针、逆时针各练习两组。练习过程是分解式转动，每一个动作都不宜过快，一定要按照教师指令做。

(2) 平移式练习：头部向前、向右、向左、向后做平伸状，练习过程中不要耸肩，目光保持一个点，由颈部带动头部平移。

（二）肩部练习

(1) 上下式：自然站立，首先做耸立状，双臂保持紧张感，做到最高处，再回到自然状态。然后做下垂状，做到最低处，再恢复到自然状态。上下做完算一组动作，重复做 5 组。

(2) 前后式：自然站立，首先双肩向前推，保持紧张感，再回到自然状态；然后双肩向后推，再回到自然状态。前后式为一组动作，重复做两组。再做双肩前后交替式练习（左臂在前，右臂在后），前后交替式为一组动作，重复做两组。

(3) 画圆式：全身放松，双臂自然下垂。双肩向前、向上、向后、向下做圆状画圈，可做顺时针和逆时针画圈，重复做 5 组。

(4) 全身式：上下、前后、画圆式抖动双肩。动作不宜太慢，感受双肩的紧张感。

（三）胸部练习

(1) "十字形"胸部练习：胸部向前、向后、向左、向右推出，每一个动作做完回到原位自然状，"十字形"胸部练习重复做 3 组，注意是胸部发力。

(2) 画圆式胸部练习：胸部向前、向右、向后、向左做顺时针推出，画圆式胸部练习重复做 3 组。

（四）手部练习

(1) 手腕画圆式：双手握拳，转动手腕，做画圈式，重复练习 5 次。

(2) 手腕转动式：双手手腕贴在一起，以手腕贴合处为轴心，前后摆动手掌，如左手手掌在前，右手手掌在后，重复练习 5 次。

(3) 手掌放松式：自然站立，双臂伸直，平举状，双手握拳，手心向下，再用力张开十指，保持紧张状态，握拳、张开为一组动作，重复练习 5 组。

（五）胯部练习

(1) "十字形"胯部练习：自然站立，手叉腰，胯部向前、向后、向左、向右推出，每做完一个动作就回到原位，接着再做下一个动作，整个做完为一组，重复做 5 组。

(2) 画圆式胯部练习：自然站立，手叉腰，胯部向前、向右、向后、向左推出，做画圆式胯部转动，做 5 组。

（六）腿部及脚部练习

(1) 画圆式腿部练习：抬右腿，大腿平直状，与小腿呈 90°，大腿不动，小腿向前、向右、向后转动，重复做 5 组。再换左腿做同样动作，重复做 5 组。

(2) 立式脚腕练习：左脚脚掌呈自然站立状，右脚抬起脚后跟引体向上，右脚脚趾支撑起右腿，停顿片刻再放下。再换左脚做同样动作，重复做 5 组。

二、身体各部分组合练习

在进行身体各部分的组合练习时，要关注身体的整体变化，并发掘自己做每个动作时生理、心理上的变化。做完练习后，教师带领学生进行讨论，交流不断变化的动作带来的体验，注重内部与外部的辩证统一关系，并进行描述，讲明"容动而神随，形现而神开"，并根据生活中的观察去揣摩不同人物的不同形体所呈现的不同状态。

（一）行走练习

(1) 原地走动，走路呈自然状，双目平视前方，根据老师的指令，加快或放慢走路的速度。学生在走路的过程中，教师可以发现学生的走姿是否呈自然状、亲和状，不可驼背、耸肩、挺腹。

(2) 身体下蹲，身体呈蜷缩状，双手抱膝行走，呈婴儿状行走。

(3) 身体呈半蹲，双手反向后背手掌呈交叉状，呈少年状行走。

(4) 身体直立，脚尖着地，脚跟抬起，呈青年状行走。

(5) 身体直立，双手摆臂，松胯行走，呈中年状行走。

（二）中心练习

想象自己身上有一个中心点，听教师口令找到中心点的位置，学生可以保持站立或行走的状态，在做每个动作时关注自己内心的感受。

以身体的头颈、胸部、腹部、腿部等为中心点。感受在不同环境下，如森林、树丛、花圃、动物园等环境下，模拟以幼儿、少年、老人等视角去观察、感受内心的变化。

练习结束后，教师询问同学在练习过程中的感觉，以及中心点给自己带来的感受和情绪的变化。这个练习对体会不同人物形象的塑造有辅助作用。

（三）体积变化练习

感受自己的体积变化带来的感受。

(1) "大"，想象自己是一个庞然大物，如高楼、老虎。

(2) "小"，想象自己是一只蜜蜂、一颗小幼苗。

(3) "长"，想象自己是一台长长的吊车、一只长颈鹿。

(4) "短"，想象自己是一把短短的尺子、一根短短的魔法棒。

（四）大小人物练习

这个部分可以以个人或小组表演的方式进行。

(1) "大人物"，想象自己是皇帝、森林之王狮子。

(2) "小人物"，想象自己是受气的臣子、弱小的蚂蚁。

根据具体的人物，可以让同一个人在同一个场景演大、小人物，练习完后让同学们谈谈不同角色之间产生了怎样的形体和姿态上的变化，要求形体表现上要尽量夸张。如森林之王狮子准备惩罚弱小的蚂蚁时，演员可以在演绎狮子时，昂头说话，再一转身接着演蚂蚁弱弱地低着头，蜷缩身体，准备下跪。演员还可以站起来一转身，用腿狠狠踩向蚂蚁。

练习结束后，表演的同学可以自评或者小组间互评，发现彼此表演的优点与缺点。教师对同学们表演时的形体展示和技巧运用进行评价。

三、身体的表现力练习

身体表现力的练习需要内在体验的外化表现，要求是真实的体验。

（一）强弱练习

根据距离的远近进行声音的强弱练习，想象两个人分别站在山顶上，两个人的距离是隔山相望的，互相跟对面的人打招呼，如："小兰，你在干什么？"对岸的人也要回话："阿强，我要去做农活！"声音由强渐弱，反复练习。要求学生注意气息的运用，吐字要清楚。

（二）叫卖练习

回忆生活中听到过的叫卖声，模仿不同场景，不同人物职业的叫卖声，如"冰棍儿——卖冰棍儿""买一送一，换季清仓"等。

（三）呼吸练习

可练习短促的呼吸，再练习"嘿、哈"，再吸足气，吐出后发出连续的"哈、哈、哈……"。

（四）情绪练习

吸气发出哭声，呼气发出笑声，相互交替。想象你的好朋友误会了你，开始觉得很可笑，但转而又感觉很伤心，很委屈。从内心去体会不同情绪带来的表情变化。也可处理成边哭边说话、边笑边说话。注意气息的运用，哭的时候，也不能失去声音，要注意美感。

四、体态语专项练习

（一）无实物静物练习

同学们围成圆圈，在教师的指令下按同一方向绕圈走，教师站在圈中间。当教师喊出让学生模仿的静物名称时，同学们停止脚步，摆出教师指定的事物造型。如教师喊"茶壶"，同学们瞬间变成"茶壶"。同学们还要互相欣赏看看谁学得最像并交流思想，然后在教师的指令下继续前进，再听从下一个指令后停止脚步进行模仿，反复进行。同学们也可以自由地模仿心里所想象的事物，比如桌子、鲜花、高楼、茶几、椅子，等等，摆出造型后，让大家猜一猜。

（二）品尝接力游戏

同学们围坐一圈，先由一名同学模仿送给下一位同学一种食物，请他品尝。接受食物的同学表现出真实吃这个食物的样子。如第一位同学手里拿着"草莓"对第二位同学说"我送你一个草莓"，第二位同学接过"草莓"，表演吃"草莓"的情景。随后，第二位同学说："我送你一个柠檬。"第三位同学接过"柠檬"，表演吃"柠檬"，依次进行，直至全体同学练习结束。

这个练习要求送食物的同学要送得逼真，品尝食物的同学要品尝得逼真。二者都要表现出生活中自己对该食物的真实感受，包括形状、性质、味道、大小，等等，也要逼真地表现出来。

（三）看电视转台练习

以小组形式，经过讨论来确定本组调换电视内容的次数和顺序，表现出自己看到不同的电视内容所外露出的形态、情绪的变化，让其他同学也能够准确感受到电视里播放的是哪一类的节目。要求同组的同学尽量保持协调一致，配合默契。

技能练习

表演出门前梳洗、化妆的情景。

要求：

（1）男生表演早上起床出门前对着镜子刷牙、洗脸的过程。展现人物从睡眼蒙眬到精神抖擞的状态变化。

（2）女生表演化妆的过程，展现人物从不满意到满意的全过程。

（3）表演过程可以突出个性细节的表现，比如脸上长痘痘等。

项目二 能力进阶

任务一 设计动物表演

学习目标

知识目标

(1) 理解角色性格，把握动物在故事情节发展中的性格特点。

(2) 掌握动物表演的角色设计类型。

技能目标

能进行动物角色的表演。

素质目标

培养观察和模仿动物的兴趣。

课前学习

(1) 查询并观看儿童剧表演视频《小熊拔牙》，初步认识儿童剧。

(2) 讨论：动物表演可以分为哪几种类型。

学习支持

学前儿童的思维带有直觉行动性，主要依靠动作体验、探索去了解事物的特征。动物是人类的好朋友，与人类的生活密切相关，而热爱动物又是孩子的天性。孩子通过观看老师模仿动物，以及直接参与模仿，可以更深入地感知动物的特点和习性，从中获得愉悦的学习体验。

一、根据体型

大的动物动作笨拙、速度缓慢，如大象、老牛。小的动物动作轻巧、速度快，如小白兔、小猴子、小狗等。

（一）小体型动物

1. 小鸭子

表演想象：正在水里滑翔的小鸭子，伴着几声"嘎嘎嘎"叫。

动作要领：腰直，头正，双腿半曲，双脚打开，膝盖和脚尖均向外。双臂做翅膀状垂直于体侧，五指并拢压腕，手背尽量上翘。走路时，上半身随步态左右摆动。走几步双臂可拍打两下，再伴有"嘎！嘎！嘎！"。

注意：模仿时双腿弯曲的幅度要适中，不可以模仿成"O"型腿，双臂一定要伸直，切不可柔软地扇动翅膀，否则会让孩子误以为是小鸟。类似参考的动物有企鹅。

2. 小燕子

表演想象：双臂展开，忽闪着做飞翔状，想象自己在空中，动作优雅。

动作要领：双臂展开，五指并拢做翅膀状上下扇动，双脚小碎步移动。

注意：不同场景下，小燕子扇动翅膀振动的频率也是不一样的，如快乐的小燕子翅膀振动得要快一些，失落的小燕子翅膀振动的频率则相反。类似参考的动物有蝴蝶、蜻蜓等。

3. 鱼

表演想象：置身于海里，身体柔软的鱼。

动作要领：双手五指并拢，双臂微曲，一只置于体前，模拟鱼的嘴巴，一只置于体后，模拟金鱼的尾巴。微微屈膝，身体随双臂微微摆动。行动时，双脚小碎步前进，双臂姿势保持不变，并随身体前进方向运动。

注意：双手不要上下浮动，是一前一后，但运动方向是相对的，前后手掌掌心均向内，运动时同时向内和向外游动。

4. 狗

表演想象：可爱、忠诚的狗，喜欢吃骨头，喜欢奔跑。

动作要领：双腿并拢微蹲，双手曲臂放松端于胸前。双手也可以模拟狗的耳朵，即五指并拢，双手手腕分别搭在头顶两侧。

注意：双臂要在胸前自然垂下，腿自然半蹲，后者双臂在双脚的配合下，于胸前左右互动。

（二）大体型动物

1. 大象

表演想象：体型庞大、走路缓慢、甩着长长的鼻子、说话声音大的大象。

动作要领：双腿分开，弯腰，上身与腿成90度。双臂自然下垂于腿前。走路时，缓慢，抬腿沉重，落地有力，双臂及上半身随双腿同侧左右甩动。手臂扬至头顶，同时腰伸直，做喷水状。

注意：表演时，还需要根据大象的雌雄、年龄、身份及情节等灵活调整模仿状态。

2. 牛

表演想象：体积大、声音厚重、行动缓慢，任劳任怨的牛。

动作要领：双腿分开，屈腿半蹲，上半身前倾，弯腰，拇指和小指放在头顶两侧做牛角状，说话时头可随着语言内容慢慢左摇右晃。

注意：牛的形象需要根据剧情中的不同角色进行具体分析，如牛宝宝和牛魔王就是两种形象。类似参考的动物有羊、鹿等。

二、根据真实生活

很多动物在生活中动作敏捷、行动快，给人聪明、机敏的印象，如猴、老鼠等；还有很多动物行动迟钝、速度慢，如乌龟、小猪等。

（一）动作灵敏型

1. 猴子

表演想象：聪明好动、活泼灵巧的猴子。

动作要领：双膝微蹲，重心放在其中一条腿上。重心移动时，非重心腿一方的脚尖点地，双手五指并拢，手腕自然下垂于胸前。也可做东张西望、抓耳挠腮、上蹿下跳的样子。

注意：根据不同身份、不同年龄、不同性别的猴子，进行动作的设计。

2. 老鼠

表演想象：人人喊打的过街老鼠，形象是小眼睛、小鼻子、小嘴巴。

动作要领：含胸身体呈半蹲状，双臂缩在前胸，食指指尖相对呈尖状放于嘴前，上半身随同头部快速向四周张望，嘴里可配合头部的节奏发出"吱吱吱"的叫声，走路时脚尖用力，步态轻快，躲躲闪闪。

注意：因为狐狸和老鼠的特征有点雷同，所以表演时要时刻提醒自己饰演的是什么动物。

3. 猫

表演想象：形态轻盈、目光锐利，身姿略显魅惑的猫。

动作要领：双手五指分开，掌心向内，交叉后分别在脸两侧拉开做胡须状，并伴有"喵呜！喵呜！喵呜！"的叫声。走路的过程是双腿一前一后，一弓一直，双手做猫爪状端于胸前，配合头部的左看右望。

注意：走路过程中可以伸出舌头做舔爪状。类似参考的动物有虎、狮、豹等。

（二）奸诈狡猾型

1. 乌鸦

表演想象：奸懒馋滑、油嘴滑舌、溜须拍马、丑陋无比的乌鸦。

动作要领：头向上扬，屈膝微蹲做谄媚者状，不停地扇动翅膀，身下做上蹿下跳状，嘴里伴随着低沉又沙哑的"啊！啊！啊！"

注意：乌鸦往往是以悲剧角色出现，内心是可悲的，但也要根据具体作品的具体性格而定。

2. 狼

表演想象：青面獠牙，两爪凶狠有力，一条长长的尾巴拖在后面，目光狠毒、叫声邪恶恐怖的狼。

动作要领：双手十指弯曲做利爪状，双臂屈于胸前，走路时高抬腿，迈大步，双臂配合身体姿态和语言内容及节奏随意活动。头部左右摆动时要有邪恶感，下颌微低、目视前方、目光狠毒犀利。说话时咬字恶狠狠的，声音粗糙低沉。

注意：表演时要放得开眼神，注意音色的处理。

（三）动作迟缓型

动作迟缓型的动物有猪。

表演想象：肥肥大大，脸胖嘟嘟的，可爱憨厚的猪。

动作要领：嘴巴前噘双腮鼓起，鼻子随机抽动，双腿分开，脚尖略向外，微微屈膝，双手掌放松于小腹前面好像捧个大肚子，说话时左摇右晃，双腿随身体左右交替。可以随机做擦擦鼻子、摸摸肚子、挠挠头、抓抓耳朵、晃晃头等动作。

注意：不同形象的猪处理起来也要不一样，如猪宝宝、猪小姐等。类似参考的动物有熊猫。

三、根据身份地位

不同身份的动物在动作的幅度上呈现不一样的形象。

（一）傲慢型

1. 公鸡

表演想象：有着美丽的羽毛，气宇轩昂，骄傲的公鸡，常以高傲的形象出现。

动作要领：挺胸抬头，目视前方。右手五指并拢，掌心向内，立于头顶做鸡冠状，左手五指并拢，靠于臀部，做尾巴羽毛状。走路时上身弯曲，双脚依次用力高抬脚落地。打鸣时头部向上仰起，快速晃头。可仰脖晃几下头便低头，再反复。

注意：将动作进行舞蹈化设计，要求动作要简单、节奏感强、有趣味性。

2. 虎

表演想象：霸王、一山之主、动物之首，高高在上的老虎。

动作要领：双手十指分开，指尖用力勾起于掌心做利爪状。双腿分开、直立，重心在中间，上身挺拔，可伴有虎口掐腰，下颌仰起。有时可伴有“啊呜！啊呜！啊呜！”的洪亮叫声。

注意：老虎是浑身有力，步伐大且有劲儿，目光中有一种震慑力，时而凶狠，时而威严。音色是粗壮的。

3. 老鹰

表演想象：可飞、眼毒、双翅有力、利爪无敌、杀伤力极强的老鹰。

动作要领：怒目圆瞪、双肩双臂打开做翅膀状，双手食指和中指分别用力微微向内勾起、其余三指指尖尽量向掌心勾住做鹰爪状。飞翔时，十指展开并拢协同双臂大幅度扇动，起时肘关节外翻，落时肘关节先落。猎取食物时，双手做鹰爪状，时而置于嘴前，时而随双臂平举，同时腿做“金鸡独立”状。

注意：鹰行动速度快，所以语速不同于其他大动物的慢而沉，它的声音应高亢响亮。

（二）卑微型

卑微型动物有兔子。

表演想象：周身白净、性情温和、弱小、惹人怜爱的兔子。

动作要领：直立，双臂微屈放至肩侧，两肘向下。掌心向前，两手握拳，伸直食指和中指竖起来，同时两臂屈肘至两手上举于头的两侧。

注意：双手放头部左右耳两侧，高兴时可一双脚一起蹦跳前行。

技能练习

以"快乐的音乐节"为主题，分小组表演森林王国里的飞禽走兽，展现不同动物的特点。

任务二　设计人物表演

学习目标

知识目标

(1) 理解青少年的声音及语言的特点。

(2) 理解老年人的声音及语言特点。

技能目标

(1) 能根据不同年龄角色进行不同音色变化的表演。

(2) 能把握人物在故事情节发展中的性格特点。

(3) 能初步开展人物表演设计。

素质目标

培养学生在集体面前表演的意愿。

课前学习

思考：不同年龄角色的声音、体态语的变化有哪些？

学习支持

表演者挖掘自己的声音色彩，根据剧情和角色需要灵活改变自己的音色，使台词在形象逼真的音色包装下，更加真实可信，活灵活现。常见的声音按年龄可分为：儿童、少年、中年等。音色所反映的角色特点有：温和善良、活泼可爱、凶狠可怕等。

一、不同年龄角色音色变化的要求

从青年、壮年到老年，随着年龄的增长、身体健康状态的变化，每个人的音色也会在原来的基础上有所变化。即使是年龄相同的人们,音色也各不相同,有各自的特点。表演者要展现出各种人物的声音是色彩丰富、和谐悦耳的,才不致使人感到单调、雷同。

(一)青少年的声音及语言特点

发音时多用口腔、头腔共鸣,用较高的声音位置,表现出明亮清脆的音色。

1. 青少年

应使用中声区并略带胸腔共鸣的声音来塑造,突出人物的年轻、有活力。

2. 少女

发声时要清脆、明亮、坚实圆润,使声音富有青春的美感,不宜用虚声或者刺耳的声音。

3. 青年女性

声音更加圆润、优美,语调柔和动人,气流强弱适中,主要以中声区为主,突出声音的脆亮和刚毅。

青少年的基本特点:朝气蓬勃、充满活力、反应敏捷、语意外露。除了多用较高的声音位置,还要求吐词时要注意口腔肌肉适当绷紧,增强控制力,发音时口腔的开度稍小,同时舌面的前部略抬高,使舌肌的紧张部位靠前,在语言速度快且节奏高的情况下,口齿活动灵活,咬字真切有力,使人物语言给人以热情爽快、天真稚气的感觉。

(二)老年人的声音及语言特点

发音时舌肌紧张的部位稍靠后,舌面略微降低,口腔肌肉适当自然松弛。声音以中声区为基础,多加咽腔、胸腔共鸣,使声音浑厚、苍劲,或略带沙音。但也要注意,并不是所有老人一律都是低音,如有的老年人性格刚毅、爽朗,甚至带有豪爽气;有的老年人诙谐、幽默,极富风趣;有的则因半世坎坷,饱经风霜,晚年乖僻孤独,沉默寡言。因此,声音的运用要适合人物的经历、身份、职业性格等。在语言的速度节奏上应沉稳、庄重,较有分量,速度较为缓慢。可以运用声音、语言的夸张手法,使人物带有传奇色彩。

1. 文人、艺术家或是孤傲的老人

声音用中声区,音色要求清秀。吐词要清晰,声音适当靠前。语调的抑扬顿挫要鲜明,增强语言的韵律感,但速度节奏稍沉稳徐缓。加上落落大方、谈吐文雅的举止姿态,可以展现出人物青年时代留下的飘逸、潇洒的风度。

2. 体弱多病的老人

声音带有微颤,注意控制气息。

3. 没牙的老人

牙对于语言发音的准确性和清晰程度,起着极为重要的作用。如果牙齿脱落,特别是前牙脱落,会使许多字的字头声母发音受到严重影响,造成字头出字无力,字音含混不清。可以有意识地把舌头的活动范围略略伸展到牙齿的外面,出现扁宽平坦的状态,也就是找到类似"大舌头"的感觉。同时,下颌稍向前伸或稍向后退,找到没牙老人说话时的感觉。

二、表演实战训练

（一）过新年

请同学分组表演四世同堂的亲人在除夕夜一家人过年的情景。

（二）喂药

一位小朋友感冒了，老师帮助小朋友吃药。开始，小朋友又哭又闹怎么也不吃，累得老师满头大汗。后来，老师想了个"好主意"，小朋友终于乖乖地把药吃下了。

（三）袜子哪去了

今天要进行测验，小兰着急地抓紧时间背诵着，却发现自己还未穿袜子。于是她一边背题，一边穿袜子，但只穿了一只，另一只袜子怎么也找不到了。考试的时间就要到了，她非常着急，于是干脆把袜子脱掉不穿了，结果发现原来两只袜子都穿在一只脚上了。

角色造型不是独立于声音、动作和表情而存在的，它是一个大工程，需要表演者在理解作品角色心理、年龄及故事情境后再表演出来。

技能练习

通过肢体语言表演《我的一生》，包括幼儿、少年、青年、中年、暮年时期。

任务三　设计手指谣

学习目标

知识目标
(1) 理解手指谣的作用和意义。
(2) 掌握练习手指谣的方法。
技能目标
能进行手指谣编创。
素质目标
培养学生对于学前儿童手眼协调能力重要性的认识。

课前学习

(1) 观看微课视频《手指谣：十个手指头》，初步认识手指谣。
(2) 思考手指谣对于学前儿童的意义。

《手指谣：十个手指头》

学习支持

蒙台梭利说："儿童第一次伸出自己的小手，代表自我要努力进入这个世界之中"。手指谣取材于学前儿童生活，它基于孩子们的兴趣、遵循他们的身心发展和手部的精细动作发展。内容上浅显易懂，语言流畅，生动有趣，情节稚气活泼，节奏明快，配上手指的动作，学前儿童能随时随地学、做，不受时间、地点的限制。

"小儿百脉，汇于双手"。中国传统医学认为，手是经络的起点，上通大脑，下达周身，内牵五脏。现代医学发现，一个大拇指在大脑所占的运动区相当于一条大腿的十倍。大脑控制的整个躯干的细胞只等于控制手的四分之一。运动两手具有强身、健脑、防病、治病的功效，比单纯运动两腿更有益处。

一、手指谣的意义

（一）提高动手能力

俗话说："十指连心""心灵手巧"。著名哲学家康德曾说："手是身体的大脑"，著名教育家苏霍姆林斯基也曾说："儿童的智慧在他的手指尖上"。对于学前儿童来说，手指的活动，是大脑的体操。活动的是手，得到锻炼的是大脑。手的动作与人脑的发育有着极为密切且重要的关系，对语言、视觉、听觉及触觉等的发展也有极大的助益。科学研究证明，只有使左脑和右脑得到均衡的发展，才能让大脑变得更加聪明。

（二）促进语言发展

孩子的语言模仿能力比较强，好玩又是他们的天性，所以，利用孩子感兴趣的说、做、玩的方式，会有很好的效果。如手指谣《聪明的蝈蝈》：小蝈蝈，小蝈蝈，只因生来爱唱歌。想了一个好办法，一架风琴背上驮。这首手指谣虽然比较简短，却很准确地告诉了小朋友蝈蝈的特点，让小朋友们很轻松地掌握了一个小知识。每个手指谣都让孩子边说边做，孩子通过不断学习，提升了语言表达能力。

（三）锻炼胆量

手指活动不仅能调动学前儿童听、说、想，而且还能使手部肌肉群得到发展，其他能力得到锻炼。另外，手指活动能开发人的右脑，促进左右脑和谐发展，这已是不争的事实。抓住学前时期生理发展迅速、可塑性强的特点，开展手指活动。

二、手指谣设计

（一）查阅、观看手指谣视频《小螃蟹》

思考：视频中是如何设计手指谣的？是如何表现小螃蟹的特点的？

（二）边看边学

表演实操1：

《包子卷子》

包子这么大，

（双手握拳中间有一掌的距离伸出在体前）

卷子这么长，

（双手手心相对中间有一掌的距离伸出于体前）

打开一看里面包着糖，

（手腕相靠双手握拳，拳头相对）

左看看，

（左手握拳手心向上，右手食指指向左拳）

右看看，

（右手握拳手心向上，左手食指指向右拳）

宝宝尝一尝。

（最后双手在脸颊两旁向里做扇风的动作）

表演实操 2：

《小象》

两只小象河边走，

（双手大拇指立起来，其余四指握拳指关节相对，大拇指前后交替晃动）

扬起鼻子点点头，

（大拇指相对点头）

就像一对好朋友，

（双手大拇指立起来，其余四指握拳拳心相对，大拇指左右交替晃动）

见面握握手。

（十指交叉握手）

表演实操 3：

《我是一个大苹果》

我是一个大苹果，

（张开手掌在空中画苹果，表示"大"）

小朋友们都爱我，

（伸出右手食指，在前面点几下，然后做成爱心形状）

请你先去洗洗手，

（双手相互搓，做洗手动作）

要是手脏，

（展开左手手掌，伸出右手食指，点左手）

别碰我。

（挥动右手手掌，表示"不"）

（三）手指谣随堂练习

在下面两首手指谣中任选一首进行分组练习，并写出设计的手指动作。

《一对燕子》

一对燕子盖新房，

盖好新房喜洋洋，
四月蛋，五月孵，
六月雏儿叫爹娘，
七月唧唧八月唱，
九月飞飞上南洋。

《我的玩具柜》

我家有个玩具柜，
柜子一共有几层，
一层二层三四层，
我的柜子有四层，
一层一层关上门。

手指谣以独特的教育模式，将传统的儿歌与近代教育界推崇的手指运动完美地融合在一起，通过将学习与娱乐结合、动手与动脑结合，在一起学、一起做的互动式游戏中，最大限度地调动了孩子更多感觉器官的全面开放，同时还可增强教师与孩子、父母与子女之间的感情交流。

技能练习

将以下作品进行手指谣设计。

1. 常识

《花园里》

花园里，百花开，万紫千红多姿多彩。菊花张开小嘴巴，兰花仰起小下巴。鸡冠花最神气，喇叭花儿早早起。什么花儿节日开，节日礼花啪啪啪。

2. 数学

《一棵小树》

一棵小树有五片叶子，一阵风吹过来，落下一片叶子。一棵小树有四片叶子，一阵风吹过来，落下一片叶子。一棵小树有三片叶子，一阵风吹过来，落下一片叶子。一棵小树有两片叶子，一阵风吹过来，落下一片叶子。一棵小树有一片叶子，一阵风吹过来，落下一片叶子。一棵小树没有叶子，冬天来了，小树睡着了。

3. 爱

《两只小羊》

东边一只羊，西边一只羊，东边的羊走过来，西边的羊走过去，你不相让，我不相让，叽里咕噜滚到河中央。东边一只羊，西边一只羊，东边的羊走过来，西边的羊走过去，你让一让，我让一让，两只小羊过了桥。

4. 音乐

《两只小鸟》

两只小鸟，坐在大树上，它叫丁丁，它叫东东。丁丁飞走了，东东飞走了，回来吧丁丁，回来吧东东！

项目三 各文体表演

任务一 掌握儿歌表演技巧

学习目标

知识目标

(1) 掌握编排儿歌动作的原则。

(2) 理解不同类型儿歌的表演特点。

技能目标

能根据儿歌特点进行动作设计。

素质目标

培养学生韵律感和动作表现力。

课前学习

(1) 了解儿歌的分类和特殊的艺术形式。

(2) 思考儿歌表演有什么特征。

学习支持

表演儿歌是将说、读、诵、演融合，通过表情、声音、动作、角色、歌舞、情景等形式表达儿歌的主题。表演儿歌可以采用个人讲演的形式，也可以采取小组合作的进行，旨在让每一个学生都能够具备讲演的能力，以增强自身的专业技能。

儿歌表演是学前儿童喜爱并常用的语言表演形式。它的特点是语言简单、内容浅显、朗朗上口、娱乐性强，其最大的特点是节奏感较强、押韵。根据其文体特点，教师指导时要注意儿歌的节拍，指导学生按节拍来表演。

一、编排儿歌动作的原则

1. 重复原则

重复动作符合学前儿童的接受水平。在重复动作的过程中，他们既熟练了内容，又丰富了想象。

2. 适度原则

动作是为语言服务的，它只是辅助，不能喧宾夺主。因此动作不宜过多过繁，更不能过难。这也是为了配合学前儿童的肢体动作接受水平，更是为了语言表演的主体内容服务。动作过多过难，孩子就会忽略语言，观赏者也会忽略表演者的语言主体，从而失去训练的主要目的；动作过简，则不利于他们能力的提升。所以，动作繁简要适度。

3. 美观原则

有美的表情、美的声音、美的语言，自然要有美的动作。学前儿童在表演儿歌时配上节奏鲜明的动作，不仅可以训练肢体协调能力、手脑并用的能力，还可以提高语言表现力和艺术审美能力。

4. 趣味原则

动作的设计既要吻合于儿歌的语言内容，又要具有趣味性、游戏性，这样孩子才会积极地参与，即所谓的寓教于乐。

二、儿歌的表演方式

常用的儿歌表演方式有：

(1) 诵儿歌：单纯用声音念诵儿歌。

(2) 唱儿歌：用自己喜欢的曲调重新填词，换上自己喜欢的儿歌唱一唱；或者学生也可以自己给儿歌谱上新的旋律唱一唱。

(3) 跳儿歌：让儿歌成为花样皮筋、跳绳的伴唱；或者给儿歌配以不同的舞蹈动作，边说边跳，其乐无穷。

(4) 画儿歌：以绘画作品的形式展示儿歌。

(5) 剪儿歌：以剪纸作品的形式展示儿歌。

(6) 书儿歌：以书法作品的形式展示儿歌。

(7) 玩儿歌：游戏类儿歌是学生尽情体验"玩中学，学中玩"乐趣的独特载体，结合学前儿童游戏的特点，为儿歌配以游戏样式。

(8) 教儿歌：运用儿歌进行幼儿园教学。

三、儿歌编排随堂练习

给不同类型的儿歌划分节奏并设计动作。

1. 摇篮曲

《小宝宝要睡觉》

风不吹，浪不高，小小船儿轻轻摇，

（扩指手型，手心向外，经体前由下到上至旁斜上位划半圆）

小宝宝啊要睡觉。

（食指伸出，指尖向上放于嘴前做"嘘"状，屈膝）

风不吹，树不摇，小鸟不飞也不叫，

（双臂由大臂带动肘、小臂、腕和手指尖，依次提起和落下，手臂弧线圆长）

小宝宝啊快睡觉。

（食指伸出，指尖向上放于嘴前做"嘘"状，屈膝）

风不吹，云不飘，蓝蓝的天空静悄悄，

（双臂与肩同宽正上位，掌心相对，小臂左右摆动，模仿柳枝在随风飘荡）

小宝宝啊好好睡一觉。

（屈膝，手掌合十倾斜放在耳边，做睡觉的样子）

2. 游戏歌

《黑猫警长》

黑猫警长 / 黑猫警长 / 喵喵 / 喵，

（双手五指分开，分别在脸颊处按节奏向外拉开，反复两次）

开着警车 / 开着警车 / 呜呜 / 叫，

（小手做握方向盘状，手臂向前伸直，随节奏向一侧转两下）

小小老鼠 / 小小老鼠 / 哪里 / 逃，

（双手食指指尖相对在嘴前，屈腿弯腰，双眼随节奏左右各看一眼）

一枪一个 / 一枪一个 / 消灭 / 掉！

（双手做枪状，按节奏向前伸直手臂做开枪状一下，同时跺脚）

3. 数数歌

《答算题》

一二三四五六七，

七个孩子 / 答算题。

（用手指表示"1~7"七个数字）

七张白纸 / 桌上摆，

（双手伸出，从中间向外伸展）

七只小手 / 握铅笔，

（右手伸出，作握笔的姿势）

七双眼睛 / 闪闪亮，

（双手手掌先握拳，再十指张开）

七颗心儿 / 一样细。

（双手做一颗心的动作）

几个孩子答对了？

（左手食指伸出在太阳穴位置画圈）

一二三四五六七。

（再次用手指表示"1~7"七个数字）

4. 问答歌

《谁会爬》

谁会爬？虫会爬。

（左手食指伸出在太阳穴位置画圈）

虫儿怎样爬？六只脚儿向前爬。

（曲臂置于胸前，五指并拢，左右手做一前一后的姿势，并分别来回画圈）

谁会游？鱼会游。

（左手食指伸出在太阳穴位置画圈）

鱼儿怎样游？摇摇尾巴点点头。

（双手五指并拢，双臂微曲，一只手臂置于身体前模仿鱼的嘴巴，一只放在身体后方，模仿鱼的尾巴，身体随着双臂摆动）

谁会飞？鸟会飞。

（左手食指伸出在太阳穴位置画圈）

鸟儿怎样飞？张开翅膀满天飞。

（双臂与肩同宽正上位，掌心相对，手臂上下摆动）

5. 绕口令

《鸭和霞》

天上飘着一片霞，

（右手伸出，右手手掌指向天空，从中间再向外打开）

水上游来一群鸭。

（双腿半屈，双臂做翅膀状垂直于体侧，五指并拢压腕，手背向上翘，走路上半身随着步态左右摆动）

霞是五彩霞，鸭是麻花鸭。

麻花鸭游进五彩霞，五彩霞网住麻花鸭。

（双手打开，做环抱状）

乐坏了鸭，拍碎了霞，分不清是鸭还是霞。

（双手手臂放于胸前，手掌左右摆动）

6. 字头歌

《照镜子》

穿着新裙子，

（双手手掌面向自己，从头上往下再向外打开）

扎着小辫子。

（双手手臂置于胸前，手掌握拳放置耳后）

对着大镜子，

（手臂置于胸前，手掌打开手心对着脸）

亲着小鼻子。

（右手食指指向鼻子）

技能练习

选择一篇以"自然"为主题的儿歌进行动作表演设计。

任务二 掌握幼儿故事表演技巧

学习目标

知识目标
(1) 掌握故事表演指导的注意点。
(2) 理解故事表演指导的技巧。

技能目标
(1) 掌握故事表演时角色音色、语调和语气的变化技巧。
(2) 能初步开展故事表演。

素质目标
培养学生进行表演的综合能力。

课前学习

根据前期学习训练的经验，你认为进行故事表演需要哪些综合能力？

学习支持

幼儿故事是学前儿童文学体裁形式的一种，它侧重于事件过程的描述，强调情节的生动性和连贯性，适合口头讲述。生动的故事作品中的主要人物和主要情节都能给人们留下深刻的印象。故事表演也是学前儿童语言学习的重要途径之一，故事像一只神鸟，张开彩色的翅膀，载着孩子们飞向广阔、新鲜而神奇的天地。高水平的故事表演指导不仅能提高孩子的语言表达能力、语言表现力，更能够促进其身心发展，提升孩子的自信心和品德修养。

一、合理选材

（一）选择适合学前儿童欣赏的故事进行表演

首先，要注意选取那些有利于学前儿童身心健康发展的故事，其主题鲜明，情节单纯，既具有教育意义，又极具趣味性和时代性。其次，要注意适合学前儿童年龄和心理的发展特点，不同年龄段的学前儿童所适宜表演的故事是不同的，要根据作品的篇幅、语言程度为不同年龄段的孩子选材。最后，要注意配合表演的主题进行选材，可以是经典的历史故事、名人故事，奇幻的神话故事、童话故事，贴近生活的学前儿童生活故事、动物故事等。

（二）选择适合学前儿童自身特点的作品进行表演

由于个体差异，不同孩子的语言、表情、肢体运动、心理素质等状态自然有区别。

如果不因材施教、因人而异，很难指导孩子发挥出自己的优势和特点，从而也就不能最大限度地使其能力得到提高。所以，对自己所指导的孩子一定要有准确的判断，对其优点、缺点、强势及弱势要有准确的把握。比如发音不够准确的孩子，在进行故事表演时，就应该为其选择错误率低的故事内容，或是通过丰富的肢体动作来弥补发音效果的不足。再比如，对于表情不够丰富的孩子，要选择情节简单、感情色彩浓厚的作品来激发他的表现激情。对于善于表演的小朋友，自然要选择角色复杂多样、情节活泼的作品，以充分发挥孩子的表演能力。在指导表演前还需注意以下两点。

1. 指导前要做充分的准备

在指导前要对故事情节做细致的了解，对人物性格做准确的剖析，并要进行生动形象的示范表演。高水平的示范能大大增加故事的魅力，吸引学前儿童参与表演。

2. 指导前要做详细的解析

首先是熟悉故事。根据情节安排、角色特点，帮助学前儿童明确主人公的个性及行为方式，帮助他们熟悉故事情节，掌握角色的性格特点。这个过程中可采用提问法、游戏法、模仿法、图片介绍法等。

其次是造型。根据不同的角色，设计不同的表情、动作、声音等，让学前儿童有模仿的依据，这个过程可以让孩子参与设计。

最后是形式。要对表演形式进行创造性的设计，比如加入音乐，设计道具（手偶、图片）等。通过辅助手段来创设一种表演情境，用情境烘托的方式激发学前儿童的表演热情，这对其语言表现力和感染力的开发更有意义。

二、指导技巧

"一千个读者眼里有一千个哈姆雷特"，对于同一个作品，不同的读者自然会有不同的理解和感受。当把文字付诸声音、表情、动作演绎给人看时，表演者又进行了二次艺术创造。学前儿童表演故事的第二次创造多是在老师的指导下完成的，这就要求指导教师做到以下三点。

（一）敏锐的艺术想象力

教师对文字的敏锐的艺术想象力将决定其进行艺术创造的水平。故事蓝本是作者创作故事的文字体现，可要表演出来就要进行艺术处理，且教师必须先想到、做到，在指导孩子时，才能引导孩子进入意境，让他们插上想象的翅膀。

（二）多元的艺术创造力

艺术的表现形式是多种多样的。传统的故事表演形式单一，多是一个人站在舞台上讲。如果指导教师可以大胆地进行艺术创造或是改造，使故事表演的形式多元化，将会产生非凡的舞台效果。新颖独特的设计是调动孩子潜能的有力武器，更是抓住观众的有力手段。

（三）准确的造型设计能力

首先是声音造型。根据故事中不同人物的思想感情、个性特征和环境变化，选择恰当的音色、音高、音量、音长，并准确运用停顿、重音、节奏、语调等语言表达技巧进行声音形象的塑造。如骄傲的人说话盛气凌人，谦虚的人说话平稳，奉承拍马屁的人说话低三下四，病危的人说话断断续续，强健的人说话铿锵有力等。用声音塑造人物形象，教师要引导孩子抓住人物的个性心理，尽可能符合生活真实，活灵活现地把人物形象展现出来。

其次是动作造型。根据故事中出现的不同角色、不同情境设计出相应的动作。通常体形大的动物动作比较缓慢，如大象、黄牛等；体形小的动物行动比较敏捷，如小白兔、小松鼠、小公鸡等。设计动作时最重要的是动作和角色的性格、身份要相符，情节的变化也会使动作发生变化。同时，动作和声音要同步。

最后是表情造型。表情是随着声音和动作的变化而一并变化的，声音、动作、表情三者必须统一，且都离不开情节的需要。同一个角色在不同情节安排下也会发生不同的变化。喜、怒、惊、悲、疑、害羞、谄媚、骄傲、激动是故事中常见的表情。如果想做到声情并茂，给人身临其境之感，教师就要引导学前儿童多观察生活、体验生活、模仿生活。

三、实战训练

根据前面所学知识，进行《老鼠嫁女》故事片段表演。

《老鼠嫁女》

第三幕：比武招亲

[鼠王一家坐在宝座上观看，太阳等依次入场]

太阳：我是太阳。听说鼠王选女婿，我的资格数第一，光芒万丈全球照。天下无双，我神气。

老鼠：对，天下无双你最神气，最神气。

乌云：我是乌云。我心里装着及时雨，天下任我来游历。只要我出现在哪里，太阳他躲得远远的。今天公主来选婿，我特地前来比一比，太阳说他最神气，我心里实在是不服气。

老鼠：对，不服气，就是不服气。

太阳：乌云在我面前站，我立刻穿了隐形衣，所有光芒全被挡。有时，有时他比我更神气。

乌云：哼哼哼，算你识趣。

风：我是大风。我来无影去无踪，想去哪里就去哪里。乌云说他最神气，我就给他显威力。（音乐风声）

墙：我是墙。是谁在这里胡闹啊？我知道，肯定就是你，我最正直，最无私，只要我出现在哪儿，岂容你发脾气，你吹，你吹呀？

风：（用力地吹）（音乐风声）（最后跌倒在地）

墙：尊敬的国王王后，结果你们都看见了，乘龙快婿我来做。这下，你们可满意？

鼠王：选来选去，选了个你。这个结果不咋地。

鼠后：我们老鼠会打洞，专门对付的就是你，我怎能放心把女儿嫁给你。

老鼠：太阳怕乌云，乌云怕大风，大风怕围墙，围墙怕老鼠。咦，老鼠怕谁呀？

鼠王：哦，我知道，我知道老鼠怕猫。

鼠后：原来猫咪最神气，女儿嫁他我满意。

训练指导：

《老鼠嫁女》第三幕中设定的角色有老鼠、鼠王、鼠后、太阳、乌云、风、墙等。在表演中可通过语言、肢体动作等来刻画角色的特征，如鼠王鼠后出场时的状态是这样的：穿着华丽的服装，在仆人的搀扶下迈着缓慢的步伐，昂首挺胸，以此来体现国王和王后的威严。太阳、乌云、风竞争时通过表演表现出各自特点。

技能练习

1. 以寝室为单位，选择一篇以"谦虚"为主题的中国传统文化故事进行表演，拍摄视频并上传到学习通讨论区。

2. 观看其他同学的表演视频并点赞、评论。

3. 请参照以下表格进行自我评价（故事表演评分标准见表 3-1）。

表 3-1　故事表演评分标准

具 体 标 准	得　分
(1) 主题突出，观点鲜明（20 分）	
(2) 普通话语音发声清晰，抑扬顿挫，表达流畅（10 分）	
(3) 动作符合作品人物的特点（10 分）	
(4) 表情融入感情、自然大方、投入（10 分）	
(5) 小组配合默契（25 分）	
(6) 调动的知识很好地结合课本知识（25 分）	

任务三　掌握童话剧表演技巧

学习目标

知识目标

(1) 理解童话剧表演的意义。

(2) 掌握童话剧表演的常见方法。

技能目标

(1) 能帮助学前儿童理解剧中角色。

(2) 能帮助学前儿童与其他角色交流。

素质目标

激发学生的人物表现力，丰富故事表演。

课前学习

思考：童话剧表演的意义是什么？表演应考虑哪些因素？

学习支持

童话剧是以童话为内容，以戏剧为形式创作的故事。剧本包括原创和改编两种，通过一系列的演绎方式来展示。然后，再进行舞台加工和歌舞设计，通过演员舞台表演，呈现在观众面前。它是一种文化，具有较强的综合性，包含文学、音乐、美术、历史、科技、社会等各类知识结构内容。童话剧的表演不纯粹是一种表演技能的活动，更多的是一种体验活动，包括对角色的体验、对优秀文学作品的体验，对生活的体验。同时，童话剧的表演对于学前儿童而言更是一种想象活动，它能使学前儿童在表演中用动作、语言、表情来充分展现自己对表演内容的理解。

一、童话剧表演指导的原则

（一）动作设计

动作是指表演的肢体语言，是表演不可缺少的部分。准确优美的动作能使学前儿童更准确地把握剧情和角色性格。所以，指导学前儿童设计肢体语言尤为重要，通常要注意以下四点。

1. 忌舞蹈化

童话剧表演虽然融入了很多的歌舞或以歌舞剧的形式出现，但就人物台词的表达来说，不能和舞蹈艺术相混淆。角色间的对话多数是靠有声语言来完成的，演员的行动可以有舞蹈化的艺术加工，情节也可以进行舞蹈化的艺术处理，但它绝不是跳舞。

2. 忌体操化

如果童话剧表演的动作如同体操一样，节奏鲜明，就会显得死板，会把表演动作公式化，从而忽略了肢体动作抒发语言情感的作用。比如表现大家议论纷纷的场景，每个人说话时都不见得要有动作，完全可以按生活中一样，自由表达，就算做动作也是自然化的处理，比如手一摊、指指点点等。

3. 忌复杂化及简单化

童话剧表演中动作起到的是辅助作用，是为语言表达服务的。如果动作太多会影响学前儿童的注意力，从而忽略了角色台词的魅力。而过于简单、细碎的动作，缺少美感，对学前儿童能力的提升毫无意义。

4. 忌不明确

童话剧表演的动态虽然提倡生活化处理，但又不可以失去舞台艺术性。由于学前儿童的表演经验不足，心理素质和注意力不稳定，舞台表演时，他们经常会表现出随意的状态，有时挠挠头，有时抓抓手，东张西望，心不在焉。指导教师要循序渐进地、科学地引导和指导，可通过示范来规范学前儿童的表演，使其在表演时有明确的行动和语言动作，尽可能养成好的表演习惯。

（二）表情运用

童话剧的表演以有声语言为载体，若要达到深入人心的生动效果，则必须有表情语言的配合，正所谓声情并茂。学前儿童对于语言的理解能力是有限的，教师完成台词理解的指导后，要通过自己的示范来引起学前儿童的学习和模仿兴趣。而教师生动、形象、夸张的表情就是调动兴趣的最有力武器。作为教师，必备的基本功就是丰富贴切的表情（喜、怒、哀、悲、激动及害羞等）运用，要做到说变就变。

（三）表现技巧

童话剧表演的语言外部表现手段包括重音、节奏、停顿与语调。只有掌握了这类基本功，表演者才能把文学作品的思想感情正确地表达出来，才有可能在舞台上创造出鲜明的性格化的形象。因此，指导教师要通过训练提高自己的语言感受力，正确把握学前儿童文学作品的思想内涵，从而准确判断作品的重音、节奏、停顿和语调。错误的技巧指导会影响学前儿童对语言的理解和表现力，养成不良的语言表达习惯，影响其今后的语言学习。

（四）文学想象

童话剧表演的内容多是学前儿童的生活或喜欢的童话世界的景象。怎样把这些作品中的形象真实地搬到舞台上，离不开指导教师带领孩子进行的文学想象环节。指导教师一定要具有引导他们观察生活、思考生活进而进行模仿的能力，使其养成发现、思考、研究、模仿的好习惯。

（五）审美教育

审美教育所产生的影响不是通过硬性灌输，也不是通过纪律的约束强迫接受获得的，而是艺术作品所包含的美和意义的熏陶，感染了接受者的结果。指导教师有责任在指导学前儿童表演时，除技巧上引导外，更要注意其审美能力的开发和提高，更好地利用表演来帮助他们学习文学作品中的真善美，学习好的思想，养成好的习惯，使他们既实现舞台形象的美，又完善其生活中的美。

一切语言类的艺术作品，都凝聚了丰富的感情，包含精美的语言，充满着高远的意境，蕴藏着灵动的表现。因此，只有对艺术语言进行表层把握与深层驾驭，才能使学前儿童具备"胸有成竹"的内心状态，在词语准确度、感情抒发度、语言疏密度、声音起伏度等方面控制有节、强化对比，及于听者之耳，达于听者之心。如果学前儿童能够接受童话剧表演指导，势必对其多方面能力的提高有着深远的意义。

二、熟悉童话剧剧本的方法

（一）故事引导法

故事引导法即通过讲故事来引导学前儿童喜欢、熟悉剧情，调动其表演热情的方法。

这里的故事可以由剧本本身的情节压缩而成，也可以讲述与剧本有内在联系的故事，或为剧本的讲述设置悬念的小故事，以此来吸引他们的注意力，促进其思考、体验。

（二）情境表演法

情境表演法即指导者引导学前儿童直接参与剧本中主要情节的角色扮演，来激发他们的表演热情。这个方法如同过家家，让孩子们先尝试生活中的状态，然后进行加工，最后上升到舞台表演的高度。

（三）动画引导法

很多家喻户晓童话剧已经改编成了图画书、电影、动画、广播剧等形式，看图画书、电影、动画或听广播剧的过程都是"欣赏"，这是学前儿童熟悉剧本的一个便捷的渠道，它直观形象，可以极大地提高孩子对戏剧本身的注意力和表演热情。所以，教师应注意寻找相关资料和积累相关资源。

三、分析剧本的要领

童话剧表演的剧本分析不用像成人戏剧那样复杂，其主要目的是让孩子们喜欢剧情、踊跃参与表演，并通过大胆的表演、塑造角色来丰富情感、提高自信心、锻炼语言表达等综合能力。

（一）深入挖掘剧本，拓宽思路

把剧情改编得合情合理且合学前儿童的心意。"读书百遍其义自见"，虽然童话剧表演对于教师来说是幼稚简单的，貌似读一遍即通，但是，无论多么简单的作品，只要多读多分析，一定会产生意想不到的效果。虽然有好多经典的学前儿童文学作品已被孩子们所了解，但越是经典就越要挖掘它的潜在魅力。这需要教师有绝对的耐心去琢磨研究，赋予作品不一样的味道和生命力，从而让学前儿童得到更与众不同又切合实际的刺激。这也是培养学前儿童创造性思维、爱动脑筋的渠道之一。

（二）根据台词全方位分析角色特点

用人格化的方式把角色定位得准确、生动、有趣。一个角色的出现往往不是一个人的事儿，它和其他角色定会有千丝万缕的联系。通过台词我们便能知晓这些联系。同时，单一角色的性格也能从台词中分辨出来。

（三）善于抓住台词中的空白，挖掘潜在信息

剧本中的台词是演员表演的主要载体，它存在很多的潜在信息，这些潜在信息如果能深入挖掘，将会发现更多空白之处。若教师善于把这些空白之处通过想象、加工填满并通过相应的形式表现出来，那将会极大地激发孩子们的创作表演热情，让学前儿童形象、直观地理解剧本的内涵，揣摩到角色的性格特点、形态特色，方便他们把表演状态发挥到极致，从而找到自信。

例如，《揠苗助长》中老汉拔完苗，儿子来召唤他回家。他告诉儿子他把苗拔高了，儿子好奇要前往看个究竟，这时，老汉拽着儿子下了场。这一情节，剧本中没有写得非常详细，只是靠对话来表现。

儿子："爹，你怎么还不回家，太阳都晒到头顶上了。"

农夫："啊，上午干了件大事，可把爹累坏了！"

儿子："地里也没什么活，你使这么大力气干啥呀？"

农夫："嘿嘿，爹的力气总算没白费，禾苗都高了一大截。"（得意地笑着）

儿子："爹，你是怎么让它们长高的？（伸头远望苗）我怎么不明白呀？让我去看看，好吗？"

农夫："忙什么，下午再看也不迟。走，回家去，你娘等着你呢。"

这段台词的意思表达得很清楚，但表演时如果仅仅把位置定好，说出台词，那就太没有真实感了。没有真实感也就很难打动观众。所以教师应该分析：老汉要回家，儿子非要看，生活当中产生这样的矛盾的时候，动作一定是相反的。所以，潜在信息告诉我们，儿子边说边向前走，老汉边拒绝边拖着儿子向后撤，如此相反的举动，才能构成画面上的协调和情节的生动效果。教师可指导孩子一边做动作一边说："让我看看嘛！哎呀！让我看看嘛！"老汉则言："哎呀，快回家，回家。下午再看吧！"

这个过程需要教师多观察生活，品读剧本对话，把生活和舞台表演结合起来，但要注意，艺术来源于生活而高于生活。

（四）多种方法帮助学前儿童理解剧情

(1) 善于提出有针对性的问题，帮助学前儿童掌握剧情、角色以及角色间的关系。

(2) 注重对角色性别、年龄、性格、身份等问题的认识。

(3) 通过分析角色的台词来帮助学前儿童理解角色的特点。

(4) 注重剧本主题的揭示和烘托。

四、剧本欣赏

经典童话改编的《三只小猪》的故事，表现的是三只小猪和猪妈妈生活在美丽的大森林里，与凶恶的大灰狼斗智斗勇的故事。根据原作改编的童话剧也有很多个版本。下面的版本比较简单，适合学前儿童欣赏或表演。

人物：猪妈妈、三只小猪、狼。

第一幕

猪2：阳光真好，这里真漂亮，让我们来做游戏吧。

三只小猪快乐地边唱歌边跳舞。

猪妈妈：孩子们，你们长大了，出去闯世界的时候到了。

猪1：妈妈，妈妈，我们舍不得离开你。

猪妈妈：孩子们，你们该有自己的生活了，该有自己的房子了。妈妈不能再陪着你们了啊。孩子们，再见！

猪2：（依依不舍）妈妈，再见！

猪3：妈妈说得对，我们该为自己盖一个房子了，不然下雨的时候我们住哪儿呀。

猪1：对呀，对呀，用什么盖好呢？

猪2：我们去找找吧。

三只小猪：（合）好！

猪1：呀，这里有一堆金灿灿的稻草，我要用稻草为自己盖一个美丽又舒适的房子。

［猪1动手盖房子］

猪1：哇，看我的稻草房多漂亮啊，现在我累了，我要进去休息一下了。

猪2：呀，看这树枝多可爱啊，嗯，我要用树枝为自己盖一个可爱又温暖的房子。

［猪2动手盖房子］

猪2：哇，看我的树枝房多可爱啊，现在我累了，要进去歇一歇了！

猪3：哥哥姐姐的房子都造好了，我用什么造呢，我要为自己盖一个牢固的房子。
　　　呀，想起来了，我要造一个小砖房，挡风又遮雨，多好呀，快找砖头去！

［猪3找砖头，造房子］

第二幕

狼：哇，这里有间漂亮的小房子，一间稻草房，一间树枝房，一间小砖房，里面住
　　着三只小猪，我今天要把他们全部吃掉，哈哈……

狼来到稻草房前：小猪，小猪，快开门！

猪1：不开不开，你是大灰狼，我不能给你开门！

狼：那我要使劲吹，吹倒你的稻草房，呼呼……

猪1：呀，我的稻草房快倒了，我要逃到哥哥那里去！

［猪1逃向树枝房］

狼来到树枝房前：小猪，小猪，快开门！

猪2：不开不开，开了你就吃掉我了！

狼：那我要使劲吹，吹倒你的树枝房，呼呼……

猪2：呀，我的树枝房也快要倒了，妹妹，我们赶紧去弟弟家吧，他家的小砖房肯
　　　定结实。

猪1：那快走，快走！

猪1、猪2来到猪3门外：弟弟，弟弟，快开门，狼来了！

猪3：别急别急，我来了。

［猪3开门让哥哥姐姐进来］

猪2：弟弟，狼来了，它把我们的稻草房和树枝房都吹倒啦。

猪3：赶紧烧开水，我的小砖房结实，他肯定吹不倒，等会儿他万一从烟囱爬进来，
　　　我们就烫死它。

狼：小猪小猪，快开门！

猪1：就不开，你这个大坏蛋，把我们的房子都吹倒了！

狼：(眼睛骨碌一转)这有个烟囱，我要从烟囱里爬进去。哈哈，马上就可以吃到
　　美味的猪肉啦！

［狼爬上烟囱］

狼：啊，好烫好烫啊！

猪3：快盖上锅盖！快！

［猪2盖上锅盖］

三只小猪：(合)狼死啦，狼死啦，让我们把这个好消息告诉妈妈，妈妈一定会夸
　　　　　赞我们的！

谢幕。

技能练习

以寝室为单位表演《黑猫警长》节选片段。

人物：黑猫警长、白猫警士、小兔、熊大婶、山羊、袋鼠、白鸽侦探。

场景一：森林警察局

［黑猫警长戴着眼镜，坐在沙发上看报纸，这时，电话铃声响，他放下眼镜接电话］

警长：我的眼镜呢？白鸽侦探，白鸽侦探，我是黑猫警长，我是黑猫警长，请速到
　　　我办公室来。

白鸽：报告警长，我来了。

警长：刚才有人竟在我的眼皮底下偷了我的眼镜，我命令你立刻侦破这个案子。

白鸽：是，警长，我一定尽快抓住小偷。

警长：去吧！

场景二：森林里

［音乐起，白鸽在森林里飞舞，四处查找眼镜的下落，熊大婶带着熊宝宝在摘果子，
山羊兄弟在叮当叮当地钉房子］

［小兔在大树下跳来跳去，一群袋鼠在草地上玩球。其中袋鼠甲从口袋中拿出眼镜，
戴在脸上，东看西看，神气极了］

袋鼠乙：你带上这个真好玩，真奇怪。

袋鼠丙：瞧他的样子真够丑的。

袋鼠甲：太有意思了。

袋鼠乙：(抢过眼镜) 来吧，让我看看，哈哈哈，真有意思。

［袋鼠乙拿起眼镜就走，袋鼠甲追］

袋鼠甲：还给我。

［袋鼠甲追袋鼠乙］

袋鼠乙：让我玩一会儿。

袋鼠甲：站住，等等我，等等。

［一群袋鼠追赶，白鸽侦探在上空飞翔］

白鸽：警长，警长，我发现了你丢失的眼镜。

警长：我命令你立刻将疑犯带回森林公安局去。

白鸽：是。(白鸽侦探飞到戴眼镜的袋鼠后边) 站住。

袋鼠乙：干吗？

白鸽：站住。

袋鼠乙：干嘛呀？

白鸽：你们偷了我们警长的眼镜。

袋鼠 (群)：什么？他说什么？你说我们偷眼镜？

白鸽：现在马上跟我到森林警察局去。

袋鼠乙：哎，不不不 (摇手) 你搞错了，这眼镜不是偷来的，是别人送给我的。

袋鼠 (群)：对，是送给我们的。

白鸽：对不起，现在马上到警察局去，有什么话到警察局再说吧。

［白鸽上前抓袋鼠乙，互相推托、拉扯，发生争执］

袋鼠乙：我不去，眼镜不是我们偷的，凭什么去警察局？

袋鼠丙：你要干什么？干什么？走吧，别理他。

［其余袋鼠回家，袋鼠乙继续争执］

袋鼠乙：去你的。

［袋鼠乙使劲把白鸽推倒在地，离开］

白鸽：哎呀，啊！（白鸽倒地）警长，快来援救！

黑猫警长、白猫警士上场，警长抱起白鸽侦探。

警长：白鸽侦探，白鸽侦探。

白鸽：警长，是大袋鼠，快去追啊，快！

警长：白猫警士，快去捉拿大袋鼠，目标在四号地区。

［飞机声音，白猫下场］

警长：坚持住啊，白鸽侦探，坚持住啊。

［白鸽和黑猫警长下场］

模块小结

　　本模块介绍了表演能力的基础训练和能力进阶训练，简述了面部表情和体态语，详细阐述了动物表演设计、人物表演设计、手指谣设计、儿歌表演训练、幼儿故事表演训练、童话剧表演训练。通过表演训练，可以使教师保持高昂的教学情感，以及维持积极活跃的课堂氛围，进一步促进教师专业能力的提升。

模块测试

一、简答题

1. 动物表演可以依据什么进行角色的设计？

2. 简述手指谣的意义。

3. 简述儿歌动作编排的原则及方法。

4. 简述幼儿故事表演指导的技巧。

5. 简述童话剧剧本分析的方法。

二、实训题

1. 面部表情练习：喜、怒、哀、怕、愁、盼、惊、厌。

2. 个人身体的表现力练习：分饰三个年龄阶段的人（幼儿、青少年、老人）过桥的片段。

3. 以"环保"为主题选择合适的手指谣作品并写出你设计的手指动作。

4. 以"植物"为主题选择合适的童话剧作品并进行片段表演。

模块四 鉴赏能力

学前时期是人生中认知和情感发展最为敏感的时期之一。在这个阶段，学前儿童对外界的感知、情感体验和价值观的形成都受到深刻的影响。因此，培养学前教育教师的鉴赏能力变得至关重要。鉴赏能力不仅包括对美的感知，还包括对道德、文化和社会价值观的理解。我们需要提高对文学、艺术、音乐、戏剧和自然界的鉴赏能力。这种鉴赏能力有助于我们更好地理解学前儿童的需求和兴趣，设计丰富多彩的教育活动，并在教育过程中引导学前儿童发展自己的鉴赏能力。此外，鉴赏能力还有助于我们通过深入鉴赏作品，更好地理解和传递社会的价值观，培养学前儿童积极向上的情感和道德观念。

园长谈文学

1. 你认为鉴赏能力对从事学前教育工作有哪些作用？
2. 幼儿园有哪些场景需要用到鉴赏能力？

园长分享：鉴赏能力

我们邀请到了江西省宜春市袁州区中心幼儿园园长黄海蓉为大家分享她的见解。首先，她强调了鉴赏能力有助于教育工作者更好地理解学前儿童的需求和兴趣。通过提高对文学、艺术、音乐、戏剧和自然界美的感知，教育工作者能够创造出吸引人的教育活动，激发学前儿童的好奇心和创造力。其次，黄园长还指出，幼儿园的各种场景都需要鉴赏能力。这包括在教育活动中选择适合学前儿童的故事书、艺术作品和音乐，以及在庆祝活动、文化节日和特别项目中呈现与年龄和发展水平相适应的文化元素。这些经验有助于学前儿童建立对美、道德和文化的更深入的理解，培养积极向上的情感和道德观念。

项目一 鉴别能力

任务一 掌握鉴别优秀作品的方法

学习目标

知识目标

掌握鉴别优秀学前儿童文学作品的方法。

技能目标

能鉴别优秀学前儿童文学作品。

素质目标

在鉴别优秀学前儿童文学作品的过程中，提高自身审美情趣。

课前学习

(1) 查询并阅读幼儿故事《谁勇敢》，从学前儿童文学功能的角度简要分析该作品。

(2) 你知道学前儿童文学包括哪些文体吗？请分别列举一些代表作品。

学习支持

随着社会的变革和信息的快速传播，儿童能够接触到的文学作品越来越多，其中既有富有教育意义的优秀作品，也可能存在不适合他们的作品。鉴别优秀学前儿童文学作品的重点在于掌握明确的标准和方法来选择适合学前儿童的文学作品，防止学前儿童接触到可能对他们产生负面影响的作品，以保障其接触到的作品的质量和安全。

学前时期是形成认知和价值观的关键时期，这个时期让孩子接触优秀文学作品，有助于给孩子传递正确的价值观和文化观，培养其审美情趣和道德观念。

一、符合学前儿童年龄特点

学前儿童的认知、情感和语言能力还处于发展阶段，因此，选择适合他们的文学作品需要考虑以下方面。

（一）内容浅显易懂

在区分学前儿童文学作品时，内容浅显易懂成为一个关键标准。优秀的作品应当具备以下特点，以确保学前儿童容易理解并从中受益。

1. 贴近日常生活

作品内容应当与学前儿童的日常生活经验相关。这有助于孩子们更容易将自己融入故事情境中，理解其中的事件和情感。

2. 简单词汇和句式

作品的语言应当使用简单明了的词汇和句式，避免复杂的抽象概念。这样孩子们能够更轻松地理解故事的发展和角色之间的关系。例如：

《小白兔》

小白兔，白又白，

两只耳朵竖起来，

爱吃萝卜和青菜，

蹦蹦跳跳真可爱。

这首儿歌完美地贴近了学前儿童的日常生活经验。首先，通过描绘小白兔的形象、喜好和行为，使孩子轻易地将自己融入歌词所创造的情境中。兔子是儿童熟悉的动物，兔子喜欢吃的萝卜和青菜也是孩子们在日常生活中经常接触到的食物，这样的设定让孩子们能够迅速理解儿歌内容。其次，这首儿歌语言简单明了，用词贴近学前儿童的认知水平，如"白又白""耳朵竖起来"等，帮助孩子们构建对小白兔形象的直观认知。最后，歌词的韵律和重复的句式也增强了记忆性，孩子们更容易诵读。

这种浅显易懂的儿歌不仅能引发孩子们的兴趣，还能帮助他们在愉快的氛围中培养汉语音韵节奏的意识。

（二）情节简单清晰

一个优秀的学前儿童作品应当具有明确的情节和线索，使学前儿童在理解情节发展的同时，清楚人物之间的关系，能够跟随故事的发展，从中获得愉悦感和满足感。由于学前儿童的认知水平不足，过于复杂的情节可能会使孩子们难以理解，并导致他们的阅读欲望和兴趣降低。因此，一个好的学前儿童文学作品应当在情节设计上保持简单清晰，使孩子们能清晰知道故事的发展脉络，并获得良好的阅读体验。

（三）形象活泼生动

优秀的学前儿童文学作品应当注重塑造具有鲜明特点的人物形象，这些人物形象应当具备生动有趣的特质，这样能够引发孩子们的兴趣和好奇心。通过给作品中的人物形象赋予生动的特质和情感，使孩子们进入故事的世界，与其中的人物产生情感共鸣，与其中的人物共同经历故事的起伏。

以图画书《大卫，不可以》为例，故事中的主人公大卫总是调皮捣蛋，总是充满热情和好奇心。这个人物形象的生动描写使学前儿童很容易理解大卫的行为和情感，从而产生情感共鸣。大卫的形象不仅贴近孩子们的日常生活，也引发了孩子们对于故事发展的好奇心。大卫一次次的捣乱，妈妈到底会怎样对待他？带着这样的好奇心，孩子们能够投入作品的阅读过程中，从中获得母子间浓浓爱意的情感体验。

二、传递积极向上的价值观

优秀的学前儿童文学作品能够在学前儿童的成长过程中发挥正面的引导作用，有助于塑造学前儿童的人生观和价值观，还能为他们未来的社会参与和责任担当打下坚实基础。因此在鉴别优秀学前儿童文学作品时，应着重判断作品是否传递了积极的价值观，是否对学前儿童的成长和发展产生良好影响。

1. 引导正确价值观

优秀的学前儿童文学作品在情节和人物的刻画中，巧妙地融入积极的人生观和价值观，以引导学前儿童树立正确的道德观和人生观。通过作品中人物的言行，学前儿童能够深刻理解并模仿其中的优秀品质，从而在日常生活中形成积极的行为态度。

2. 塑造榜样人物

在作品中，人物的行为往往代表了一种品质和道德观。例如通过呈现人物在面对困难和挑战时坚持不懈的态度，有助于激发学前儿童优秀品格的塑造，教导他们在面对困难时要积极应对。作品中的榜样人物能够帮助学前儿童形成正确的价值观，使他们在现实生活中做出正确选择。

3. 培养社会责任感

优秀的学前儿童文学作品通过传递积极的社会价值观来培养学前儿童的社会责任感，使他们从小就有关心他人和社会的意识，帮助他们树立为国家、为社会做贡献的志向。

作品中的环境保护、爱护动植物等主题，可以引导学前儿童保护环境、爱护大自然，培养他们的环保意识和责任感。通过展示作品中人物之间的友谊、合作与团结，培养学前儿童人际交往与团队协作的能力。

三、激发想象力和创造力

优秀的学前儿童文学作品在激发学前儿童想象力和创造力方面有明显优势，与普通作品相比，具有以下特点：

1. 营造奇思妙想的世界

好的作品能够通过生动的情节描写和独特的情节构建，创造出引人入胜的奇幻世界。这样的作品能够激发学前儿童的好奇心，使他们沉浸阅读，进入作品描述的环境中。与之相反，平庸的作品往往缺乏创造性的构想，难以引发学前儿童的想象力。例如：

《叶子的眼睛》

陈木城

山上的早晨，雾气还迷迷蒙蒙，

阳光就走进森林，

脚步，很轻很轻，

不小心把树叶摇醒，

哇——

水灵灵，亮晶晶，

露珠儿是叶子的眼睛。

眨呀眨的好像说：

天亮了，真高兴！

这首幼儿诗中，诗人通过独特的视角，将叶子与露珠相联系，创造出了一个奇幻的情景。诗中描述了早晨的阳光照进森林，唤醒了树叶，树叶上的露珠被阳光照射后变得十分灵动，好像是叶子的眼睛。这种情景的构建不仅激起了学前儿童的好奇心，还使他们联想到叶子与露珠之间的互动，从而在想象中创造出一个奇妙的世界。这样的作品丰富了学前儿童的想象，激发了他们的创造性思维。

2. 多样化的角色和场景

优秀的作品创设多样的角色和场景，使学前儿童从不同的视角去感知故事世界。这样的作品能够拓展学前儿童的思维，培养他们多元的视野。

例如，在经典童话故事《三只小猪》中，每只小猪都选择使用不同的材料来建造房子，分别是稻草、木头和砖头。这些不同的角色和场景展示了每只小猪的独特性格和决策，同时也呈现出不同的挑战和解决方法。学前儿童可以从中明白：在面对困难时，不同的选择会带来不同的结果。

优秀的学前儿童文学作品常常通过创造多样的角色和场景，为学前儿童提供丰富的情境和体验。角色的多样性可以触发学前儿童对于不同人物命运的关注，从而促使他们去思考和理解人性的多样性。同时，多元的场景能够激发学前儿童的想象力，让他们在脑海中构建起各种不同的情境和景象。这些多样化的元素为学前儿童提供了丰富的思考材料，帮助他们从多个角度去审视问题，在他们的心灵撒播创造的种子，使他们拥有更广阔的想象力和独特的思维模式。

3. 开放性的结局

优秀的学前儿童文学作品往往留下开放性的结局，以鼓励、激发学前儿童自行去构想故事的延续。通过故意在故事中引入悬念，刻意不揭示全部情节，在故事的结尾处留下一个未解之谜，使学前儿童不禁联想、思考和猜测下一步的情节走向。这种开放性的结局不仅增加了学前儿童的参与感，更激发了他们的想象力和创造力。

相反，如果作品的结局过于封闭和单一，故事走向和结局已经被提前预设，学前儿童无法参与到故事的创造中。这可能会限制他们的想象力和创造力的发挥，因为已经被告知了故事的结局，他们没有机会自行构想和探索。

四、展现多样化的艺术表现力

在学前儿童文学作品中，多样化的艺术表现力不仅丰富了作品的内涵，也丰富了学前儿童的阅读体验。

1. 生动的语言描绘

优秀的学前儿童文学作品运用丰富的语言，通过生动的描绘让学前儿童能够深入感受故事情境。作家可以运用形象的比喻、生动的词汇以及富有节奏感的句式，使故事情节更加有趣且具有张力。例如：

《风》

谢武彰

风，在哪里？

他在教小草做体操。

风，在哪里？

他忙着把大树摇一摇。

小草和大树都不动了，

风，不知道哪里去了？

这首诗歌通过反复提问的方式，将学前儿童引入关于风的疑问中。每一个问句，都在为风的存在和行动埋下伏笔。诗人用生动的词汇描绘了风的活动，赋予风人的特点："他在教小草做体操""他忙着把大树摇一摇"，这些描述将风变得有趣，让小读者们感受到风的活泼可爱。通过简单又富有表现力的文字，引发学前儿童对风的好奇和联想，让他们能够在阅读中融入风的世界中，感受大自然的美妙和奥秘。

2. 多样化的艺术形式

优秀的学前儿童文学作品常常将不同的艺术形式融合在一起，创造出多重艺术呈现方式。除了文字的表达，图画、音乐、游戏等元素也能够丰富作品。这种多样化的艺术形式能够更好地满足学前儿童多样化的感知和认知需求，使他们在阅读过程中全身心地融入作品描述的世界。

图画书是一种常见的多样化艺术形式，它将精美的图画与文字结合起来，为学前儿童创造了视觉和听觉的双重阅读体验。一些互动式的图画书还会设计一些小"机关"，让学前儿童通过翻动页面或触摸图画来参与故事，从而身临其境地感受作品的世界。

技能练习

文学鉴赏会实践活动

活动主题：学会鉴别优秀学前儿童文学作品。

活动时长：一课时。

活动道具：书、纸、笔、手工花。

活动内容：组织学生进行文学鉴赏实践活动。

活动准备：要求分为 8 个小组，以小组形式选择并阅读相应的儿歌、幼儿诗、幼儿故事、图画书。

实施过程：

(1) 每组指派一名组员推荐本组选择的学前儿童文学作品。

(2) 以小组为单位用投手工花的方式选择喜欢的作品并进行阅读，同时选出获得手工花最多的小组。

(3) 阅读过程中，要求学生用纸笔制作评分表并为学前儿童文学作品打分，评分需阐明依据，撰写鉴赏评价。

(4) 根据评分情况，选出得分最高的作品——喜闻乐见的学前儿童文学作品。

(5) 教师总结活动。

任务二　掌握区分作品适用年龄阶段的方法

学习目标

知识目标

了解学前儿童文学各文体的概念。

能力目标

能为不同年龄段的学前儿童选择合适的文学作品。

素质目标

在阅读学前儿童文学作品的过程中，为适应将来职业做准备。

课前学习

课前讨论：学前儿童的认识水平在不同的年龄阶段存在着极大的差异性，这导致其阅读欣赏的水平存在差异性。那不同年龄段的学前儿童应该选择什么类型的学前儿童文学作品呢？

学习支持

一、按体裁进行区分

幼儿园将教育渗透在一日生活的各个环节中，包括生活活动、游戏活动、集体教学活动等。幼儿园教育强调让一日生活发挥一致的、连贯的、整体的教育功能，寓教育于一日生活之中，这反映出了幼儿园教育具有生活化与整合性的特点。同时，幼儿园的教育内容主要是日常生活中极浅的知识和技能，包括健康、语言、社会、科学、艺术等五个领域，各个领域的内容又相互渗透，并从不同角度促进学前儿童情感、态度、能力、知识、技能等方面的发展。那么应当为不同年龄段的学前儿童选择什么类型的学前儿童文学作品，这是教育工作者必须掌握的能力。

（一）儿歌

儿歌适合较小年龄段的学前儿童。在实际的教学过程中，我们会更倾向选择儿歌给小班（0～3岁）的学前儿童进行诵读。因为这个时期的学前儿童阅读水平有着特殊性。他们由于识字能力有限，不具备独立读书的能力，所以只能用耳朵去"读"周围的成人讲给他们听的故事或者歌谣。

（二）幼儿诗

幼儿诗主要是为学龄前的学前儿童创作的，以优美的旋律和凝练的语言书写学前儿童情趣和心声，是与学前儿童的理解水平、接受能力和心理特点相适应的诗。幼儿诗较之儿歌，不受严格的押韵、格律限制，但又具有内在节奏与韵律，并且具有隽永丰茂的情感意蕴，有更强的文学性、审美性，对理解能力、知识水平有一定的要求，因此幼儿诗更加适合中班、大班的学前儿童。

（三）幼儿故事

幼儿故事是创作给学前儿童欣赏阅读的，且符合学前儿童心理发展特点的文学作品，其语篇简短、语言凝练，内容富有童趣，取材紧扣学前儿童身边的生活。根据皮亚杰的儿童认知发展阶段理论，0~2 岁这一阶段，儿童的认知发展任务是感觉和动作逐渐分化，到该阶段后期，儿童的感觉和动作将明显区分开来，出现思维的萌芽；2~6 岁这一阶段，儿童将感知动作内化成表象，凭借表象进行思维，特点是儿童具有泛灵性、自我中心和缺乏守恒等，思维还具有不可逆性。因此，幼儿故事比较适合思维发展更加成熟的 4~6 岁的中、大班的学前儿童。

（四）幼儿图画书

在皮亚杰认知发展阶段理论中提到，在感知运算阶段 (2~6 岁)，儿童获得的运动行为模式被内化为具有符号功能的图像或图像模型样式，并且可以用语言或更抽象的符号来表示他们所经历的事情。换句话说，在这个阶段，语言和符号是儿童感知事物的最直接方式。图片和文字是图画书的两个主要元素，是语言和符号的完美结合。

中、小班学前儿童阅读行为习惯培养类的图画书有利于其规则意识的形成，同时，由于行为习惯培养类的图画书中的语言简单易懂，十分有利于培养学前儿童的倾听与口语表达能力；意志品质形成类 (比如坚持类、团结类) 的图画书，相对比行为习惯培养类较难，因为涉及品格的形成，可以当作口语表达能力与理解能力之间的过渡，能够更好发展学前儿童的语言能力。

大班学前儿童的思维仍然以具体形象思维为主，他们对图画书中鲜明的人物形象和新奇怪诞的故事情节表现出极大的喜爱。他们对那些热闹有趣、具有冒险或神秘色彩的图画书抱有浓厚的阅读兴趣，他们往往根据自己的已有经验阅读、理解图画书，而这往往使得他们对图画书的理解具有一定的片面性和"以自我为中心性"。

因此，图画书能够贯穿学前儿童发展的全阶段，对于小、中、大班的学前儿童而言，都是很适合的读物。

二、按年龄进行区分

（一）小班 (3~4 岁)

3~4 岁的学前儿童正处于生命的早期阶段，他们对世界充满了好奇和探索的欲望。在这一阶段学前儿童的认知和语言表达能力正在迅速发展，他们开始逐渐理解抽象概念，并且通过观察、模仿以及亲身体验来学习和认知周围的环境。因此，在为小班学前儿童选择适合的作品时，需要综合考虑以下几个方面：

1. 兴趣导向

小班学前儿童喜欢与生活紧密相关的事物，如动物、家庭、自然等。因此，选择作品时可以结合他们的生活经验，选择熟悉的事物，引起他们的兴趣，激发他们的好奇心。

2. 图画清晰明了

小班学前儿童的视觉能力正在发展，因此作品中的图画应当清晰明了，色彩鲜艳，能够吸引他们的注意力。图画应当与故事情节相呼应，帮助他们更好地理解故事的发展。

3. 情节和语言简单

小班学前儿童的语言表达能力有限，因此作品的情节应当简单明了，避免过于复杂的情节安排。同时，语言也应当简洁易懂，符合他们的理解水平，以促进他们对故事内容的理解和记忆。

4. 情感体验

小班学前儿童在这个阶段开始学习表达情感，作品中的情感元素能够引起他们的共鸣。选择涉及情感表达和人际关系的作品，可以帮助他们更好地理解自己的情感体验，同时培养他们的情感表达能力。

小班学前儿童与家庭的联系紧密，作品中涉及亲子关系的元素能够帮助他们更好地理解家庭的重要性。这样的作品可以促进他们与家长的互动，同时加深他们对家庭的情感认知。

（二）中班（4～5岁）

4～5岁的学前儿童已经逐渐进入思维发展和社交认知的阶段，他们开始对世界产生更深层次的认知和理解。在选择适合中班学前儿童的作品时，需要考虑他们更加复杂的情感体验、日益增强的好奇心以及对社会世界的探索欲望。

1. 情感认知和人际关系

中班学前儿童开始更加明确地认识自己的情感，并且能够理解和表达自己的情感需求。因此，选择涉及情感认知和人际关系的作品，可以帮助他们更好地理解情感体验，同时培养他们的情感表达和人际交往能力。

中班学前儿童开始与同伴一起游戏和学习，因此选择涉及合作、友谊和团结等主题的作品，可以帮助他们理解人际关系的重要性，培养他们合作和分享的能力。

2. 多样化的情节和角色

中班学前儿童已经能够理解相对复杂的情节，因此作品的情节可以适度复杂，涉及更多不同角色的互动。多样的情节能够拓展他们的思维，培养他们多元的视野和创造性的思考。

3. 引发好奇心的主题

中班学前儿童对周围世界的好奇心逐渐增强，因此选择涉及科学、自然、社会等不同领域的作品，可以满足他们对各种主题的探索欲望。这些作品可以通过简单的科普元素，激发学前儿童的兴趣，促进他们的学习和认知。

4. 丰富的图画和插图

作品中的图画和插图应当丰富多彩，能够吸引学前儿童的目光，同时辅助他们理解情节。图画可以为作品增色，让学前儿童更好地融入故事的世界。

（三）大班（5～6岁）

5～6岁的学前儿童具备更强的认知能力、独立性和创造力。在选择适合大班学前儿童的作品时，需要考虑他们更深层次的思维需求、对知识的渴望以及对世界的进一步探索。

1. 情节的复杂性

大班学前儿童已经能够理解较为复杂的情节，因此在选择作品时可以适度增加情节的复杂性，涉及更多的情节线索和角色互动。这可以促进学前儿童的思维发展，培养他们的逻辑思维和推理能力。

2. 培养创造力

大班学前儿童开始表现出创造力和想象力，因此选择能够激发他们想象力的作品，可以培养他们的创造性思维。这些作品可以涉及奇幻故事、科幻题材等，让学前儿童在阅读中产生无限的想象。

3. 探索知识领域

大班学前儿童对知识的渴望增强，因此选择涉及科学、历史、文化等不同领域的作品，可以满足他们对知识的探索需求。这些作品可以通过有趣的故事情节，向他们传递知识和启发他们的思考。

4. 引发思考的主题

大班学前儿童已经能够进行更深层次的思考，因此选择涉及道德、人生价值、社会问题等主题的作品，可以引发他们对这些问题的思考和讨论。这可以培养学前儿童的价值观和社会意识。

5. 激发自主阅读兴趣

大班学前儿童逐渐具备自主阅读的能力，因此可以选择一些适合自主阅读的作品，让他们能够独立地阅读并理解故事情节。这可以培养学前儿童的独立性和阅读习惯。

技能练习

文学作品推荐会

活动主题："小朋友最喜爱的一本手册"好书推荐活动。

活动时长：一学期。

活动道具：书、纸、笔。

实施过程：

(1) 以寝室为单位分小组，每组负责推荐一本各个年龄段儿童最喜欢的学前儿童文学作品，写300～400字的演讲稿并委派一名组员到讲台发表1～2分钟演说。

(2) 其他同学在倾听演说后，要把所有小组推荐的书名写在黑板上。

(3) 统计获得推荐票数最多的学前儿童文学作品。

(4) 教师总结活动。

项目二　赏　析　能　力

任务一　认识赏析的作用

学习目标

知识目标

了解文学赏析的概念和意义。

技能目标

掌握文学赏析的特点。

素质目标

在阅读学前儿童文学作品中，感受作品中所蕴含的精神力量。

课前学习

(1) 查询并阅读童话故事《胡萝卜先生的长胡子》，谈谈你对这部作品的感受。

(2) 课前讨论：对于文学作品，不同的读者有着不同的赏析动机和目的，请思考赏析的意义。

学习支持

一、文学赏析的概念

文学赏析是读者阅读文学作品时的一种审美认识活动。读者通过语言的媒介，获得对文学作品塑造的艺术形象的具体感受和体验，引起思想感情上的强烈反应，得到审美的享受，从而领会文学作品所包含的思想内容，这就是在进行文学赏析。文学赏析是文学发挥和实现其社会作用的重要环节。

二、文学赏析的特点

文学赏析既是一种审美认识活动，又是一种特殊的精神活动，一般具有以下三个基本特征：

(1) 文学赏析是一种借助形象与感情的审美享受活动，它始终离不开艺术形象的诱导和强烈情感的激发。我们在赏析文学作品时，被作品中鲜明生动的艺术形象所吸引、所感染，并认识它所反映的社会生活的现实面貌，进而理解它的本质意义，引起情感上的反应。

(2) 文学赏析是感觉与理解相统一的审美认识活动，在赏析过程中，形象思维与抽象思维结伴而行。文学赏析不是简单的再现，而是对形象意蕴的深刻理解。这种理解又不是抽象的认识，而是形象的意会，是在感觉中理解，在审美过程中认识。

（3）文学赏析是一种依靠想象与联想所进行的艺术再创造活动。艺术的想象是在作品形象系统的基础上，通过赏析者的想象、联想，通过赏析者的感受、理解，重新创造形象。文学赏析的再创造，表现为赏析者以作品的客观内容为基础，结合自己的直接或间接的生活经验，去感受、认识、补充、丰富赏析对象。

三、文学赏析的意义和功能

不同的读者有着各自的赏析动机和目的，因此，文学赏析的意义和功能也是多方面的。

（一）满足读者心理需求，扩展其人生经验

满足读者的心理需求，扩展其人生经验，这是文学赏析最基本的功能。之所以如此，是因为文学赏析的对象是文学作品，而一般认为文学作品具有"心理代偿"的功能。"代偿"是个心理学名词，人的欲望、梦想得不到满足的时候，会转而以其他方式、途径寻求补偿，以实现心理平衡。文学作品就具有这样的功能。

（二）实现文学作品的意义和价值

文学赏析是文学得以生存和发展的重要前提。人有情感要表达，要与他人交流，希望得到他人的倾听，由此便产生了文学的雏形。文学不是一种孤芳自赏，它既出于创作者抒发自己的想法，也要得到欣赏者的应和。

（三）有效提升读者的语言能力

文学赏析不同于其他艺术欣赏的地方，在于它是对语言艺术的欣赏。文学是一门语言艺术，既传承、积淀语言，又发展、创新语言。欣赏者可以在作品中领略、感悟语言的魅力，提高语言表达能力，并运用到日常生活的其他方面。

（四）汲取精神力量，直面人生困境

文学是人学，是用语言艺术表现的人学。古今中外优秀的文学作品，都以这样或那样的方式与人的生存紧密相连。具有现代主义倾向的各类文学，致力于探寻人存在的本质，表达人在各种关系中的困顿与迷惘，这是各种现实主义文学的追求。

技能练习

阅读叶圣陶儿童文学作品《稻草人》，谈谈这部作品对你产生了哪些影响。

任务二 掌握赏析的基本方法

学习目标

知识目标
明确文学赏析的三个阶段。

能力目标

掌握文学赏析的基本方法。

素质目标

提高文学素养和审美情趣。

课前学习

课前讨论：学前儿童欣赏文学作品时其心理活动过程是复杂的，并且赏析文学是有方法可循的，请同学们试着总结一下赏析的方法。

学习支持

一、文学赏析的过程

读者欣赏文学作品的过程是一个感觉、知觉、情感等多种心理因素相互作用的过程。一般而言，这个心理过程可以分为三个阶段，从最基本的直觉阶段（感知文学形式）开始，经体验与理解的再创造阶段（产生意象和情感共鸣），最终升华至最高层次的认识阶段（领悟意蕴）。这种发展呈现出一种纵向递进的趋势。

（一）直觉阶段（感知文学形式）

在欣赏的直觉阶段，读者是通过对作品形式美的感知而达到最初层次，产生悦耳悦目的感官体验的。所谓直觉，是指主体对文艺表象的突然领悟与再现，它往往可能是感官对文艺表象的不全面的反映，属于主客体同化的初级形式，却是我们能够真正进入文学欣赏境界的必要阶段，心理学上把这个阶段称为感知觉。

在直觉阶段，读者主要关注文学作品的外在形式。这包括文字的运用、语言的表达、句子的结构以及整体的篇章布局。读者通过感官接收作品的视觉、听觉等感知信息，形成对作品表面特征的初步认知。这个阶段强调的是作品的形式元素，如词汇的选择，节奏和视觉形象等。通过直觉阶段，读者能够获得作品的表面印象，为后续的理解与共鸣奠定基础。

（二）体验与理解的再创造阶段（产生意象和感情共鸣）

所谓体验与理解，即通过再造想象等一系列心理机制，对文学作品表象进行完整感知，使文学作品中所反映的生活情景全部再现出来，这种再现不是像翻拍照片一样刻板地再现，它是依据欣赏者本人的期待视野来进行的，由此再现出来的生活情景也并不一定与作品中的情景完全相同，即使是同一作品，也是不一样的。

在这个阶段，读者开始将自己的经验、情感和想象力引入作品中。他们可能会产生与作品中描述的情境和人物相关的意象，并试图理解作品所表达的情感、主题和思想。读者可能会将作品中的事件与自己的生活经历相联系，产生共鸣，从而更深入地理解作品的内涵。

（三）认识阶段（领悟意蕴）

在认识阶段，读者深入挖掘文学作品的深层意义和内涵。这一阶段的关注点是作品背后的思想、主题和象征。读者开始关注作品所传递的哲学、文化和社会意义，试图理解作者想要表达的核心信息。在这个阶段，读者可能会运用跨学科的知识，涉及文学、历史、哲学等领域，以便更好地解读作品。通过分析隐喻、象征、隐含的意义，读者能够领悟作品深层的思想，并将其与自身的经验和知识相结合，形成更丰富的理解。认识阶段的达成需要深思熟虑和解读，能够使读者更深刻地把握作品的意蕴。

需要注意的是，这些阶段并不是孤立的，而是互相交织和重叠的。读者可能会在不同阶段之间来回跳跃，根据自己的经验、兴趣和知识水平进行文学作品的理解和赏析。

文学赏析是一个个人化的过程，每个人可能因为自身的背景、情感和观点的不同，而对同一件作品产生不同的理解和感受。这也正是文学作品的魅力所在，能够引发多样化的解读和交流。

二、赏析的方法

（一）整体着眼，细心品读

在进行文学作品赏析时，首先要以整体的视角来审视作品，然后细致入微地品味其中的细节。这个阶段旨在建立对作品的全貌认知，同时通过深入的品读来领会其内在的思想和情感。通过全面的阅读和感知，获得对文学作品整体结构和艺术风格的深刻理解。随后，通过细心的品读，进一步深入作品的情感、意象、细节和语言，从而更好地领会作品所表达的深层含义和情感。这需要将自己完全沉浸在作品之中，用心感受每一个情感的抒发和形象的描绘，从而构建出对作品的整体把握和细致感知。

（二）借助联想，加深理解

在文学作品赏析中，借助联想和想象可以帮助我们深化对作品的理解。作家往往通过多样的语言表达和意象构建，传达出丰富的情感和思想。通过联想，读者可以将作品中的抽象概念转化为具体形象，将文字背后的情感和内涵更加生动地呈现出来。通过想象，读者可以进一步展开思考，从多个角度去探究作品的深层含义，同时将自己的经验和情感融入其中，与作品产生更为紧密的联系。赏析的过程不仅是对文字的解读，更是一场与作品创作者共同思考的旅程，联想和想象可以使作品的意义更加丰富而深刻。

（三）聚焦重点，把握核心

在文学作品赏析中，着重关注以下关键要素，以便更好地理解作品的核心。

1. 鉴赏文学形象

专注于主要人物的性格特点和象征意义。深入分析人物的行为、情感和成长过程，揭示他们在作品中的重要作用以及对主题的贡献。

2. 鉴赏文学语言

强调作品的语言风格、修辞手法和情感表达。集中研究作品中的关键语句、形象描写和情感表现，以及如何通过语言传递作品的主题和情感。

鉴赏文学作品的语言还包括以下内容：分析作品的语言特点，如准确、简练、生动、形象等；理解作品的语言风格，如幽默、辛辣、自然、简明、含蓄、深沉等；辨析作品采用的修辞手法及其表达效果。

3. 鉴赏作品的表达技巧

突出作品的情节结构、叙事策略和情感营造。关注作品的高潮、转折点，以及如何通过情节安排和描写技巧引导读者的情感体验。鉴赏作品的表达技巧主要包括以下内容：

(1) 分析表达方式，如叙述、描写、议论、抒情、说明；

(2) 分析表现手法，如想象、联想、象征、渲染、烘托、对比、先抑后扬、托物言志、借景抒情、融情于景等；

(3) 分析选材剪裁，如材料是否典型、真实、新颖，详略是否得当等；

(4) 分析行文的结构，如开头和结尾、烘托铺垫、前后呼应、设置悬念、制造波澜、承上启下、起承转合等；

(5) 分析意境的创设，如人物形象的塑造、修辞方法的运用等。

（四）结合背景，提炼主旨

在进行文学作品赏析时，结合作品的背景是提炼主旨的关键。通过深入了解作品创作的历史、文化和社会环境，可以更准确地把握作品的核心主题。

1. 背景了解

首先，深入研究作品创作的时代、文化和社会情境。了解作者的生平经历、文学观点以及作品创作的动机和背景，从而洞察作品产生的环境和条件。

其次，将作品的情节、人物、语言等要素与作品背景相联系。考虑作品是否受到历史事件、社会问题、文化风尚等因素的影响，以及这些因素如何在作品中得到体现。

2. 主旨提炼

在了解作品的背景的基础上，从作品中提炼出核心的主旨。这个主旨可能是关于人性、社会、人生等方面的普遍观点，也可能是对特定事件或情感的深刻表达。

3. 主题归纳

将作品中的各个要素与结合背景得到的主题联系起来，形成一个有机的整体。通过综合分析，归纳出一个能够准确反映作品核心思想的主题。

4. 深化理解

在主旨的基础上，进一步深化对作品内涵的理解。探讨主题在作品中的展现方式、情感表达以及对读者的启示和影响。

通过将作品与其背景相结合，能够更加全面地把握作品的主旨，深入理解作者的创作意图，以及作品在特定时代和文化环境中的意义。这种综合分析有助于揭示作品更深层次的含义和价值。

技能练习

运用赏析的基本方法，赏析学前儿童文学作品《鹅妈妈的故事》，并在班级内进行心得分享。

任务三 掌握赏析文写作的方法

学习目标

知识目标

把握赏析文写作的原则和步骤。

能力目标

掌握赏析文引言、论证、结尾的写作方法。

素质目标

在赏析文写作过程中，获得愉悦精神体验。

课前学习

课前讨论：赏析文的写作难点是什么？

学习支持

一、赏析文写作的原则

赏析文是一种独特的文学作品分析形式，它既具有一般论说文的特点，又讲究文学性。撰写赏析文要注意以下几点：

1. 有正确鲜明的论点

赏析文的论点是对作品的核心解读和观点。它应该明确、清晰，能够概括作品的主题、意义或者表达方式。一个正确鲜明的论点是整篇赏析的基石，能为整篇赏析文提供一个引导性的中心主题。

2. 有说服力的论据

在撰写赏析文时，提供具有说服力的论据是确保你的论点能够令人信服的关键。在论证过程中，需要提供有力的论据来支持论点。这些论据可以是作品中的具体细节、情节、语言运用等，用来证明你的解读是有根据、有逻辑的，能够说服读者。

3. 有符合逻辑的论证方法

在撰写赏析文时，使用符合逻辑的论证方法是确保分析严密合理的前提。为了使论证更有力，需要运用逻辑合理的方法来展开分析。比如使用比较、对比、类比、归纳、演绎等方法，以确保论证过程严密而具有说服力。

（四）兼具严谨和文学的言语表达

赏析文的表达应当严谨准确，避免模糊和含糊不清的表述。同时，也要注重文学性，使用恰当的修辞手法、抒情语言等，以体现作品的文学特性。

二、赏析文写作的步骤

赏析文写作分为三个步骤：阅读—鉴赏—写作。

（一）阅读

阅读是鉴赏和写作的基础。在这个阶段，需要仔细阅读所要赏析的文学作品。阅读时，要注意把握作品的情节、人物、语言、主题等要素。多次阅读有助于深入理解作品，并捕捉到细节和主要元素。

阅读一般采取三个步骤。第一，从头至尾通读，得出初步而概括的印象。第二，要对重要部分仔细地读，分析研究，加深印象，发现特色，初步形成观点。第三，对作品的倾向和艺术性做出自己的判断。

（二）鉴赏

在这个阶段需要对作品进行深入分析和鉴赏。考虑以下几个方面：

(1) 主题与意义：确定作品的主题，思考作者试图传达的核心意义和观点。

(2) 人物分析：分析主要人物的性格、行为、发展，探究他们在故事中的作用和象征意义。

(3) 情节结构：分析情节的起承转合，关注高潮和结局的设置，理解它们与主题的关联。

(4) 语言与风格：探讨作者的文学风格、修辞手法、描写技巧等如何为作品增色，传达意义。

(5) 背景与历史：考虑作品创作的背景、历史背景，分析它们对作品的影响。

(6) 情感和情感共鸣：考察作品中的情感，以及读者在阅读中可能产生的情感共鸣。

（三）写作

根据阅读和鉴赏的内容，撰写赏析文。写作时，注意以下几点：

(1) 引言：开篇引入作品的背景和作者，提出论点或主题，并引起读者的兴趣。

(2) 主体段落：每个主体段落聚焦于一个特定的分析点，例如主题、人物、语言等，用合适的论证方法展开分析。

(3) 论证：使用具体的论据、细节和引用来支持观点，确保论证具有逻辑性和说服力。

(5) 过渡：使用过渡句或段落，将不同主题连接起来，使文章的结构更流畅。

(6) 结尾：总结观点，重申主题或核心意义，留下深刻的印象，可以加入对读者的思考或展望。

三、赏析文引言的三种写作模式

引言是赏析文的重要部分，它需要引入作品和主要观点，吸引读者的兴趣并明确赏析的方向。以下是三种常见的赏析文引言写作模式。

1. 引用法

引用与作品主题相关的名言或段落，将其作为引子来引入赏析。这可以在开头就让读者感受到作品的氛围，从而引发他们的兴趣。

例如："生活在浮躁的都市中，人们是否还能保留内心的宁静？正如某位哲人所说：'宁静如同绿洲，而绿洲却越来越难找。'在我们将要赏析的《绿洲》中，作者以独特的手法勾勒出了现代人内心的挣扎与追求。"

2. 情景交代法

描述作品中的一个生动场景、人物形象或者重要情节，以吸引读者进入作品的世界。通过生动的描写，让读者能够在开篇就产生共鸣。

例如："黄昏时分，海风轻拂着海滩，一个孤独的人影坐在岩石上，似乎沉浸在某种思考之中。这个场景正是《海边的孤独者》中的精彩描写。通过这个引人入胜的画面，让我们一同走进这位孤独者的内心世界。"

3. 疑问引导法

提出一个与作品相关的引人深思的问题，用来引导读者进入要探讨的主题。这种方法可以激发读者的好奇心，促使他们继续阅读。

例如："你曾想过，一个普通的瞬间，可能承载着怎样的深刻情感和哲思？在我们即将探讨的《城市微光》中，作者将平凡的生活场景赋予了意想不到的意义。是什么让这个作品如此引人入胜？让我们一同展开解读。"

选择合适的引言写作模式，能够让赏析文在一开始就吸引读者的关注，并为之后的分析奠定良好的基础。

四、赏析文论证的三种写作模式

在撰写赏析文时，有多种论证的写作模式可以选择，以更好地展示你对文学作品的理解和观点。以下是三种常见的赏析文论证写作模式。

1. 主题分析模式

这种模式侧重于深入探讨作品的主题、核心思想以及隐含的意义。可以从作品中抽取出关键的主题，分析作品中的情节、人物、对话等元素，以阐释这一主题的内涵。这种模式适合强调作品背后的哲学、道德或社会意义。

例如："在作品《蓝色的翅膀》中，作者通过主人公的奋斗历程，展现了个人对自由的渴望与追求，从而反映了人类的自由意志和人性的探索。"

2. 人物分析模式

这种模式主要关注作品中的人物形象，分析他们的性格、行为、内心变化等。可以通过揭示人物的动机、成长轨迹和与其他角色的关系，深入剖析作品中的人性和情感。

这种模式适合强调人物塑造和心理描写。

例如："通过对主人公的性格从内到外的揭示，我们看到在《卡拉长大了》中，他的成长历程如同一次心灵的演变，呈现出对理想、责任和自我认知的不断探索。"

3. 风格与技巧分析模式

这种模式聚焦于作品的文学风格、语言技巧和艺术手法。可以探讨作者的修辞手法、描写方式、对比、象征等等，分析这些技巧如何为作品增色，传达意义。这种模式适合强调文学性和创作手法。

例如："通过分析作者在《魔方之城》中运用的婉转语言和意象描写，我们发现这种独特的叙述风格赋予作品梦幻般的情感，同时也突出了主题的深刻内涵。"

根据赏析焦点，选取适合的论证模式，有助于更准确地呈现你的分析观点，从而使赏析文更富有深度和洞察力。

五、赏析文结尾的三种写作模式

赏析文的结尾部分需要巧妙地呼应引言，以强化观点，给读者留下深刻的印象。以下是三种常见的赏析文结尾写作模式。

1. 总结归纳法

在结尾部分，对前文所述的观点、论据进行总结和归纳，重点突出作品的主题、意义以及论点。可以简洁明了地概括文章中阐述的关键观点，使读者在结尾阶段得到一个整体性的印象。

例如："综上所述，作品《蓝色的翅膀》通过主人公的内心独白，呈现出一幅现代人内心的挣扎与迷茫画面。通过深入分析主人公的情感变化，我们可以看到作者试图传达对社会现实的深刻思考，以及对人性的反思。"

2. 对比启示法

通过对作品中的对比元素、情节转折等进行分析，提出某种启示或思考。这种方法能够使结尾更具有哲学性和深度，引发读者进一步的思考。

例如："正如作品中主人公在人生的拐点作出选择，我们也在现实中时常面临抉择。作品通过这种情节的对比，提醒我们要审慎思考，勇于面对人生的挑战，追求内心的真正意义。"

3. 反思展望法

在结尾部分，可以通过对自身观点的反思，或者对作品的影响展望，给读者一个启发或者思考的余地。这种方法使结尾更加引人思考，具有开放性。

例如："在分析作品《卡拉长大了》的过程中，我意识到人类的情感和冲突是共通的。作品中的主人公虽然走在荆棘之路，却也在逆境中体现出坚韧和乐观的力量。或许，我们可以从中汲取勇气，在生活中面对困难时更加坚强。"

技能练习

阅读学前儿童文学作品《绿山墙的安妮》，完成一篇赏析文写作。

项目三　各文体鉴赏

任务一　掌握儿歌鉴赏的方法

学习目标

知识目标

掌握儿歌鉴赏的方法。

技能目标

依据儿歌鉴赏的方法进行鉴赏训练，提高儿歌鉴赏的能力。

素质目标

体会儿歌作品中所蕴含的儿童乐趣，建立喜欢儿童的情感。

课前学习

课前思考：儿歌的美体现在哪些方面？

学习支持

一、儿歌鉴赏要点

阅读欣赏儿歌，最有效的方法是从已经知道的这类体裁的基本艺术特点出发，抓住作品的特点，主要从以下四方面入手。

（一）感受充满童真童趣的情感

在学前儿童眼里，万事万物都具有别样的色彩和情怀，儿歌正有一种看不见摸不着却实际存在的巨大力量，一首好的儿歌必然在字里行间闪烁着天真活泼的儿童情趣，滋润着学前儿童的心田。例如：

《吃饼干》

郑春华

饼干圆圆，

圆圆饼干，

用手掰开，

变成小船。

你吃一半，

我吃一半。

啊呜一口，

小船真甜。

学前儿童无时无刻不生活在欢乐的游戏中，吃饼干的过程也是游戏的过程。作者把半块饼干比作小小的船，"啊呜一口，小船真甜"写得生动传神。原来饼干是一只好吃的小船，趣味十足，可谓浸透了浓浓的童真稚趣。这是一首甜甜的儿歌，融形象、动作、声音、味道、趣味于一体，成年人听了也会神往那美好的童年生活。

（二）把握具体直观的形象

由于学前儿童的思维特点是具体、直观、形象，复杂抽象的事物很难引起他们的兴趣，因此以学前儿童为主要读者对象的儿歌，不论是写人叙事，还是状物写景，都要突出描写对象的形象、声音、色彩，以调动学前儿童的各种感官活动。例如：

《小蚱蜢》

张继楼

小蚱蜢，学跳高，

一跳跳上狗尾草。

腿一弹，脚一跷：

"哪个有我跳得高。"

草一摇，摔一跤。

头上跌个大青包。

这首儿歌构思新颖，把小蚱蜢得意扬扬而摔跤的行为描写得幽默风趣，善意地提醒孩子们骄傲自满的行为是不可取的，寓思想教育于优美的意境中。这首儿歌有较强的动作性，用了一连串的动词，如学、跳、弹、跷、摇、哭、跌，易于学前儿童游戏与模仿。孩子们在笑声中可体会作品的内容，从中受到有益的启示。

（三）体会巧妙别致的构思

儿歌的整体构思极为重要。要求作者在创作儿歌时，要精心设计，以其精巧的构思，合理布局，别致地再现生活。读者阅读欣赏时，尤其在引导学前儿童欣赏时，就要紧紧抓住儿歌构思方面的特点，仔细品味作者的审美情感、审美个性等。学前儿童乃至成人，通过诵唱艺术化水平较高的儿歌，不仅可以改变其思想，还可以提高其精神境界和人格修养。例如：

《小刺猬理发》

鲁兵

小刺猬，

去理发，

嚓嚓嚓，

嚓嚓嚓，

理完头发瞧瞧他，

不是小刺猬，

是个小娃娃。

儿歌开头描述小刺猬去理发的过程，"嚓嚓嚓，嚓嚓嚓"的剪刀声节奏明快。在理完发后却发现小刺猬变成了一个小娃娃。情节的转折打破了常规的预期，增添了儿歌的趣味性。通过小刺猬的变化引导学前儿童明白外表与习惯之间的联系：生活习惯会影响自己的外貌和形象，保持整洁是一种良好的行为。

（四）体味具有音乐美的语言

音乐性是韵文体作品的普遍要求，儿歌在这方面显得格外突出。无论是传统儿歌还是创作儿歌，也无论是世界上哪一个民族的儿歌，都具备合辙押韵、节奏明快、易唱、轻松活泼的特点。例如：

《风》

春天里，东风多，

吹来燕子做新窝。

夏天里，南风多，

吹得太阳像盆火。

秋天里，西风多，

吹熟庄稼吹熟果。

冬天里，北风多，

吹得雪花纷纷落。

这是一首按春、夏、秋、冬四季顺序唱诵的儿歌。它抓住每种有代表性的季节风，向孩子传达春天多东风、夏天多南风、秋天多西风、冬天多北风的气象知识，同时呈现出四季风所带来的四种不同景象：春天的风"吹来燕子做新窝"；夏天的风"吹得太阳像盆火"；秋天的风"吹熟庄稼吹熟果"；冬天的风"吹得雪花纷纷落"。四种景象选取得准确、典型，分别是四季的特征之一。儿歌采用"三三七"句式排列，节奏明快、词句洗练，一韵到底，和谐上口。

二、儿歌鉴赏学习

《听我话》

郑春华

小兔，小兔，

轻轻跳。

小狗，小狗，

慢慢跑。

要是踩疼小青草，

我就不跟你们好！

【赏析】

《听我话》这首儿歌一共只有3句，共28个字，叙述简明。孩子眼中的一切都是跟自己一样的，有生命、有知觉、有感情。儿歌中出现的不许踩青草的教育对象是小兔和小狗，这些都是孩子们十分熟悉和喜爱的身边事物，这样可以让小读者潜移默化地受到教育。让小兔轻轻跳与小狗慢慢跑的目的，就是不要"踩疼小青草""不听话我就不跟你们好"，以孩子们表达感情的特有方式，颇具儿童特色的惩罚措施，既顺理成章又非常严厉，鲜明地表达了保护绿色环境、爱护花草的主题。整首儿歌语言通俗，郑春华采用学前儿童的口吻口语，用词生动形象，而且以词为句，简短精练，明白如话。前两句成对偶句，后两句字数相等，结构整齐匀称；整体押韵，并且韵脚响亮；叠字、重复和拟人使儿歌轻松活泼，具有很强的趣味性。学前儿童可以轻松地反复背诵，从而达到强化教育效果的目的。

《好孩子》
圣野

张家有个小胖子，　自己穿衣穿袜子，　还给妹妹梳辫子。
李家有个小柱子，　天天起来叠被子，　打水扫地擦桌子。
王家有个小妮子，　找了锤子找钉子，　修好课桌修椅子。
周家有个小豆子，　拾到一个钱夹子，　还给后院大婶子。
小胖子，小柱子，　小妮子，小豆子，　他们都是好孩子。

【赏析】

这是一首十分典型的字头歌，作品每行用"子"字结尾，押韵整齐，前4小节用类似排比的相同句式开头，其他句式又无雷同，整齐中有变化，"××—××—×××"的音步排列更显节奏明快，吟诵起来舒缓悠长。

诗人非常简洁地从几个侧面描写了"小胖子""小柱子""小妮子""小豆子"这4个好孩子的代表形象。整首儿歌叙事层层递进，点面结合，前面讲述4个孩子热爱劳动、乐于助人的美好行为，后一部分正面总结他们都是好孩子，给孩子们树立了一个行为美的好榜样，字里行间闪烁着天真活泼的童真稚趣。孩子们在快乐的念唱中，不知不觉地养成了自立、助人、爱劳动的好习惯。

《摇篮》
黄庆云

蓝天是摇篮，　　　　　花园是摇篮，
摇着星宝宝，　　　　　摇着花宝宝，
白云轻轻飘，　　　　　风儿轻轻吹，
星宝宝睡着了。　　　　花宝宝睡着了。
大海是摇篮，　　　　　妈妈的手是摇篮，
摇着鱼宝宝，　　　　　摇着小宝宝，
浪花轻轻翻，　　　　　歌儿轻轻唱，
鱼宝宝睡着了。　　　　宝宝睡着了。

【赏析】

这是一首内容和形式结合得相当完美的作品。作者运用比喻、拟人的手法，形象地为我们展示了"蓝天""大海""花园""妈妈的手"四幅温馨优美、富有浪漫色彩的画面，构成从天上到人间的恢宏动人场面，意境深邃而静谧。伴着母亲和谐深情的吟唱，孩子能不酣然入睡吗？整首儿歌一韵到底，声音柔和，节奏舒缓，给人以甜美宁静的感觉。这与歌中所抒发的抚爱之情很协调，达到了以声传情，声情并茂的艺术效果。

技能练习

下面两首儿歌都是描写夏天的儿歌，你更喜欢哪首？请对比它们的异同。

《夏天》	《夏天》
蒲清华	杜虹

《夏天》
蒲清华

荷叶儿，撑绿伞，
荷花儿，开笑脸，
只只青蛙排排坐，
唱着歌儿过夏天。

《夏天》
杜虹

河里游着虾，
岸上开着花，
塘里跳着蛙，
田边结着瓜。
大雨哗哗哗，
乐坏了虾和蛙，
洗净了花和瓜。

任务二　掌握幼儿诗鉴赏的方法

学习目标

知识目标
掌握幼儿诗鉴赏的方法。
技能目标
依据幼儿诗鉴赏的方法进行鉴赏训练，提高幼儿诗鉴赏的能力。
素质目标
感悟幼儿诗中所蕴含的深刻的美。

课前学习

课前思考：幼儿诗的美体现在哪些方面？

学习支持

一、幼儿诗鉴赏要点

幼儿诗是诗人通过学前儿童纯真的眼光和新奇的想象把成人习以为常的现实生活和外界事物童心化、诗意化的产物。幼儿诗欣赏必须以朗读为基础，再运用艺术思维，借助创造性想象和联想，对诗中隐含的形象、情感与理念进行感悟。

（一）感受形象美

由于幼儿诗比成人诗更加强调形象层面，因此我们在欣赏幼儿诗时，首先观察诗人是如何塑造诗歌形象的。基于学前儿童的心理特征和审美趣味，幼儿诗塑造的形象必须鲜明，富有动感。例如：

《风》

谢武彰

风，在哪里？

他在教小草做体操。

风，在哪里？

他忙着把大树摇一摇。

小草和大树都不动了，

风，不知道哪里去了。

风，在成人的眼中是一种常见的自然现象，成人很少思考"风在哪里"。可在孩子的眼里，"风"这种看不见摸不着的东西却显得那么深奥和神奇。这首诗运用拟人的修辞手法，使风这一缺乏视觉感受的事物变得生动、形象。在作者的笔下，风就像是一个顽皮的孩子，教小草做体操，摇动着大树的枝条，玩累了，不知道跑到哪里休息去了。正是借助于"小草""大树"这些看得见的事物，风的形象变得鲜明、动感，富有童趣。这种轻松、活泼的意境极易唤起学前儿童的兴致，使他们在娱乐中了解关于风的一些粗浅的知识，真正达到寓教于乐的效果。

（二）感受意境美

意境是指抒情性作品中呈现的那种情景交融、虚实相生、活跃着生命律动、韵味无穷的诗意空间。意境是衡量作品艺术美的重要标准之一，意境美是幼儿诗的灵魂。幼儿诗的意境美应体现在表现学前儿童情趣上，而学前儿童情趣常常表现在学前儿童稚拙的行为举止上。例如：

《春天的早晨》

林焕彰

鸟，

开始鸣叫时，

好像在很远很远的地方。

只是一会儿的工夫，

就看见，

它们飞来在我窗前。

用它们小小的

小小的嘴尖，

拨弄着，

拨动着阳光，

垂挂成金黄丝绸的窗帘。

这首幼儿诗为我们描绘了一幅春天早晨的画面，诗里静中有动，动中有静，由远及近，像有一个可以拉伸的镜头，把那只可爱的小鸟从远处拉近。小鸟用小小的嘴尖拨弄阳光的情景，成了特写，静止、定格在一个美丽的清晨，垂挂成金黄丝绸的窗帘，小鸟和阳光谱写了诗歌中的美好寓意。

（三）品味语言美

幼儿诗的诵读欣赏有助于学前儿童深入细致地体会和感知作品的韵味、诗意。诵读可以是教师有感情地范读，也可以是学前儿童声情并茂地朗读。在条件允许的情况下，教师可以指导学前儿童进行诗歌表演活动，通过各种形式的诵读，让幼儿诗在孩子们的口中、心里"活"起来。例如：

《我给月亮做衣裳》

王瑞祥

月亮弯弯像香蕉，

香蕉弯弯像月亮。

我用香蕉皮，

给你做衣裳。

咦——

等我做好了，

月亮又变了，

变得圆又胖。

月亮月亮请你说，

怎么给你做衣裳？

这首诗前两句不仅用了"弯弯"叠词来增加节奏，还特别设计了"月亮""香蕉"的重复循环，适合学前儿童诵读。辅以稚拙的想象，用香蕉皮给月亮做衣服，结果月亮变胖了，这种想象力和幽默感让诗歌更增趣味。整首诗用简洁的语言，既产生了音韵上的响应，又传递了科学常识，符合学前儿童的认知水平和兴趣爱好。

二、幼儿诗鉴赏学习

《虫和鸟》

舒兰

我把妈妈洗好的袜子，

一只一只夹在绳子上，

绳子就变成了一只多足虫，

在阳光中爬来爬去。

我把姐姐洗好的小手帕，

一条一条夹在绳子上，

绳子就变成了一群白鹭鸶，

在微风中飞舞，飞舞。

【赏析】

这首诗以日常生活为切入点，将日常小事转化和想象，展现了学前儿童对生活的独特理解，可以激发他们运用想象将常见的物品变得有趣而活泼。诗歌中描写的在阳光中爬行的多足虫，在微风中飞舞的白鹭鸶，营造了温暖愉悦又自由轻松的氛围。

《明亮的小窗》

望安

中秋的月亮，

又圆又亮。

像敞开一扇明亮的小窗。

月亮里真有一棵桂树吗？

要不

哪来的桂花香？

夜晚的小窗，

又圆又亮。

像升起一轮闪光的月亮。

窗外才真有一棵桂树呢，

你闻，

桂花多香多香！

【赏析】

这首小诗想象丰富，把现实与想象结合起来，中秋的明月像夜晚的小窗，夜晚的小窗像中秋的明月，再巧用关于月亮的神话传说，联想丰富，为学前儿童展现了一幅诗情画意的美妙境界。这些美好的艺术形象很容易让学前儿童沉浸其中，不知不觉在心里激起强烈的审美感受，适合引导学前儿童感知自然美和情感体验。

技能练习

选择一个角度赏析幼儿诗《家》。

《家》

杨唤

树叶是小毛虫的摇篮，

花朵是蝴蝶的眠床。

歌唱的鸟儿谁都有一个舒适的巢。

辛勤的蚂蚁和蜜蜂都住着漂亮的大宿舍，

螃蟹和小鱼的家在蓝色的小河里，

绿色无际的原野是蚱蜢和蜻蜓的家园。

可怜的风没有家，

跑东跑西也找不到一个地方休息。

飘流的云没有家，

天一阴就急得不住地流眼泪。

小弟弟和小妹妹最幸福哪！

生下来就有爸爸妈妈给准备好了家，

在家里安安稳稳地长大。

任务三 掌握幼儿故事鉴赏的方法

学习目标

知识目标

掌握幼儿故事鉴赏的方法。

技能目标

依据幼儿故事鉴赏的方法进行鉴赏训练,提高幼儿故事鉴赏的能力。

素质目标

通过幼儿故事走近学前儿童的生活。

课前学习

课前思考:你认为学前儿童的日常生活包括哪些内容?

学习支持

一、幼儿故事鉴赏要点

幼儿故事是由一个个性格鲜明的学前儿童形象和一个个情节事件有机、有序地组合而成的。幼儿故事鉴赏的方法和总体脉络是:听(读)懂故事—理解人物—领悟主题。在此基础上,进一步理清人物关系,知道人物在这个故事中做了什么、表现如何,进而明白故事要讲的道理或要表达的情感。

(一)把握幼儿故事中的典型人物形象

学前儿童在总体感知故事的过程中,对里面的人物也有了基本的认识和了解,形成了对人物的基本看法。幼儿故事中的人物大多性格单一、平面,学前儿童很容易理解和记忆。认识理解人物可以从以下两个方面入手。

1. 观察情节发展或矛盾冲突中人物的言行

通过对人物的语言、行为的分析就能把握人物的性格。

2. 抓住细节描写把握人物形象

细节是指故事发展中的细小环节和情节。文学作品中的细节一般都具有典型意义,人物性格往往依赖典型细节来塑造。欣赏幼儿故事时要有意识地抓住细节描写,让孩子们通过注意典型细节来把握人物形象,进而感受作品所要传达的思想和感情。

(二)领悟作者寄寓其中的主题

在听(读)懂故事、理解人物的同时,我们还要引导学前儿童透过故事的情节和人物的塑造来领悟作者寄寓其中的主题。每篇幼儿故事都有自己特定的主题,对于一些篇幅较长的、情节相对曲折的故事，要有意识地将隐含在情节里的因果关系理清楚，并用学前儿童能理解的方式表述出来，让他们理解主题。

（三）反复品读精彩部分

我们还要引导学前儿童找出故事中精彩的地方，反复品味。例如：

《一亮一暗的灯》
任霞苓

爸爸妈妈不在家，天黑了，小晴怕起来了。咦，阁楼的灯怎么一亮一暗？（悬念出现了）可是小晴刚刚跨出一步，就听到"窸窸窣窣——扑托！"的声音，她吓得转身就逃。（悬念进一步加强）小晴叫来了好朋友兰兰，两人一起去，可两个人都害怕了。忽然阁楼里"扑托"一声，灯灭了，吓得两人一起转身往外逃。（悬念又进一步加强）她们又找来好朋友虎娃，虎娃本来很神气，但听两人一说也害怕起来。（悬念更进一步加强）最后，三个孩子手拉手并排走上楼梯，从阁楼的门缝里往里一瞧，原来是小花猫咬住电灯的拉线开关，"扑托"跳了一下，灯暗了；"扑托"再跳一下，灯又亮了。

故事以天黑时小晴一个人在家感到恐惧作为开篇，突出了小孩子面对夜晚的害怕感受。引入阁楼的灯亮灯灭的现象，创造出一个引人入胜的悬念，引起读者的好奇，促使读者继续阅读寻找答案。随着故事的推进，让人不断期待和追寻，最终发现真相，意外又有趣，打破了恐惧的氛围，给故事增添了轻松的感觉。

二、幼儿故事鉴赏学习

《金色的草地》
普里什 文
茹香雪 译

蒲公英成熟的时候，这是我和我的兄弟最开心的日子。常常是这样，我们随便到什么地方去狩猎——他在前面，我跟在他后面。

"谢廖沙！"——我一本正经地喊他，等他回过头来，我便把蒲公英的绒毛吹到他脸上。于是他也开始窥伺我，假装打呵欠似的也把蒲公英的绒毛朝我脸上吹。就这样，我们总是为了寻开心，揪掉这些不引人注目的小花。但是有一次，我有了一个新发现。

我们住在乡下，窗前就是一片草地。许许多多的蒲公英正在开放，这片草地就变成金黄色的了。可真是美！大家都说："金色的草地，太美了！"有一天，我起得很早去钓鱼，发现草地并不是金色的，而是绿色的。快到中午的时候，我返回家来，整个草地又都变成了金色，我开始注意观察，傍晚时草地又变绿了。我便来到草地，找到一朵蒲公英。原来它的花瓣都合拢了，就像我们的手，手掌张开时它是黄颜色的，要是攥成拳头，黄色就包住了。清晨，太阳升上来，我看到蒲公英张开了自己的手掌，因此，草地也就变成金色的了。

从那时起，蒲公英成了我们最喜爱的花中的一种。因为它和我们孩子们一起睡觉，也和我们一起起床。

【赏析】

孩子们对世界的一切都充满了疑问，脑子里有数不清的为什么。科学故事在简单的故事情节中帮助他们解决了疑问，让孩子拓宽了视野，增长了知识，从而加强了对自然和人生的了解。这篇科学故事，以孩子的眼睛观察并描述了蒲公英的变化特点：数不清的蒲公英开起花来，整块草地就变成了一片金黄，而金黄色的草地在一天中的清晨、中午和傍晚分别变成了绿色、金色和绿色，这都是蒲公英随着时间推移而收拢、撑开、收拢的原因。作者通过小主人公的仔细观察，向孩子讲述了一个常见但又不易为人们所注意的自然现象，这不仅可以帮助他们认识自然，而且对引导其学会观察并进而培养学前儿童的观察能力有很大的帮助。

《司马光砸缸》

有一天，司马光和小伙伴在花园的假山上玩捉迷藏的游戏。有一个小朋友一不小心掉进了假山旁边装满水的大水缸里。

水缸里的水可深了，那小朋友挣扎着喊"救命！"小伙伴们看见都吓坏了，有的哭，有的喊，还有的跑到外面去找大人帮忙……眼看水缸里的小朋友就要被水淹没了……只见司马光急中生智，从地上抱起一块大石头，使劲向水缸砸去。只听"砰"一声，水缸破了，里面的水流了出来，水缸里的小朋友得救了！大家都夸司马光是遇事沉着冷静、善于动脑解决困难的好孩子！

【赏析】

这是一个广为流传的历史故事。故事中的司马光是北宋时期著名的政治家、文学家、史学家。这个故事是司马光孩童时期的经历。学前儿童从故事中看到了一个遇事沉着冷静、善于思考的司马光，懂得了遇到困难和危机时都不要惊慌，沉着冷静才能想出解决问题、化解危机的道理。

虽然这些历史人物距离今天较远，但是故事情节生动有趣，语言也较浅显易懂。故事中所描写到的学前儿童在遇到问题时惊慌失措的表现完全贴近生活，让学前儿童能够在日常生活中遇到困难时，模仿故事中的司马光，沉着机智地解决问题。

《珍珍唱歌》

一天晚上，妈妈带珍珍到陈阿姨家玩，屋里来了很多客人，又唱又笑。陈阿姨看见珍珍，对客人们说："这孩子唱歌唱得挺好。"客人们就鼓掌欢迎她唱一个。

珍珍心里很想唱，但是当着这么多人的面，怪不好意思的。她扭着腰说："嗯，嗯，我不唱。"

妈妈把她往屋子中间推："别装腔，快唱一个。"

珍珍直往妈妈身后逃，噘着嘴说："你越推，我越不唱。"客人拍了几次手，珍珍还是在扭腰。

这时，邻居石娃来了。陈阿姨说："好，叫石娃唱吧！"

石娃红着脸说："我不会唱，幼儿园老师说，我一唱就走调儿，不信问珍珍。"客人们说："走调儿也不要紧，唱吧！"

石娃高兴地唱了起来，他刚唱几句，大家哄的一下笑开了，他真的走调儿了。珍珍学着老师的样儿喊："走调儿啦……"可是石娃还是咿咿呀呀唱下去，还挺认真呢！一唱完，大家哗哗地朝他鼓掌。

接着，大家又要珍珍唱。珍珍说："你们统统闭上眼睛，我就唱。"

大家全都闭上了眼睛。有几位客人眼睛睁开一条缝。珍珍忙嚷："不行不行，你们朝墙坐，不准回头瞧，我就唱。"

妈妈轻轻打她一下，说："快唱，小孩子要大方。"

珍珍一扭身拖着陈阿姨，躲到隔壁屋里去了。陈阿姨喊道："珍珍在这屋子里唱，你们大家听好啊！"

可是珍珍还是不唱，她在想：唱什么歌好呢？正想着，忽然听见石娃又在唱了，还有人替他打拍子。珍珍赶紧捂上耳朵说："真难听，真难听！"等石娃唱完了，客人们又哗哗地鼓掌，还叫石娃再唱一个。珍珍想，你们到底还听不听我唱呀？两颗大大的泪珠，啪啪地落到了地板上……

【赏析】

故事通过珍珍和石娃两个形象展示了孩子在面对表演和展示自己时的不同做法。珍珍会唱歌，面对众人时因为害羞而不敢唱，反映了许多孩子在表演时的紧张情绪。石娃不会唱歌，但他不怕失误，勇敢地唱出来，即使走调也不退缩。他的勇敢和乐观启发了珍珍，也告诉小读者，即使出现不完美的情况，勇敢尝试也是值得称赞的。让学前儿童可以从中汲取积极的情感体验和成长智慧。

技能练习

阅读《中国儿童文学新经典（童话卷）》，选择两位作家的作品并与其他同学进行作品鉴赏交流。

任务四　掌握幼儿图画书鉴赏的方法

学习目标

知识目标

掌握幼儿图画书鉴赏的方法。

技能目标

依据幼儿图画书鉴赏的方法进行鉴赏训练，提高幼儿图画书鉴赏的能力。

素质目标

体会幼儿图画书对学前儿童发展的重要性。

课前学习

课前思考：幼儿图画书对学前儿童的发展有哪些方面的价值？

学习支持

一、幼儿图画书鉴赏要点

图画书是学前儿童文学的现代形式，接受和欣赏其的方式与纯文字形式的文学作品有所不同,图画书鉴赏通常是在与成人的互动中完成的。学前儿童读图,成人读文,学前儿童在读图听文的基础上,对图文所讲述的内容进行创新性加工组合,从而享受阅读的乐趣。因此图画书是培养学前儿童阅读兴趣、想象力和认知能力的重要途径之一。图画书鉴赏的要点如下。

(一)视觉吸引力

图画书的插图应当引人注目、色彩丰富,以吸引学前儿童的注意力,让他们乐于参与阅读。因此图画书的视觉吸引力对于学前儿童阅读体验至关重要,也是我们鉴赏图画书的重点。

1. 色彩和绘画风格

图画应使用明亮、鲜艳的色彩,能够吸引学前儿童的目光。同时,绘画风格应当独特且具有视觉吸引力,能够与故事内容相匹配。图画的背景和环境设置要符合故事背景,为故事情节营造出逼真的场景。

2. 细节和表现力

图画应当有丰富的细节和表现力,能够生动地展现故事情节和角色。细致的描绘可以帮助学前儿童更好地理解故事,提高观察能力。充满细节和表现力的图画书可以为学前儿童创造一个视觉上的愉悦和丰富的阅读体验,促使他们更主动地参与阅读。

3. 页面布局

页面布局应当合理,图画的位置和排列要有节奏感。不同大小、形状的图画可以创造出更多的视觉变化,吸引学前儿童的兴趣。一些意想不到的图画安排和视觉效果可以带给学前儿童惊喜和乐趣,增加阅读的趣味性。

(二)情节和主题

除图画要精巧设计外,图画书的故事情节应当有趣、富有想象力,适合学前儿童的年龄和认知水平,主题也应当引发学前儿童思考和讨论。

1. 情节设计

图画书的情节应当引人入胜,有趣且具有发展性。故事情节可以包含冲突、转折和高潮,让学前儿童产生好奇心,想要继续阅读下去。例如《爷爷一定有办法》,约瑟对小毯子的依恋和小毯子日益破旧形成了矛盾,吸引着小读者跟着约瑟不断向爷爷寻求帮助,爷爷每次都能帮助约瑟将小毯子加工成新的形态。可是某一天用小毯子制成的纽扣不见了,这下爷爷也没有了办法,这个僵局该如何打破呢?故事不断抛出难题,一步步抓住了小读者的心。

2. 主题深度

图画书的情节和主题应当与学前儿童的年龄和认知水平相匹配。不同年龄段的儿童对故事情节和主题的理解程度有所不同,因此要选择适合目标读者群体的内容。图画书也可以涉及一些有深度的主题,引导他们思考和讨论。例如:

(1)可以涵盖积极的价值观,如友谊、尊重、分享等。通过情节中的角色互动和行为,故事可以传达正面的人生态度和情感。

(2) 可以探索复杂情感，如失落、害怕、自信等。这有助于学前儿童认识和理解不同的情感，培养情感表达和处理能力。

(3) 可以涉及社会和环境问题，如环保、社交行为等，以促进学前儿童对这些问题的认识。

(4) 可以涵盖文化和历史，引导学前儿童了解不同文化、历史和地理背景，拓宽他们的视野，培养跨文化意识。

(5) 可以启发哲学思考，通过故事情节和角色行为，启发学前儿童进行一些简单的哲学思考，如生死、友谊、快乐的真谛等。

（三）文字与图像的关系

图画书中的图画和文字应当相互补充，共同描述故事，确保故事传达完整。

1. 关系互补

插图和文字应当相互补充，各自发挥所长。图画能够直观地展现情节、角色和环境，而文字可以深入表达情感、思想和细节。

2. 情节推进

图画可以推动情节的发展，帮助学前儿童更好地理解故事。文字则可以提供角色的内心独白、对话和解释，让故事更加丰富。

3. 情感表达

图画和文字都可以用来表达情感，但方式不同。图画通过角色表情、动作和场景来传达情感，文字则可以更具体地描绘角色的内心感受，提供更多的细节，解释角色的动机、背景和故事背后的意义。

二、幼儿图画书鉴赏的步骤

鉴赏幼儿图画书的步骤如下：

(1) 阅读全文：通读整本图画书（包括文字和图画部分），把握整体故事情节和主题。

(2) 分析图画：细致观察图画书中的图画，从色彩、线条、版式、画法、人物造型等方面进行分析。

(3) 阅读文字：仔细阅读文字部分，分析文本特点，主要从叙事结构、叙事节奏、情感流动、主题演绎四个方面进行分析。

(4) 分析图画与文字的关系：从图画书主要依靠文字还是图画呈现及推动叙事情节发展的角度，可以分为文字叙事或图画叙事；从图画和文字的内容表现上的相互关系角度，可以分为图文对应或图文矛盾；从图画书的叙事结构角度，可以分为图文一致叙事或图文并行叙事。

(5) 分析主题：探索图画书传达的主题和寓意，思考故事背后的深层含义，以及它们对读者的启发和思考。

(6) 情感共鸣：从角色的情感、冲突和成长中寻找与自己的共鸣，思考故事是如何触动你的情感的。

技能练习

选择一本熊亮《绘本中国》系列当中的图画书并进行鉴赏。

模块小结

本模块先介绍了鉴别能力和赏析能力，然后介绍了不同文体学前儿童文学作品的鉴赏方法。关于文学作品的鉴别，项目一详细阐述了优秀学前儿童文学作品的鉴别方法，以及区分作品适用年龄阶段的方法，以提升学生在实际教学过程中为不同年龄段的学前儿童选择合适文学作品的能力。关于文学作品的赏析，项目二介绍了赏析的作用和方法，以及赏析文写作的方法，以帮助学生提升文学赏析的基本能力和素养。通过本模块的学习，学生可提升文学素养和文学理论知识，掌握文学鉴赏的基本方法，获得文学审美情趣，为更好地走上学前教育职业岗位奠定坚实基础。

模块测试

一、填空题

1. 文学赏析的阶段：＿＿＿＿＿＿、＿＿＿＿＿＿、＿＿＿＿＿＿。
2. 文学赏析的功能：＿＿＿＿＿、＿＿＿＿＿＿、＿＿＿＿＿＿、＿＿＿＿＿＿。
3. 图画书鉴赏要点：＿＿＿＿＿＿、＿＿＿＿＿＿、＿＿＿＿＿＿。

二、简答题

1. 赏析文的写作步骤有哪些?
2. 简要说明幼儿故事鉴赏的方法。
3. 如何鉴别幼儿诗?

模块五 创编能力

思政点睛

教师拥有较强的创编能力意味着教师能够开发新颖、富有创意的教育活动、教材和课程，以吸引学前儿童的兴趣，并促进他们的全面发展。创编能力不仅是培养创造性思维和创新意识的基础，还有助于教师更好地满足学前儿童多样化的学习需求，适应不同的教育需求和背景，为学前儿童提供富有创意和启发性的教育，开发出符合学前儿童发展特点的教育活动，为社会培养富有创造力的人才。

园长谈文学

1. 你认为创编能力对从事学前教育工作有哪些作用？
2. 幼儿园有哪些场景需要用到创编能力？

园长分享：创编能力

我们邀请到了江西省宜春市凤凰街道中心幼儿园党支部书记、园长易小红为大家分享她的见解。首先，她强调了创编能力的作用。创编能力可以帮助教师设计富有创意和多样化的教学活动，可以促进幼儿的创造力和想象力的发展，还可以丰富教学资源。其次，易园长认为创编能力在学前教育领域具有广泛的应用，在幼儿园中，学前教育工作者需要不断开发新的教育活动，以吸引学前儿童的兴趣，促进他们的全面发展。

项目一 改编能力

任务一 掌握看图编故事的技巧

学习目标

知识目标

掌握看图编故事的方法。

技能目标

掌握看图编故事的步骤，能独立进行看图编故事。

素质目标

喜欢看图编故事，为以后的教育教学奠定基础。

课前学习

课前思考：对于学前儿童教师来说，学习看图编故事有哪些用途？

学习支持

虽然学前儿童还不识字，但是他们却早已"读"过有字又有画的书了。如果没有家长讲故事，他们在脑子里面就已经"看图编故事"了。如果给你一张人物照片，你首先仔细观察照片，从照片上获取直观的信息，如人物的样貌、穿着及身材等，在此基础上谈及个人的看法，这就是一种看图编故事。如果你捡到一张没有字的图片，图片上有一群人，请你说说他们在干什么，这也是看图编故事。看图编故事在日常生活里到处可见。

那么，怎么看图编故事呢？可以分为以下三个步骤。

一、观察故事

看故事就是看图片，看图编故事一般分为单幅图或多幅图两种类型。先要看清楚图上的每一个地方，每一个细节。看清楚图片里所有的东西，比如人物、动物、景物、工具、建筑、地方、季节等。要是多幅图的，一般四幅为主，每一幅都要仔细看个遍，不放过每一幅画。要看看画了些什么，画里的每一样东西都不要漏掉。

观察图时应注意以下两点：

（一）从整体入手，初步感知图画的主要内容

(1) 要点：时间、地点、人/景物。谁在什么地方干什么？

(2) 谁（人）：穿着、样子。他是怎么做的？做了些什么？说了些什么？做得怎么样？心情如何？

（二）仔细观察，结合想象叙述图意

看图和观察客观事物一样，要有一定的顺序，如按方位或空间顺序观察，可以由上而下，由近及远，由内到外；按主次顺序观察，可以先主后次；按事物发展先后顺序观察。观察后试着叙述图意，然后，再根据画面联想它的前因后果，人物的心理活动、语言等，使整幅图或多幅图变成一个完整的、连贯的事物，使人物形象更加丰满逼真，故事情节更加曲折动人。

二、联想故事

看图编故事要学会联想故事，不管是一幅图，还是一组图，一般都要"无中生有"，就是把图里的内容加以想象形成一个完整的故事。故事来源于图片，但又不局限于图片。编出来的故事一小部分是讲述图里的内容，但是大部分是想象出来的内容，因此，要善于根据图画进行联想。

可以从以下两个方面进行想象的培养：

(1) 看图想象。即用贴近学前儿童生活的形象直观的图画，开展合理的想象。

(2) 看图编故事。要培养创新意识和创新精神，培养求异思维能力和灵活运用语言的能力。要力避"鹦鹉学舌"，要做到与别人想得不同，说得不同。

三、创编故事

创编故事就是写故事，一般看图编故事的内容是写人、写事。既要写出图画里的故事，又要写出自己想象到的故事。

（一）写故事注意事项

(1) 写完整，要把故事的时间、地点、人物、起因、经过、结果六要素写完整。

(2) 写具体，抓住故事的中心思想，把握主要情节相关的人物动作、语言、神态、心理活动等，要认真观察细节，判断人物可能说什么，有什么心理活动，人与人之间有怎样的联系，使画面上的人物活起来。

(3) 内容方面：故事要有完整性、生动性、曲折性，并要起到教育目的。可以增加一定的故事情节，比如人物对话描写，动作描写，心理描写。

(4) 语言方面：多运用动词与形容词，如抓、跳、跑或美丽的、灿烂的、可爱的；多运用修辞手法，如比喻、拟人、夸张、对比。

（二）看图说话训练

示例一：图中的小朋友在干什么呢？写两三句话。(见图 5-1)

图 5-1 看图说话训练示例图一

（解答示例）：星期天的上午，天气晴朗，微风阵阵，是个放风筝的好天气。妈妈领着我和弟弟到公园去放风筝。

示例二：图上有_____、_____和_____，多美啊！（见图 5-2）

图 5-2 看图说话训练示例图二

（解答示例）：图上有红色的房子、弯弯的小路和绿色的树木，多美啊！

示例三：请你仔细观察，这是什么季节？谁在哪里干什么？你会表扬他们吗？为什么？请写几句话吧。（见图 5-3）

图 5-3 看图说话训练示例图三

（解答示例）：植树节到了，老师带领同学到山上植树，大家可高兴了。你看，小东扶着小树，兰兰培土，甜甜浇水，他们干得多认真呀。

（三）看图编故事训练

示例：请认真观察下面这幅图，小动物们在干什么呢？用自己的话来进行看图编故事。(见图 5-4)

图 5-4　看图编故事训练示例图

（解答示例）：星期六，小猫给小猴打电话说："邀请上你的好朋友小猪、小熊都到我家玩吧。"小猴说："好的。"于是小猴、小猪、小熊一起去往小猫家，大伙儿一蹦一跳非常开心地欣赏着路上的美景。就在这时，他们看见路的中间有一条河，大伙心里都非常疑惑，该怎么过去呢？小猴说："砍一棵树当小船不就行了吗。"于是，小猪拿了一把斧子过来，小熊使劲地砍，不一会就砍好了。大家分了分，小猴先扛着木头放到了河里，把木头当成小船，开心地坐在上面。小猪紧跟着，小熊落后了一大段。不过，一会儿就赶上了。朋友都到齐了，唱歌、做游戏真开心。

技能练习

1. 认真观察下面这幅图，充分发挥想象，看图编故事，主题要新颖，题目自拟，要有一定教育性，不少于三百字。(见图 5-5)

图 5-5　技能练习 1

2. 根据上一题的看图编故事技能训练，邀请 2~4 位同学对所编故事进行评分（看图编故事创作评价表见表 5-1）。

表 5-1 看图编故事创作评价表

评分标准要求	得 分
(1) 主题新颖具有教育性 (10 分)	
(2) 图片内容交代清晰、叙述清楚 (20 分)	
(3) 文字精练、准确、生动、有色彩 (20 分)	
(4) 合理运用拟人、夸张等表现手法 (20 分)	
(5) 富有童趣、有生活气息 (20 分)	
(6) 充分发挥想象、增加情节 (10 分)	

任务二　掌握图画书改编戏剧的技巧

学习目标

知识目标
掌握图画书改编戏剧的要求。

技能目标
能把图画书改编为适合学前儿童表演的剧本。

素质目标
培养表演的意愿。

图画书改编幼儿戏剧

课前学习

(1) 观看微课视频"图画书改编幼儿戏剧"，初步了解改编的方法。

(2) 课前讨论：你认为图画书的叙述语言与幼儿戏剧文本语言有什么不同？

学习支持

一、图画书改编幼儿戏剧的意义

《3~6 岁儿童学习与发展指南》指出："幼儿园教育应重视幼儿的全面发展，注重幼儿身体健康、社会适应、艺术欣赏、创造能力等多方面的和谐发展。"从这个意义上讲，在幼儿园开展的课程中，戏剧活动是其中非常重要的一个内容，图画书在培养学前儿童阅读习惯、想象力、语言能力等方面有着重要的作用，同时也深受孩子的喜爱。孩子不仅喜爱读图画书，也爱用动作和语言将图画书表演出来。戏剧活动不仅可以丰富孩子的精神世界，而且对于培养他们的创造力和想象力也具有重要作用。

　　学前教育专业的学生可以先充分了解图画书的故事情节，了解其所传达的情感信息，包括故事结构、主题思想、人物形象、情感内涵以及创作意图等。通过改编图画书让孩子们在表演中感受到快乐，体验到乐趣。根据故事的内容设计适合学前儿童表演的剧情与台词，同时接触各种类型的图画书作品，并对这些作品进行深入的分析，有助于提高创编能力。

二、图画书改编幼儿戏剧的步骤

　　在改编作品时，选择情节完整连贯，人物鲜明，矛盾冲突较为紧张，结构线索简单，场景变化集中的作品。与此同时，还要注意到，场景布置不能复杂，舞台布景和变化能够容易实现，道具也比较容易制作，情节或语言具有一定的重复性，这样儿童就可以很容易地学会并表现出来。

　　图画书改编幼儿戏剧要进行以下四方面的调整。

（一）角色的改编

　　在剧本创编时，首先要做的就是选择角色，因为这是整部戏剧的灵魂。选择角色要遵循以下三个原则。

1. 角色要鲜明

　　戏剧中的人物形象有正反两面，可以在戏剧中设置正反两方角色，也可以在戏剧中设置单一一方角色，让正反两方都能站出来，这两种选择都是可行的。

2. 人物形象要有鲜明特点

　　学前儿童是很容易模仿他人的群体，在进行改编时一定要抓住人物的主要特征，这样才能引起孩子们的共鸣。

3. 要突出人物性格特点

　　戏剧是舞台上的表演形式，要考虑到学前儿童在表演过程中的发挥空间，提高参与度。

（二）情节的改编

　　情节的改编是将图画书中的内容转化为幼儿戏剧的一个重要步骤，这一步对于学前儿童来说是一个新的开始，也是一次很好的体验。在这个阶段，孩子们对自己的角色有了一定的了解，知道了他在故事中扮演什么样的角色。在情节改编时，要遵循图画书故事内容的主线，不能完全脱离主线。剧本中也要避免出现与主线相违背或重复情节等问题。

（三）语言的改编

　　图画书的语言本身就是很富有创造性的，可以在戏剧表演中进行再创作，使其变成带有特色的语言。语言的改编，首先要遵循图画书语言的特点，尽量用口语化、生活化的语言来表达。对于小班和中班上学期的孩子们，尽量把叙述语言转换成旁白或者独白，少量转换为角色的台词。而对于中班下学期和大班的孩子们，则尽可能转换成对白。最后，还应该注意幼儿戏剧语言的浅显易懂、短小活泼、富于情趣、符合学前儿童口语习惯等特点。

（四）加入动作、音乐、游戏

在改编戏剧中加入动作、音乐、游戏能够更好地营造故事氛围，提高学前儿童的兴趣和参与度，也让戏剧更具有观赏性。动作、音乐、游戏能够降低表演的难度。刚开始接触表演，学前儿童容易在舞台上手足无措，表现比较僵硬，但是如果伴随着音乐，增加一些相对固定的动作，就能够成为表演的抓手，增强小演员的表现力。

技能练习

选择一本学前儿童喜欢且适宜表演的图画书，尝试把图画书的叙述语言改编为幼儿戏剧语言。

项目二　创 作 能 力

任务一　掌握儿歌创作的方法

学习目标

知识目标

掌握儿歌创作的方法。

技能目标

能创作适合学前儿童的儿歌。

素质目标

了解儿童、热爱学前儿童，提升文学创新思维能力。

儿歌的创作

课前学习

(1) 观看微课视频"儿歌的创作"，初步了解儿歌创作的步骤。

(2) 课前讨论：你认为儿歌有什么特点？怎样才能创作出适合学前儿童吟唱并深受幼儿喜爱的儿歌？

学习支持

　　学会为孩子们创作儿歌，是学前教育专业的师范生必备的专业素养。儿歌是以动听的旋律、浅显的语言、风趣的内容、口语化的风格，充满孩童纯真的感情和丰富奇妙的想象，唱出的学前儿童心中的歌，被他们视为"天籁"。由于儿歌对学前儿童思维、智力的发展，视野的开阔，知识的丰富，语言的训练，道德情操的培养等方面有着特殊的，其他文学样式难以替代的作用，所以它广泛运用于学前教育和小学教育的各个领域。

　　儿歌要写好，要能被孩子接受、喜欢并广泛地流传，并不如一般人想象的那么容易。但既为师范生，对这种文体的练习仍是必要的。那么，练习儿歌创作，要从哪里入手，应该把握哪些问题呢？

一、儿歌的格式

（一）节奏格式

　　一眼看去要像一首儿歌，形式上排列整齐，这就是写出儿歌的节奏格式。

　　要求：做到每行的字数基本符合儿歌句式规律。只有做到句式工整，诵读起来自然就形成了一定的节拍(又叫音顿，节奏)。例如：

《小鸡》

樊发稼

小鸡小鸡叽叽叽，××　××　××　×
跟着妈妈去啄米，××　××　××　×
看见天上老鹰飞，××　××　××　×
躲进妈妈翅膀里。××　××　××　×

以上儿歌为七言，自然形成 4 个节拍。

（二）语言格式

儿歌作品要朗朗上口，富于音乐美，适合念唱。

要求：尽量押韵，造成音响上的和谐动听。押韵是指在特定位置上的字，韵腹和韵尾要相同或相近。应掌握以下三种押韵规律。

1. 句句押韵

《大白鹅》

大白鹅，头一昂，
眼睛生在脑门上。
说这个："戆，戆，戆！"
说那个："戆，戆，戆！"
"咚"一下，撞墙上，
头上长出个红囊囊！

每句都以 "ang" 韵母结尾，响亮有力。

2. 第一、二、四句押韵

"绝句型儿歌"（即四句为一首的儿歌）采用这种押韵的方式较多，例如：

《小狗》

李少白

小狗小狗，
尾巴当手，
一摇一摇，
欢迎朋友。

3. 隔行押韵

一般运用于四句以上的儿歌，是指首句定韵，逢双押韵，一韵到底。押韵常用在偶数行，例如：

《狐狸做衣裳》

狐狸做件花衣裳，
大家都说真漂亮，
小熊上街来买布，
照样剪裁忙啊忙。
一样领，一样袖，

尺寸大小全一样。
做完新衣试一试，
穿了半天穿不上。
量量身体才明白，
小熊要比狐狸胖。

当然在创作中也可以第一行不押韵。如果儿歌不是 10 行 (偶数) 而是 9 行 (奇数)，在遵循隔行押韵规律的同时结束句也要押韵。

总之，如果做到句式、押韵这两面都符合要求，写出的儿歌就自然有儿歌的味道。

二、写出儿歌的神韵和灵气

要写好一首优秀的儿歌并不仅仅靠押韵、句式要求，还需做到以下五点，才能写出具有新意与灵气的儿歌。

（一）贴近幼儿，题材新颖

生活是创作的源泉，捕捉学前儿童生活中的素材，多去挖掘新颖的素材。著名儿童文学作家张继楼在清晨观察到孩子们上幼儿园的情景，以守门老爷爷的口吻，写了一首《怎么来》的儿歌，贴近学前儿童生活，捕捉生活当中看起来日常却很少有人发掘的新颖素材。

《怎么来》

怎么来？跑着来。
怎么来？背着来。
骑在爸爸的肩上来。
坐在妈妈的车上来，
牵着奶奶手儿来，
挺起胸膛自己走—着—来。

（二）主题积极，立意要高

儿歌是充满快乐的文学体裁，形象生动有趣。在率真自然而又富于生活哲理的立意中，达到对学前儿童思想、道德、情感、意志等方面潜移默化的教育目的。因此优秀的儿歌必须主题积极健康，立意要高、有趣且不失教育性，同时应尽可能立新意，尽量创新，才能为学前儿童所喜爱。如仿编儿歌：

《小花园》其一

小花园，花真多；
你一朵，我一朵；
大家来，摘一朵。

《小花园》其二

小花园，花真多；
红一朵，黄一朵；
五彩缤纷一朵朵。

很明显后一首优于前一首，前一首教学前儿童随意采摘花朵，是立意出了问题。

（三）变换视角，构思巧妙

衡量作品是否符合幼儿情趣的关键在于巧妙的构思。儿歌题材是丰富的，但是儿歌的体裁也会受某些限制，但不影响儿歌创作的丰富多彩。儿歌是贴近幼儿生活的，即便是老题材，只要能够以学前儿童的眼光去变换视角，独辟蹊径，精心设计，合理安排，寻找一个新的角度，依然能取得好的效果。如以下三首讲卫生儿歌：

《宝中宝》

妈妈教宝宝，

粮食宝中宝。

爱惜宝中宝，

是个好宝宝。

《宝宝乖》

宝宝乖，

宝宝乖，

宝宝的桌子不用揩，

饿的抹布脸发白。

《小鸡你别看》

刚把饭碗端，

小鸡跑来看；

歪着头，瞪着眼，

围在身边打转转。

小鸡小鸡你别看，

我早改了坏习惯；

不掉菜，不掉饭，

你快捉虫去解馋。

具体来说，儿歌构思应注意以下两个方面：

(1) 运用修辞手法，构思符合学前儿童形象思维的语言，避免口号标语。

(2) 构思要独特新颖，别具匠心。如以下三首关于《太阳和月亮》的儿歌：

《太阳和月亮》

太阳月亮两娃娃，

打开妈妈化妆匣，

太阳拿起胭脂抹。

月亮抓起香粉擦，

抹呀抹，擦呀擦，

太阳抹成红脸蛋，

月亮擦成白脸巴。

《太阳和月亮》

闹了一点小矛盾，

就东躲西藏不见面。

一个在晚上要，

一个在白天玩；
太阳，你认个错，
月亮，你也道个歉，
你们听了我的话，
红着脸儿见了面，
不信请你看，
早晨，晴朗的天边。

《太阳和月亮》

太阳哥哥要下山，
忙叫妹妹来接班，
月亮妹妹羞答答，
躲在帘里巧打扮，
巧打扮，怕露脸。
邀来星星作伙伴，
哥哥见了眯眯笑，
挑起灯笼就下山，
太阳哥哥慢点走，
请到我家吃晚饭。

（四）学习传统，赋予新意

传统儿歌即民间童谣，它是我们民族文化宝库中闪光的一颗明珠，口耳相传，千年璀璨。那些人民群众口头创作的艺术结晶，具有浓郁的民族文化特征，它们内容丰富，形式多样，受到一代又一代孩子的欢迎，有些民间童谣至今仍在传唱。民间童谣中的问答歌、连锁调、字头歌等艺术形式以及这些儿歌常用的比喻、夸张、拟人等修辞手法，许多方面均值得我们今天学习。由于当代生活毕竟与传统儿歌产生的时代相去甚远，大部分传统儿歌的内容已不适应今天孩子的精神需求，但是其中许多艺术形式和艺术手法仍然值得我们创作时借鉴。我国的一些老作家曾致力于这方面的研究，并取得了卓然的成就。诗人樊发稼根据传统儿歌《七个阿姨来摘果》写的《答算题》，就是学习传统，赋予新意的较好尝试。

《七个阿姨来摘果》

一二三四五六七，
七六五四三二一。
七个阿姨来摘果，
七个篮子手中提。
七个果子摆七样，
苹果、桃儿、石榴、柿子、李子、栗子、梨。

《答算题》

一二三四五六七，
七个孩子答算题。

> 七张白纸桌上摆，
> 七只小手握铅笔。
> 七双眼睛闪闪亮，
> 七颗心儿一样细，
> 七份答卷交老师，
> 七张笑脸笑眯眯，
> 几个孩子答对了？
> 一二三四五六七。

（五）反复修改，去粗取精

好的儿歌不是一次就能创作到位，需要反复的推敲语言、结构等内容进行修改。如有一位作者写了一首叫《螳螂》的儿歌：

> 一只螳螂，
> 举起两把大刀，
> 走了三步路，
> 要去割青草。

儿童文学作家圣野对这首儿歌作了修改：

> 一只螳螂，
> 举起大刀，
> 一跳一跳，
> 去割青草。

修改后的儿歌作品更加简练，突出了螳螂爱蹦的特点，准确生动地表现了螳螂活泼的模样，同时句式更工整，节奏感更鲜明。检验儿歌作品是否写得好，可以诵读给学前儿童听，通过他们的反应检验，看是否具有幼儿情趣，是否简洁流畅押韵。

技能练习

1. 儿歌创作：观察学前儿童日常的卫生习惯，以讲卫生为主题自拟一篇儿歌，完成后发布于学习通讨论区。

2. 点赞评论活动：查看其他同学创作的儿歌，给你认为值得学习、借鉴的作品点赞并评论。

3. 儿歌创作评价表（见表5-2）。

表 5-2　儿歌创作评价表

评分标准要求	得　分
(1) 主题新颖具有教育性 (20分)	
(2) 文字具有可视感、动感和节奏感 (20分)	
(3) 文字精练、准确、生动、有色彩 (20分)	
(4) 合理运用拟人、夸张等表现手法 (20分)	
(5) 富有童趣、生活气息 (20分)	

任务二　掌握幼儿诗创作的方法

学习目标

知识目标

(1) 掌握幼儿诗的写法。

(2) 掌握幼儿诗的格式。

技能目标

能进行幼儿诗创作。

素质目标

培养在生活中发现和捕捉美的能力。

课前学习

课前思考：你写过诗吗？如果有，请分享一首写过的诗，如果没有，请说说你觉得写诗难在哪里。

学习支持

诗人要善于从生活中发现和捕捉美的事物，融入内心想象和感情，用形象化的语言抒发对自然和生活的感受，创造出美的意境。幼儿诗创作者必须要有一颗童心，创作幼儿诗要从学前儿童的特性出发，以孩子们的眼光去发现和捕捉生活中蕴含诗意的事物，以符合他们的心理状态的想象，用他们天真的口吻去表现他们的生活和思想。幼儿诗的创作要讲究一定的原则、方法和格式。

一、幼儿诗的格式

幼儿诗的格式相对简单一些，因为幼儿诗没有严格的格律要求，不要求对仗和平仄。

(1) 齐头：齐头指的是每一行的第一个字要空两格，每行要对齐。

(2) 分行：幼儿诗原则上每句一行，太长的也可分成两行或三行。

(3) 分小节：幼儿诗需要根据内容、时间、人物、景物、季节等不同因素空一行再写另一小节，类似于"分段"。

(4) 标点：幼儿诗的标点可加可不加，有特殊语气的句子最好加上，如疑问句、感叹句等。

(5) 押韵：幼儿诗比较自由，可押韵也可不押韵，押韵较为顺口。

二、幼儿诗的写法

1. 比喻法

比喻是幼儿诗创作的基本方法，最常用的是明喻法和暗喻法。

明喻：直接比喻，用"像""好像""似"等连接，描写事物的特点，适合描写大自然的景象。独特的想象能把常见的事物变得新鲜有趣，易于引起小读者的兴趣。例如：

《说我像啥》
圣野
爸爸妈妈
说我像啥？
蹦蹦跳跳地过来
像只小兔子，
爬上爸爸的脖子
像只小猴子，
嘟的一下飞开
又像只小鸽子。

这首小诗采用自问自答的形式，用小动物的动作作比喻，为我们描绘出小朋友和父母一起玩耍的欢乐场面。

暗喻：一般以"甲"是"乙"的句式出现。不说出比喻的事物，让读者自己联想，符合儿童的接受心理，具有亲切感。例如：

《香蕉》
赵晨
香蕉是条小船，
不会在水里开，
也不会在天上飞，
只会开进我的小小的肚子。

作者抓住香蕉的外形特征，把它比作是小船，并由此展开想象，说它只能开进自己的肚子，真是妙趣横生。

2. 拟人法

拟人法是幼儿诗最常采用的方法，把动物、植物、事物比拟成人，赋予它们生命和情感，说人的话、做人的事，生动有趣，契合儿童心理。例如：

《春天被卖光了》
杜荣琛
春天是一匹
世界上最美丽的彩布，
燕子是个卖布郎。
他随身带着一把剪刀，
每天忙碌地东飞飞，西剪剪，
把春天一寸寸卖光了。

这首诗把春天比作布，将燕子写成卖布郎，随身带着剪刀，剪掉了春天、卖掉了春天，把形象写活了。这首诗出奇、出新，达到了幼儿诗创作的极高标准。例如：

《我是男子汉》（节选）
傅天琳
如果今天夜里突然起风，
不要害怕，妈妈，
我是家里的男子汉。
我已经六岁了，
我是男子汉。
我会举起长长的陀螺鞭子，
把不听话的风
赶到没有灯光的角落，
让它罚站。
……

这首诗抒写了一个六岁小男子汉的内心感情，带给人的是温暖和深深的感动。小主人公把风看成不听话的孩子，要赶它到没灯的角落让它罚站，让妈妈不再害怕，其实害怕的正是孩子自己，而在黑暗中罚站在孩子看来是最严厉的惩罚。这首诗通过拟人的手法表现了趣中有情的纯真。

3. 排比法

用同一个词或同一种句型描写一件事物，可以表现节奏，加深印象。例如：

《有雨》
韦苇
有雨，
我家门前的小河
就欢欢地笑了。
有雨，
我家院子的树
就一棵棵都胖了。
有雨，
我家后面的山
就不老了。
有雨，
我们
就变成花蘑菇了。

这首诗写的是雨后景物的变化，用连续相同的句式构成了排比，有很强的节奏感。诗的成功之处在结尾，下雨了，连小朋友们都变了，打着雨伞的小朋友变成了"花蘑菇"，形象有趣。

4. 摹声法

直接运用象声词，模拟自然界的各种声响，使作品增加音乐感和趣味性，富有感染力，能够引发孩子的听赏兴趣。例如：

《青蛙》

林焕彰

青蛙只会唱一首歌,

从头到尾都是:

呱呱呱! 呱呱呱!

呱呱呱! 呱呱呱!

整个夏天晚上的田野,

都是它们的歌声,

呱呱呱! 呱呱呱!

呱呱呱! 呱呱呱!

像很多孩子在教室里,

大声讲话, 大声讲话。

5. 假设法

使用"假如""如果"等假设语句展开想象,写出希望和理想,容易引起儿童的共鸣。例如:

《如果我是一片雪花》

金波

如果我是一片雪花,

你猜, 我会飘落到

什么地方去呢?

我不愿飘到小河里,

变成一滴水,

和小鱼小虾游戏。

我不愿到广场上,

堆个胖雪人,

望着你笑眯眯。

我愿飘落在妈妈的脸上,

亲亲她, 亲亲她,

然后就快乐地融化。

这首诗以假设句开头,引起孩子的想象,再由两个否定回答制造出小小的悬念:雪花到底想飘到什么地方去呢?让儿童形成期待心理,此时便作出回答:要飘落到妈妈脸上亲亲她,然后快乐地融化。整首诗充满了纯真细腻的感情、新颖自然的想象、动感的画面以及爱的主题,这一切使作品产生了打动人心的强大的艺术力量。

6. 夸张法

在描写数量、时间、行为时夸大描写,能够制造特别效果,加深读者印象。幼儿诗要写出童趣,要写出天真,写得夸张一点、含糊一点,幼儿诗才会更可爱。例如:

《交通警察》
严文梅

世界上力气最大的人，

就是交通警察，

因为他有气功，

只要单手轻轻一推，

几十辆车子就一动也不动了。

小朋友认为交通警察是世界上力气最大的人，而且给出了看似合理的解释："只要单手轻轻一推，几十辆车子就一动也不动了"，这可真是厉害！这可是多少小朋友羡慕和向往的本领啊，作品用夸张的手法体现了学前儿童对交通警察的赞美和崇拜之情。

7. 疑问法

用发问的方式，引起读者的兴趣和思考。例如：

《云儿哪里去了》
［英］　伊丽莎白

我想知道云儿哪里去了？

我想知道风儿在说什么？

我想知道天上为什么下雨？

我想知道鸟儿怎样飞回？

我想知道花儿怎样生长，

才使世界有这么多的颜色？

这首诗从孩子的角度，以孩子天真的口吻发问，抓住孩子喜欢幻想的心理特点，逼真生动地展示了孩子们的想象，富有哲理，耐人寻味。

8. 对比法

对比法包括颜色对比、形状对比、动作对比、事件对比、人物对比、空间对比等，通过对比突显内容、性质。例如：

《青蛙》
汪洋

傍晚，

我在院里地上，

画了一只青蛙，

希望它跑到池塘。

早上，

我走出屋一看：

果然没有了！

原来是雨水爷爷把它带走了！

这首诗通过傍晚和早上院子里的对比，把画的青蛙写活了，也写出了下雨前后院子里的不同状态，令人回味无穷。

技能练习

1. 下面是一首幼儿诗，请在括号里进行补充。

《**一首诗的诞生**》

高洪波

一条（　　　　　）

游动在水中

一穗（　　　　　）

生长在田野

一朵（　　　　　）

飘浮在空中

一头（　　　　　）

徜徉在山岭

一首（　　　　　）

正是这样诞生的

2. 以星星、月亮、大树、山为形象写一首幼儿诗。

任务三　掌握童话创作的方法

学习目标

知识目标

(1) 掌握童话创作的方法。

(2) 掌握童话变形的方法。

技能目标

能创作童话。

素质目标

培养童话式的幻想思维能力。

课前学习

童话的创作

(1) 观看微课视频"童话的创作"，了解童话创作的基本方法。

(2) 阅读课程资料当中的《中国儿童文学新经典童话卷上》中的五篇童话，体会其结构特点。

学习支持

童话就是让猫狗说话，让小花小草说话，这是孩子们最早认识世界的方式。一个童话作家在创编童话的时候，首先要定位是给哪个年龄层次的儿童写的，才能做到有的放矢。一般来说，适合学前儿童的童话是纯粹的童话，更大点孩子看的童话从某种意义上说都是幻想小说。下面简单介绍童话创编的技巧。

一、汲取生活的源泉

文学作品源于生活，但又高于生活。童话所表现的尽管是一个幻想的、超现实的世界，童话幻想尽管千变万化、上天入地，但是无论怎样变化，怎样超现实，都会留有某些现实生活的影子。比如，童话家周锐每天上下班都要挤公共汽车，挤呀挤的就幻想出来一篇叫作《挤呀挤》的童话，写的是挤车所发生的有趣故事：由于车太挤，工程师发明了一辆可以自由伸缩的橡皮车厢公共汽车，服装设计师发明了一种可以抗压、抗拉、抗撕扯，纽扣可摘下又可安上的"挤车服"，电气工程师又发明了一种可以借助体能发电工作的"体力发动机"，可以带动汽车内的电扇……这些有趣的想象使这篇关于挤车的童话变得趣味盎然。

二、童话创作的方法

童话既与幻想、联想密切相关，又与现实生活在头脑中的印象不可分割。所以，要学习创作童话，首先就要培养一种童话式的幻想思维能力，养成童话思维的习惯。其次才能进一步学习童话创作的表现技巧。那么，如何来培养童话的思想能力呢？下面介绍几种简便易学的童话幻想思维训练的方法。

（一）以图串思

初学创作童话者往往不知从何入手，不妨先找一些具有童话色彩的无文图画，依据图画所提供的内容，充分发挥想象"看图作文"，以此作为创作童话的初步形式，这样就容易多了。先练习从多幅画（指三幅画以上）开始，只要一幅幅编写下来，尽可能地加以想象，肯定能写出一个完整的童话故事来的。发挥自己的想象力，大胆地去幻想，不要拘泥于图画本身，要能够看到图画以外的东西，使故事情节更丰富、更精彩。然后，再试着用单幅图来编写童话。这需要创作者通过想象、联想把单幅图扩展成多幅图，然后再依据想象中的多幅图把故事编写出来。

（二）以物串思

这里的"物"指的是玩具类实物。在玩玩具的时候，按自己的心意把它们摆成各种各样的游戏造型，在游戏中投入地替各种角色说话、做动作与思考，其实这时你已经完全进入了童话的角色，发挥自己的想象，过去或许你没有意识到这也能编童话，现在你不妨有意识地利用一下这些童话的角色，发挥自己的想象，在玩玩具的同时，大胆地想象一下有趣的故事，经过怎样，结果又如何。一边玩，一边编，不知不觉中就完成了一篇童话的构思，再把它记录下来。这种游戏既可以一个人玩，一个人给各种角色配音配戏；也可以和几个小朋友一起玩，每人代表一个角色说话和活动，然后再一起编成故事写下来，这样，想象力也在玩乐中得到了培养与发展。

（三）以词串思

创作者还可以运用词语串联的方法来编写童话，培养幻想思维的能力。比如在每个张纸上分别写一个词语，如"兔子""太空人""机器猫""激光炮""宇宙飞船""蜜蜂""青蛙"等，想怎么写就怎么写，不受拘束。然后折好，每人抽取两张，展开联想，分别编出与这两组词有关的童话故事来，如抽到"太空人"和"青蛙"这两张，可以设想一下"太空人"和"青蛙"之间有什么联系，他们之间会发生什么有趣的事情。如果用这一组词来进行联想，结果定然是丰富多彩的。

（四）讲究虚实

"虚"指的是童话的幻想，"实"指的是现实生活的元素在童话中的体现。童话是一种幻想性的文学，但童话同时又是一种现实生活的折射，它体现的是一定的生活本质。童话创作的成功关键在于如何将现实与幻想融为一体，创造出一个既有现实生活的影子，又完全不同于现实世界的童话幻想世界。这就需要处理好童话的虚与实的关系。

（五）巧设悬念

所谓悬念，即读者、观众、听众对文艺作品中人物命运的遭遇和情节的发展变化所持的一种急切期待的心情。悬念是设立故事情节不可缺少的艺术手法，能推动故事情节一步一步向高潮发展，吸引读者步步深入，最后悬念解开，故事结束，令读者有一种恍然大悟之感。比如，安徒生的《丑小鸭》中，"丑小鸭"始终像一个谜紧紧抓住读者的心。它为什么长得与别的鸭子不同，它真的是一只鸭子吗？它受到鸭子们的嘲笑，最后的命运会怎样呢？这就是悬念的设置。为了解开这个谜，作者为"丑小鸭"设置了重重困难和矛盾冲突：丑小鸭被赶出鸭场，接着又差点被猎人打死……这一切为丑小鸭命运突变的高潮做了很好的铺垫。因此，童话故事情节的发展应始终牢牢把握以下三个要点。一是要悬念不断，要始终让读者心存好奇的期待：下面怎么了？结果会怎样？而且每一次变化都要出人意料，给人或紧张或忧虑，或惊喜或惊讶之感；二是讲究情节环环相扣，一波三折，引人入胜；三是适当穿插有趣情节，打破忧伤、沉闷的气氛。比如，在叙述丑小鸭的悲苦经历时，作者就时不时穿插一些有趣的细节，对缓解悲伤气氛起到了很好的调节作用。

（六）运用变形

变形实际上是一种极度的夸张，特指在艺术想象中，有意识地改变原有元素的性质、形象、特征等，并以异形出现，使之更具表现力。变形与夸张的区别在于：夸张还保留客观事物原有的面目，而变形则连面目也丢弃了，呈现给读者的是全新的异形。

变形分为局部变形和全部变形两类。所谓局部变形就是将人体或物体的某一部分变形。比如，卡洛·科洛迪的《木偶奇遇记》中的匹诺曹，说了谎之后鼻子就不可思议地变长了。而全部变形则是指整体形象的变形。比如，格林兄弟的《青蛙王子》中的王子因为中了魔法而变成丑陋的青蛙。运用什么变形要视童话情节发展变化的需要而定。

全部变形，可借助魔法和意念变形。借助魔法变形最典型的就数《西游记》中孙悟空与二郎神交战的情节了，孙悟空一变再变，二郎神一次又一次识破孙悟空的把戏，也一变再变，其紧张的打斗扣人心弦。这大概就是《西游记》如此受孩子喜爱的重要因素吧。意念变形就是在童话创作时根据创作需要，随心所欲进行变形。比如，意大利作家贾尼·罗大里的《不肯长大的小泰莱莎》中的小泰莱莎，因为不想知道战争的残酷而不愿长大，她就总是那么小小的；但是，后来为了承担照顾全家的责任，她又想自己长大一些，于是，她果真长大了一些；再后来，为了对付强盗，她又命令自己变成了巨人；制服强盗后她又渐渐变小，成为一个中等身材的，全村最漂亮的大姑娘。变形形象的塑造，全凭作者独特的艺术感觉和大胆丰富的艺术想象，重要的是不拘一格，摆脱常规思维定式，敢于突破现实客观规律的束缚。

（七）借鉴与创新

民间童话中有很多定型化的表现形式和表现技巧，它们使民间童话变得通俗易懂而又饶有趣味。一些作家也很看重这些表现形式和表现技巧，经常有意识地在创作中加以吸收借鉴，并有所创新。下面我们就来简单介绍一下在现代童话创作中对传统形式的借鉴与创新。

1. 借鉴传统结构形式

民间童话的结构类型大都较为固定，比如三段式、循环式、对照式、梦幻式、历险式、奇遇式和寻宝式等。下面主要介绍三段式、循环式和对照式。

三段式。三段式是指将性质相同而具体内容相异的三个或三个以上的事件连贯在一起的结构形式。这种叙述方法使故事的人物性格和主题思想得到完整鲜明的表现，给人留下深刻印象。比如，王铨美的《睡在扁担上的小熊》用的就是典型的三段式的结构方式：小熊出门旅行欲住旅店，挑三拣四总不满意，最后天完全黑了，小熊再无挑选余地，只能屈居在狐狸旅店的柴房里，靠着自己的扁担呼呼大睡。一而再、再而三的三段式故事发展，不仅将矛盾冲突步步推向高潮，而且使得整篇故事充满了浓郁的趣味性。

循环式。循环式也称循环反复式。这种结构形式的故事情节的展开仿佛转了一个圆圈，周而复始，即以某个形象为起点，产生一连串基本相同的情节，从一个形象转到另一个形象，最后又回到起点。在循环的过程中，有反复的因素在内。比如，方轶群的《萝卜回来了》，写小白兔在雪底下找到两个萝卜，就想到小猴也很饿，去送给小猴，小猴去送给了小鹿，小鹿送给了小熊，小熊又去送给小白兔。在送萝卜的过程中，不仅情节一次次反复，几个小动物的心理活动也一次次重复。在反复中，故事里互相关心、爱护的主题得到了深化和突出。

对照式。用对照式展开故事情节，通常有两种情况：一种是以性格截然相反的人物为中心，在相同环境下，出现不同的遭遇和结局，形成鲜明的对比，用反面人物对照出正面人物，用假恶丑对照出真善美。如法国夏尔·贝洛的《仙女》、张天翼的《大林和小林》。另一种情况是对照同一人物在不同环境或时间下的遭遇和变化，以展示人物的成长和发展。这种对照式结构可以帮助强调主题以及突出人物心理的内在转变。例如，郑渊洁的《舒克和贝塔》，意大利作家卡洛·科洛迪的《木偶奇遇记》。

2. 借鉴与模仿传统类型化人物与意境氛围

民间童话中的人物大多有固定的类型，比如"公主""国王""王子""灰姑娘""三兄弟""两姐妹""女巫""魔鬼"等。同时，时代背景与时空也大都不确定，往往泛指"在某某王国""某个小山村"或者"从前在……地方""很久很久以前，在……国家"等，形成了民间童话特有的固定模式，让人一听便知这是民间童话。那么，当这些特有的模式被借用来创作现代童话时，就会有一种似乎是在欣赏传统童话的审美感受。比如，武玉桂的《公主的猫》和《方脸盘儿和圆脸蛋儿》就非常出色地借鉴了这种模式。

3.借鉴传统小道具

民间童话往往借助一些具有神奇魔力的小道具来演绎故事。如《白雪公主》中的"魔镜"，《阿拉丁和神灯》中的"神灯"等。这些具有神奇魔力的小道具一旦被用于现代童话的创作中，也一定会使现代童话染上神奇的魔力。比如，朱丽蓉的《000报警电话》设计的小道具是一部号码为"000"的报警电话，"000"显然就带有了童话的幽默与趣味。在故事开展中，作品以"000"报警电话为中心线，运用误会法，写了大熊与报警电话的趣事：

> 爸爸、妈妈去上班之前，叮嘱大熊带好弟弟，若有麻烦，打报警电话"000"。后来，大熊真的遇到了麻烦，三只调皮的小老虎威胁要打大熊，大熊赶紧拨打了"000"报警。警察赶来教训了三只小老虎。大熊可高兴啦。就放起了鞭炮。哪想到噼噼啪啪的鞭炮声却吓坏了院子里的小鸡。鸡妈妈气呼呼地回家拨打了"000"报警。警察赶来一看是大熊，觉得奇怪："刚才还让我救你，这会儿你怎么欺负小鸡呢？"大熊连忙道歉："对不起，对不起，我只是觉得挺好玩。"对大熊的无意犯错，鸡妈妈当然也就原谅了她。

这篇童话的情趣全都出自这部被当作小道具的"000"报警电话，可见小道具在故事中的重要作用。这篇童话篇幅短小、故事紧凑，小道具能起到了凝聚故事、串联情节的核心作用。

（八）误会法与巧合法

误会法是构建故事结构的基本手法。比如，安徒生童话《丑小鸭》和马尔夏克的童话诗《笨耗子的故事》都运用了误会法。"丑小鸭"误生在养鸭场里，于是，被大家误认为是一只"丑小鸭"，以至它命运多舛，一再被大家看不起。误会掀起了层层波澜，激起了读者对"丑小鸭"命运的同情和关注。而《笨耗子的故事》则让笨耗子误把声音甜美的大猫当作最合适的保姆，这一误会导致笨耗子葬身猫腹。

巧合法也是使故事更具戏剧性的重要手段。比如，葛翠琳的《野葡萄》中，白鹅女为寻找吃了能使双眼复明的野葡萄，历尽艰险来到悬崖边上，不小心掉进了山涧里，巧的是山涧的淤泥救了她；后来，她又掉进深谷里，幸好几根藤茎接住了她，她顺藤一摸，发现了她要找的野葡萄，她吃了又吃，"两眼忽然明亮了"。淤泥和藤茎救了她，巧就巧在藤上竟然结着野葡萄。

技能练习

1. 使用"森林""药水"编一个短小的童话。
2. 举办"我来画"童话作品活动。

1) 活动目的

(1) 通过引导学生"自写自画"童话作品,激发学生深入阅读的兴趣,感受童话故事的真、善、美,挖掘想象空间,提高审美情趣,启发创造能力。

(2) 学会为今后的教学工作做好辅助准备。

2) 活动设计

(1) 学生以个体为单位在充分阅读童话故事的基础上,将故事内容画成图画,装订成册。要求内容直观清楚,形式生动活泼,造型逼真形象,色彩丰富明朗。

(2) 自行设计的绘图本要求封面注明原文题目、作者、作品。

(3) 将绘图本交给老师进行点评,并在教室内开辟一个区域进行展示。

任务四　掌握幼儿生活故事创作的方法

学习目标

知识目标

(1) 掌握幼儿生活故事创作的方法。

(2) 了解幼儿生活故事的主题。

技能目标

能创作幼儿生活故事。

素质目标

培养了解和观察学前儿童生活的兴趣。

课前学习

(1) 观看微课视频"幼儿生活故事的创作"。

(2) 你认为生活中有哪些元素可以成为幼儿生活故事的选材?

幼儿生活故事的创作

学习支持

幼儿生活故事的创作是有难度的,因为它不能像童话故事一样展开想象夸张的翅膀,用奇妙的情节吸引人;它也不像儿歌那样有天然的节奏和韵律让人朗朗上口、印象深刻。幼儿生活故事的题材、手法都有一定的限制,那么如何从生活中发现丰富的题材,化平淡为新奇,并让孩子们喜爱呢?这就要求作者对于学前儿童心理和生活有深入细致的观察和了解,并能掌握学前儿童生活故事创作的艺术规律。

一、选材

幼儿生活故事源自学前儿童的生活,但并非所有的生活片段都可以变成故事,这就要求我们选择、取舍、改变素材。

（一）生活经验

我们所选片段应该是学前儿童已有的生活经验，具有一定的普遍性和代表性。如我长大了、去游玩、我和身边的人等故事。

（二）内容健康向上

幼儿生活故事的内容要能够表现出孩子积极向上、纯真美好的想法和情绪。比如，任溶溶的《我是哥哥》、杨福庆的《谁勇敢》，这些都传递出了学前儿童美好和宝贵的品格。选择的生活素材要符合学前儿童的年龄特征和身心发展规律，具有教育价值，给他们以启迪和熏陶，并为他们终身发展奠定良好的基础。

（三）从小处入手

在学前儿童的世界中少有大事、大题材，所以故事内容要从小处着手，做到短小精悍有思想。例如可以从学前儿童的日常生活中选取一些常见的场景，如家庭生活、友谊、幼儿园的经历等，通过展示真实的情感、困难和解决问题的方式，帮助学前儿童理解和处理自己的情感，培养他们的社交技能和自我认知能力。

二、主题

主题是艺术作品中通过其形象体系显示出来的中心思想。幼儿生活故事的主题要求单纯、浅显、鲜明。

在学前儿童文学的创作中，如何确定主题，是一个非常重要的问题。学前儿童在成长发展的不同阶段有着不同的特点和兴趣，学前儿童文学作品中的主题就要针对不同年龄阶段的儿童来确定。对于学前儿童来说，他们最早接触到的是自己周围熟悉的事物和人物，是那些直接呈现在眼前和生活中的事物和人物。因此，他们关注的焦点都集中在自己熟悉并感兴趣的事物上。比如周围事物、景物、人物等。

根据故事的具体内容，可以将故事主题分为三种类型：

(1) 道德主题，即关于真善美的主题。

学前儿童在成长过程中，容易受到外界影响，而不良行为会给他们的身心发展带来严重影响。因此，在创作幼儿生活故事的过程中要注意用正确的思想和规范去引导他们，纠正其不良行为习惯，让孩子们树立正确的道德观和价值观。从小养成讲诚信、懂礼貌、讲卫生等良好品质。比如《诚实的小熊》《诚实的小公鸡》等故事，就是典型代表。

(2) 知识主题，即关于知识和能力的主题。

这类故事主要以故事情节的发展和故事内容的积累为主，是为学前儿童提供具体学习和运用知识的途径和方法，比如学习生活技能、认识社会等，这类故事能激发孩子们对知识的兴趣和渴望。

(3) 趣味主题，即关于幽默、趣味等方面的主题。

这类故事主要是满足学前儿童好玩、好奇和爱笑的心理需要，在创作过程中要善于用有趣的故事去吸引孩子们的注意力，引发他们的想象，调动他们的积极性，让孩子喜欢听故事。

三、情节

情节是指文学作品中人物经历的种种矛盾和他的整个活动过程。情节由一个、几个或者一系列能显示人物与人物之间、人物与环境之间的特定关系的具体事件组成。情节是学前儿童文学作品塑造形象、表现主题的中心环节。因此，作家为学前儿童设计生活故事作品的情节时要注意以下两点：

(1) 开门见山。学前儿童往往对故事的开端感到好奇，作者要抓住这种心理，开门见山，使读者一开始就能进入故事的情境，从而对情节产生兴趣。开头避免大段的环境描写，避免对接下来的故事先做评价，尽快把读者带入故事当中去。在情节展开之前，设计一个吸引他们注意力的开端，可以是人物、场景，或是事件发端的一个镜头。

(2) 情节单纯。生活故事应根据学前儿童的思维特点，采用顺叙展开、首尾贯通的结构形式。按一条线索发展情节，并贯穿到底，保持结构完整，有头有尾。但是在结尾时不一定要来一句揭示主题的话语，相反，注意留白，留给读者自己回味、思考的余地。此外，结构安排上还可以设置悬念，牵动人心，起伏波折，引人入胜。

四、人物

幼儿故事与成人文学不同，它更侧重于情节结构，并不十分强调人物的典型化，但是将人物当道具、摆设、千篇一律的儿童形象肯定是无法获得成功的。因此，只有准确、生动地描写出富有个性而又丰满的形象来，才会给读者留下深刻的印象。幼儿故事篇幅短小，所以要写活人物主要靠细节，抓住性格中最突出的特点，生动有力地表现出人物的性格特征。在细节问题上，要注意必须符合学前儿童年龄特点。

五、语言

幼儿生活故事在语言上有以下三点要求：

(1) 语言流畅、通俗易懂、口语化。对于学前儿童来说，故事一般是由家长和老师来讲述的听赏文学，因此故事的语言要流畅，相对口语化，晦涩或过于文雅的书面语，不太适合幼儿故事的讲述和听赏。但是浅显的语言不代表贫乏，也不代表用"娃娃语"，浅而不薄、浅而有味、深入浅出才是最好的。

(2) 语言注意动作性和形象性。由于学前儿童处于具体形象思维占主体的时期，因此幼儿故事中尽量多用动态描写，把人物或事物的声音、色彩、动作、神态鲜明而具体地凸显在学前儿童面前。摹状、拟人、拟声、对比是增强语言形象性的好方法。

(3) 语言诙谐幽默。孩子听故事的基础是趣味，是为了快乐。因此创作中多一些诙谐幽默，能使故事更添情趣，这些其实就来源于孩子的生活，因为孩子的天真、稚拙本身就能产生幽默诙谐的效果。只要用心留意，就能积累下来很好的幽默文字。

技能练习

1. 活动内容：续编生活故事。
2. 活动目的：

激发学生的创作热情，练习想象力和创造力。

3.活动要求

以范文为开头，创作一个活泼有趣、完整连贯的幼儿生活故事，并脱稿讲给同学们听，时长3~5分钟。

4.活动范文

连着几天晚上明明的爸爸非常非常忙，忙什么呢？原来是忙着给他的朋友们打电话："我家后院的枇杷树丰收了，你们这个周末一定要来摘枇杷哦！"

"太好了，谢谢你邀请我，我一定会去的。"接到电话的朋友们都非常高兴地接受了明明爸爸的邀请。

任务五　掌握幼儿戏剧创作的方法

学习目标

知识目标

(1) 掌握幼儿戏剧创作的要求。

(2) 理解幼儿戏剧的文本语言。

(3) 掌握幼儿戏剧改编的步骤。

技能目标

能创编适合学前儿童排练、表演的剧本。

素质目标

感受戏剧活动对启发、激励和支持学前儿童进行自我表现的作用。

课前学习

(1) 阅读幼儿戏剧剧本《三只小猪》，整理剧本写作格式。

(2) 你认为幼儿戏剧的剧本与其他文学体裁的文本内容有什么不同？

学习支持

戏剧活动是学前儿童生活中不可或缺的活动，能使孩子们在各方面都得到发展。幼儿戏剧创作的理念是"从体验出发，以儿童为中心"，同时幼儿戏剧创作还要坚持以幼儿为主体的原则。幼儿戏剧教育强调学前儿童的创造、想象，强调孩子们用自己的心灵去感受这个世界，用自己的语言和行动去表现这个世界。戏剧教育是一种启发、唤醒、激励和支持学前儿童自我表现的艺术形式，幼儿戏剧就是要培养孩子们在生活中发现美、表现美，进而创造美。因此，戏剧活动是一种综合性极强的艺术活动，幼儿戏剧更是一种综合性艺术活动。它以戏剧为基本形式，将其他艺术形式都吸收进来，以发挥综合艺术之优势，在学前教育中有着重要作用。

幼儿戏剧剧本的写作应以学前儿童为本，根据其年龄特点和认知水平来组织和编排。在编剧时，既要充分尊重学前儿童的年龄特点和认知水平，又要努力将所要表达的主题思想融合到他们喜爱的游戏、童话等内容中，让学前儿童在自己参与的表演中理解和体会作品所蕴含的情感。帮助孩子们在演出中感受快乐和悲伤，学会表达自我情绪和理解他人情绪，从而提高孩子们的语言表达能力、人际交往能力和舞台表演能力等。

一、幼儿戏剧的创作要求

（一）幼儿戏剧要以学前儿童为主体

从某种意义上说，幼儿戏剧是一种学前儿童创造精神和独立能力的表现。它完全符合学前儿童心理特点和规律，适合于不同年龄阶段儿童表达思想感情、自由幻想及创造美好事物等心理需要。因此，幼儿戏剧必须尊重学前儿童的兴趣，符合其年龄特点和精神需要，要体现儿童主体性。从某种程度上说，学前儿童才是戏剧的真正主体，并以他的所思所想影响戏剧的表现。

（二）幼儿戏剧要符合学前儿童的年龄特点

幼儿戏剧的剧本情节应选择生动活泼的结构形式，以动作、语言为主线来展开故事情节，以对话、对白为辅助手段，将故事内容与动作、语言有机结合起来。这样不仅能增加戏剧的生动性，还能使学前儿童在欣赏戏剧时产生身临其境的感觉。幼儿戏剧的表现形式是用动作来表达意思和感情，动作语言使孩子们有充分表现自己情感、意志和信念及自由表现自己审美心理状态的机会。

（三）幼儿戏剧要能激发学前儿童的想象力

学前儿童对事物的认识还不够完善，对戏剧中人物形象的理解也不够透彻，所以在创作过程中可以为孩子们创造一个想象的空间。例如《小白兔和小灰兔》中，兔子和花猫的对话及花猫所说的话都是孩子们虚构出来的，是孩子们可以根据自己的想象而进行表演的。幼儿戏剧是一种创造性的活动，是一种自由游戏，是属于孩子们自己的活动。因此幼儿戏剧的剧本并不一定是成熟的作品，学前儿童在教师的指导下，运用丰富的想象力，在理解剧本的基础上，自由地进行想象，创编新的形象从而完成编写。

二、幼儿戏剧的改编

幼儿戏剧剧本的改编是指根据幼儿戏剧故事的内容和特点，对其进行重新设计和编排，以适应学前儿童表演和欣赏的要求。幼儿戏剧剧本的改编可以是对原有幼儿戏剧故事情节的压缩或补充，也可以是对原有幼儿戏剧故事的延伸。

（一）剧本的书写格式

剧本主要服务于舞台表演，因此遵循剧本文体规范非常重要。首先要确定时间、地点、布景、人物，并清楚地区分舞台提示语和台词。

1. 舞台提示语

角色介绍：包含角色姓名、性别、年龄、身份、个性特点等，并在标题下面标明。

情景提示：对时间、地点、布景、人物出场和出场的描述，通常以"［ ］"表示。

角色提示：对人物对话时的表情、动作和内心状态的特别提示，通常以"（）"表示，放在对话（唱词）的前面、中间或后面。

2. 台词

独白：角色独自说，用"独"提示。

旁白：不由角色说，用"旁"提示。

角色称呼与台词之间不加冒号，用空格表示即可，台词不必加引号。

全剧结束要注明"剧终"或"闭幕"的字样。

（二）进行改编

(1) 改编剧本要忠实原著，保留故事大致情节和主题，但是可以根据需要适当增删故事情节和人物，添加情节的趣味性。

(2) 改编文本样式，运用人物对话呈现故事情节，塑造人物形象，表现主题。比如把描述性文字转化为人物的语言和动作，改编旁白和人物心理活动，通过人物对话表现人物个性特点，设计道具和服饰等。

(3) 改编情节场面，依据原著的环境描写和叙述语言来安排布景和人物活动，在冲突中展示人物形象。

(4) 设计人物台词，台词的设计既要符合人物的身份、性格，具有动作性，能引起对方相应动作、表情的变化，又要能推动剧情不断发展，交代清楚事情的来龙去脉。

技能练习

自己选择熟悉的幼儿故事改编成幼儿戏剧。

模块小结

本模块主要介绍各类文体的创编，从学习到改编，再到独立创作。详细讲解了看图编故事、图画书改编戏剧，儿歌、幼儿诗、童话、幼儿生活故事、幼儿戏剧的创作。着重介绍了各文体的格式和创作方法，并进行了创作实践练习。

模块测试

1. 看图编故事的方法与步骤是什么？
2. 图画书改编幼儿戏剧的意义是什么？
3. 幼儿生活故事主题类型有哪些？
4. 幼儿戏剧的创作要求有哪些？

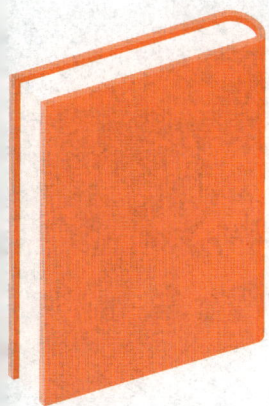

阶段三　进阶提升

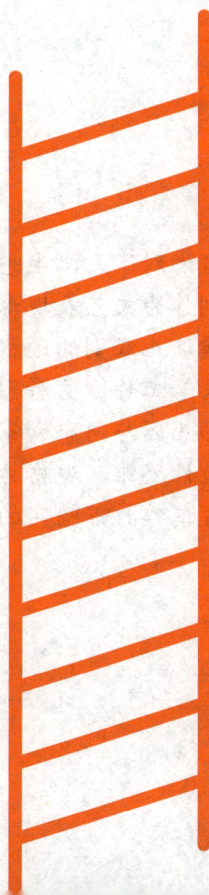

模块六 校园活动

思政点睛

　　文艺是铸造灵魂的工程，戏剧作为重要的文艺表现形式，给人以价值引导、精神引领、审美启迪，在育人过程中发挥着独特的作用。尤其在当今大思政背景下，戏剧作为载体已成为学校开展新时代爱国主义教育的主要创新形式。将一定的红色文化融入幼儿戏剧中，以更为直观的舞台布景、道具和光影变化等，充分展现生动的剧情，进一步刻画人物形象，以英雄为榜样，用榜样的力量鼓舞孩子们，做机智勇敢、开朗阳光、关爱奉献的新时代爱国儿童。

园长谈文学

　　1. 你认为在学生时代排演幼儿戏剧对未来从事学前教育有哪些作用？
　　2. 你认为在学生时代进行图画书创作对未来从事学前教育有哪些作用？

园长分享：校园活动

　　我们邀请到了天津生态城海丽达幼儿园园长朱颖娜为大家分享她的见解。首先，她强调了戏剧作为文艺表现形式的重要性，排演幼儿戏剧可以培养教师的表演能力和演绎能力。排演幼儿戏剧的过程中，需要与其他同学一起合作，共同协调角色、布景、音乐和舞台效果等工作。这种团队合作的经历能够培养沟通能力、协调能力和领导能力，提高未来在幼儿园与同事和家长合作的能力。其次，朱园长认为通过参与图画书创作，能够培养创造性思维、观察力、想象力，还可以提高视觉表达能力。这些创作经历有助于为学前教育工作打下坚实的基础。

项目一 排演幼儿戏剧

任务一 掌握剧本选择与改编的方法

学习目标

知识目标

了解幼儿戏剧的类型及特点。

技能目标

掌握幼儿戏剧的改编方法，能初步改编简单的幼儿戏剧。

素质目标

通过对幼儿戏剧的改编创作，提升艺术创造力和想象力。

课前学习

观看幼儿戏剧视频《现代版西游记》，并思考：什么样的学前儿童文学作品适合改编成幼儿戏剧？

《现代版西游记》

学习支持

现如今，幼儿戏剧表演已被作为一种特殊的教育手段成为学前教育工作的重要一环。这就要求教师有一定的文学艺术修养和表演技巧，不仅自己能编会演，还要会做学前儿童的导演，组织辅导他们进行表演。

因此，学前教育专业进行幼儿戏剧的演出是学前儿童文学教学的一项综合性实践活动，学生从创编剧本、排演、设计和制作道具、舞台布景、服装、化妆、灯光、配乐直至公开演出都需要全程参与，这是学前教育专业学生文化素质和专业技能的综合展现。

一、幼儿戏剧的类型

幼儿戏剧文学按不同的分类标准，可分为多种类型。按场幕结构，可分为独幕剧、多幕剧；按题材内容，可分为现代剧、历史剧、神话剧、童话剧、科幻剧、民间故事剧等；按表演形式，可分为幼儿话剧、幼儿歌舞剧、幼儿舞剧、幼儿木偶剧、幼儿皮影剧、幼儿诗剧、幼儿哑剧等。

这里我们重点介绍幼儿话剧、幼儿歌舞剧、幼儿木偶剧和幼儿皮影剧这四种常见的类型。

（一）幼儿话剧

幼儿话剧是指以对话、动作、表情为主要表现手段来塑造人物形象、展示主题思想的戏剧形式。幼儿话剧具有以下四个基本特点。

1. 舞台性

和古今中外所有的话剧演出一样，幼儿话剧的演出需要借助于舞台完成。舞台的形式可以多种多样，其目的有二：一是利于演员表演剧情，二是利于幼儿观众从各个角度欣赏表演。

2. 直观性

幼儿话剧首先是以演员的姿态、动作、对话、独白等表演，直接作用于学前儿童观众的视觉和听觉；并用化妆、服饰等手段进行人物造型，使观众能直接观赏到剧中人物形象的外貌特征。

3. 综合性

幼儿话剧是一门综合性的艺术，其综合性是与在舞台塑造具体艺术形象、向观众直接展现学前儿童生活情景或展现幻想世界生活的需要相适应的。

4. 对话性

幼儿话剧区别于其他剧种的特点是通过大量的舞台对话展现剧情、塑造人物和表达主题。其中有人物独白、对话，在特定的时空内完成戏剧内容。

幼儿话剧篇幅短，剧情容量小，故创作和排练较成人话剧相对简单，然而要吸引学前儿童观众，就必须有有趣的情节和生动的表演。

（二）幼儿歌舞剧

幼儿歌舞剧指一种以歌与舞为共同表现手段的戏剧。歌舞剧是歌舞节目的延伸与发展，具有戏剧的一般性质，可以表现人物关系和故事情节。如我国最早的幼儿戏剧作家黎锦辉的《麻雀与小孩》、乔羽的《果园姐妹》、赖俊熙的《春天是谁画的》以及20世纪70年代的《草原英雄小姐妹》等，都是较有影响力的作品。

幼儿歌舞剧是以演员的唱词和舞蹈动作、音乐曲调的设计来表现剧情、反映生活，因此它必须使歌唱、舞蹈、音乐达到高度的和谐一致，使其具有强烈的诗的感染力。一般来说，幼儿歌舞剧要突出音乐性、动作性和统一性，但在具体的剧本创作中，一般要写出台本，台本中要体现"歌"与"舞"融于一体的艺术构思，以"歌"与"舞"并进的方式塑造人物、表现主题。"歌"与"舞"均须服从于剧，作用于剧，或以歌唱为主，或歌舞并重，或配以诗歌朗诵和旁白等，表现方式可多种多样。幼儿歌舞剧通俗易懂，舞蹈色彩浓郁，具有轻松、明快的特点。

（三）幼儿木偶剧

幼儿木偶剧是专用木偶来表演故事的一种戏剧艺术。演出时，由演员在幕后一边操纵木偶表演动作，一边说白或唱歌，并配以音乐，以此来塑造人物形象，反映生活。根据木偶形体和操纵技术的不同，木偶可分为布袋木偶、提线木偶、杖头木偶等不同的形式。

（四）幼儿皮影剧

皮影剧，又叫皮影戏、羊皮戏、灯影戏、影子戏等，最早诞生在两千多年前的西汉。它是融绘画、雕刻、灯光布置、音乐伴奏、演员操纵表演于一体的独特综合性民间戏剧形式。幼儿皮影剧大都集知识性、趣味性和娱乐性于一体，是极具观赏性的幼儿戏剧。

二、幼儿戏剧的特点

受学前儿童接受能力及年龄的制约，幼儿戏剧的剧情结构线索往往单纯明快，人物不宜过多，注重视觉形象的直观显示。幼儿戏剧最本质的特征表现在以下三个方面。

（一）明显的游戏性

游戏是学前儿童重要的生活内容和主要的娱乐、学习方式。为适应这个特点，幼儿戏剧在内容和形式上都十分接近学前儿童的游戏活动。将游戏导入戏剧，用游戏方式来组织戏剧结构，可以说是幼儿戏剧创作的一条基本规律。

游戏是学前儿童对成人生活及其周围世界的刻意模仿，是"社会的一面镜子"。如果直接把现实生活搬上幼儿戏剧舞台，不免有些费力，而且别扭、不协调。但是以游戏的方式出现在戏剧舞台上，就显得亲近自然，既有趣又有真实感。然而，生活中的幼儿游戏毕竟是粗糙的、随意的，必须加以改造、提纯、丰富和再创作，使之更神形兼备，更符合戏剧艺术的规律，才能成为幼儿戏剧。比如，孙毅创作的《五彩小小鸡》描写鸡妈妈下蛋孵小鸡与小灰鼠、棕鼠偷蛋，以及老鹰抓小鸡之间的矛盾冲突。淘气顽皮的 5 号彩蛋四处乱跑，特别具有儿童情趣。剧中，观众小朋友齐声呼唤叫回了鸡妈妈，观众小朋友共同参与消灭了可恶的老鹰。由于学前儿童的参与，整场剧的表演过程就像一场游戏。

（二）富有幼儿情趣的戏剧冲突

"没有冲突就没有戏剧"，这是戏剧的普遍规律。但是在现实生活中，学前儿童彼此之间不存在尖锐激烈的矛盾冲突。那么，取材于学前儿童日常的物质生活和精神生活的幼儿戏剧，自然也就不可能有成人戏剧必须具备的尖锐复杂的戏剧冲突。

幼儿戏剧的戏剧冲突一般较为单纯，富有幼儿情趣，而且往往在学前儿童的生活经验范围内、符合他们审美期待的剧情中展开。例如《照镜子》，通过两个一模一样的小姑娘来表演"生气""瞪眼""扭身""吐舌"等神态动作。这对于常把镜子里的影像当成另一个"自己"的学前儿童来说，既熟悉又有趣。作者正是抓住这个充满幼儿情趣的特点来组织戏剧冲突，把爱漂亮但懒惰、不洗不漱的小姑娘的心理活动外化为戏剧动作。

幼儿戏剧一般不直接反映学前儿童现实生活，大多以具有普遍意义的真假、善恶、美丑之间的矛盾对立作为戏剧冲突。比如，老虎的暴戾、狐狸的奸诈与山羊的温顺、母鸡的忠厚，构成善与恶的戏剧冲突。这在幼儿戏剧中比比皆是。这类戏剧冲突往往以真善美战胜假恶丑为结局，给幼儿戏剧增添了多种品德教育。

（三）幻想和歌舞成分突出

学前儿童喜爱童话，尤其喜欢参与到具有童话色彩的歌舞剧中扮演各种小动物。他们会觉得很有趣，很能展示自己的才能。作为观众的小朋友也喜欢歌舞剧，因为歌舞剧自始至终在"音乐声中""手舞足蹈"地进行表演，让他们感到幻想变成了现实。

比如，孙毅的《一只小黑猫》就有这样的一段台词：

小黑猫：噢，老鼠是尖尖的嘴，细细的尾，小小的眼睛十条腿。

老爷爷：(问小朋友)小朋友，小黑猫哪句话错啦？

小朋友：老鼠是四条腿，他说十条腿了。

老爷爷：小黑猫，听见了吗？

剧情至此，台上台下的小朋友互相呼应，完全沉浸在戏剧特定的情境中，演出蜕变成一场有计划、有组织的集体游戏。因此，有经验的剧作家，总是多采用歌舞剧的形式，尽可能多地让小观众随机参与演出，使全场的气氛更加活跃热烈。幼儿戏剧的娱乐性由此得到更充分的体现。

三、幼儿戏剧剧本的选择与改编

幼儿戏剧文学的改编是指将其他文学样式的故事，经过改编者的取舍，改编成适合学前儿童欣赏的戏剧文学。

（一）改编的目的

正如前文指出，幼儿戏剧文学具有较强的游戏性，因而学前儿童总是以极大的热情去观赏和参与戏剧表演。然而从现实情况来看，专为学前儿童创作的戏剧文学作品少之又少，学前儿童能欣赏的戏剧文学作品大都从其他文学样式的故事改编而来。因此幼儿戏剧文学的改编是满足学前儿童对戏剧文学需求的重要途径。

（二）改编的方法

1. 根据内容选择作品

选择改编作品其实是对原作的阅读和选材，也就是说，我们要按戏剧文学的要求去审视、衡量原作改编成戏剧的可能性。相对而言，故事性强、情节完整、形象鲜明、矛盾冲突尖锐的文学作品，比较容易改编成戏剧。

如格林童话《小红帽》讲述了一个名叫"小红帽"的小女孩的故事。有一天小红帽按妈妈的吩咐去给住在森林里的外婆送一块蛋糕和一瓶葡萄酒，路上遇见了一匹狼。狼见到小红帽后就起了歹心，假装关心，探听了小红帽的去向。就在小红帽一路高兴去往外婆家的时候，狼已经来到外婆家将外婆吞进肚里，并等候着小红帽的到来。后来小红帽也被狼吞进肚里。狼满足了食欲之后呼呼大睡。一位猎人碰巧从屋前走过，听见鼾声，走进屋里，发现是狼，就操起一把剪刀，剪开了狼的肚子，救出了小红帽和外婆。

《小红帽》这篇童话有较强的故事性和生动的情节，有对比强烈的人物形象，有紧张的矛盾冲突，所以适合改编成戏剧。

2. 改变语言表达方式

改编者对原作进行戏剧改编其实是再创作，需要根据戏剧文学的要求改变语言表达方式。比如原作中的叙述性语言要转化成戏剧人物的台词或舞台提示语。如《小红帽》开头是这样叙述的：

从前有个可爱的小姑娘，谁见了都喜欢，但最喜欢她的是她的外婆，简直是她要什么就给她什么。一次，外婆送给小姑娘一顶用丝绒做的小红帽，戴在她的头上正好合适。从此，姑娘再也不愿意戴任何别的帽子，于是大家便叫她"小红帽"。

改编成戏剧文学后，就转化为小红帽的舞台独白：

大家都叫我"小红帽"，是因为去年我过生日时，最喜欢我的外婆送给我一顶小红帽，我很喜欢这顶帽子，我经常戴着出去玩，所以大家都叫我"小红帽"，嘻嘻，我也很喜欢这个名字。

3. 增减人物和故事情节

戏剧文学主要是通过人物的独白和对白来演绎剧情的，人物的设置和情节的安排都应该有利于人物的独白和对白的表现。如《小红帽》中写小红帽离家到进森林遇狼的过程极为简单：

外婆住在村子外面的森林里，离小红帽家有很长一段路。小红帽刚走进森林就碰到了一匹狼。

而戏剧《小红帽》则改编为：

［路人上］

路　人：咦，那不是小红帽吗？喂，小红帽，你要去哪儿啊？

小红帽：你好啊！我住在森林里的外婆生了病，妈妈让我把蛋糕和这瓶葡萄酒给外婆送去，外婆吃了就会好一些的。

路　人：你真是个懂事的孩子。那路上小心些啊，尤其注意可恨的大灰狼啊。祝你外婆早日康复！

小红帽：谢谢您，我会注意的。我要走了，再见！（蹦蹦跳跳下）

路　人：再见。（望着小红帽的身影）真是个懂事的孩子！（边说边下）

戏剧作品引入路人，既符合该剧第一幕"路上"的场景设置，又引出对白，表现小红帽的人物个性形象。

技能练习

1. 改编创作：请将下面的故事改编成幼儿戏剧作品。

三个和尚

从前有座山，山上有一个破庙，有一天，一个小和尚来到庙里，看见庙里的水缸没水了，就挑来水倒满了水缸，还给观音净瓶里加满了水，干枯的柳枝终于恢复了生机。他每天挑水、念经、敲木鱼，夜里不让老鼠来偷东西，生活过得安稳自在。

不久，来了个高和尚。他渴极了，一到庙里，就把半缸水喝光了。小和尚让他去挑水，高和尚心想一个人去挑水太吃亏了，他要小和尚和他一起去抬水。于是两个人抬着一只水桶去山下取水，抬水的时候水桶必须放在扁担的中央，如果不在中间，两个人就推来推去，谁都不想多出一点力气。

后来，又来了个胖和尚。他也想喝水，但恰好缸里没有水了。小和尚和高和尚让他自己去挑，胖和尚挑来一担水，放下水桶就立刻咕咚咕咚地大喝起来，两桶水被喝了个精光。

后来谁也不去挑水，从此三个和尚就没水喝了。

大家各念各的经，各敲各的木鱼，观音菩萨面前的净瓶也没人添水，柳枝枯萎了。夜里老鼠出来偷东西，谁也不管。结果老鼠打翻烛台，燃起了大火。和尚们慌了神，三个和尚一起奋力救火，大火这才扑灭了，他们也觉醒了。

从此，三个和尚齐心协力，自然也就有水喝。

2. 创演练习：分组创作或改编一个幼儿戏剧剧本，自行排练后在班级表演评比。

任务二　掌握台词表达与表演的方法

学习目标

知识目标

了解幼儿戏剧台词的作用及表演要求，激发学生对表演的兴趣。

技能目标

能熟练地将台词融进幼儿戏剧的表演中。

素质目标

在参与幼儿戏剧的表演中锻炼语言表达及心理素质，加深对作品的理解。

课前学习

观看动画片《哪吒之魔童降世》片段，分析片中每个人物的性格及角色的声音，并思考动画片以及幼儿戏剧中的台词表达和生活中的语言表达有何不同？

学习支持

在我国的戏剧表演中，台词占据着非常重要的地位，演员想要支撑起角色，必须先从台词上入手，对其节奏和情感进行把控。台词的节奏其实是指在戏剧表演中人物语言表达的交替规律以及气息的长短强弱等，这些要素的掌握其实就是对戏剧中角色的把握，使演员融入角色，从而带给观众更强的情绪感染力，为整部戏剧的成功奠定良好的基础。因此，要想表演好一部幼儿戏剧，台词表达必须过关。

一、幼儿戏剧表演的几个要素

（一）童心

幼儿戏剧表演的第一大要素，是表现儿童特有的童心。

众所周知，幼儿戏剧表演的"最高任务"是塑造成功的儿童舞台形象。而塑造成功的儿童舞台形象，又以塑造童心为重中之重。所谓"童心"，有两层内涵：一是指儿童的心情——孩子气。二是指引申义，即真情实感。从某种意义上讲，"儿童的心情"与

"真情实感"是同义词。幼儿戏剧表演，必须充分表现剧中儿童人物形象的天真无邪、纯洁透明、稚嫩可爱、真诚可亲的心理。

（二）童言

幼儿戏剧表演的第二大要素，是表现学前儿童特有的童言。

童言就是儿童化的语言。由于学前儿童的年龄小、阅历尚浅，他们的语言也具有学前儿童所特有的简单、直接、真诚、天真等显著特点。

幼儿戏剧的童言，指的是台词，又包括独白、旁白、对白、画外音等。

（三）童行

幼儿戏剧表演的第三大要素，是表现学前儿童特有的行为。

戏剧是动作的艺术，同样，幼儿戏剧也是儿童动作的艺术，即童行的艺术。儿童行为具有天真、活泼、简单、可爱等特点。因此，在幼儿戏剧表演中，无论是外部（形体）动作还是内部（心理）动作，无论是贯穿动作还是细节动作，都必须具有这些童行的特点，要彰显"孩子气"。

二、台词在幼儿戏剧表演中的作用

（一）营造表演氛围，有利于推动情节的发展

台词可以营造良好的表演氛围，有利于推动戏剧情节的发展。台词的设定要符合剧情发展，进而实现利用简短的语言表达，通过人物传神的动作行为，最终推动故事情节的发展。例如，在幼儿戏剧《丑小鸭》第二幕《离家出走》中，有这么一个场景：

[群鸭在轻快的音乐声中"游水"，丑小鸭跟在后面]

小鸭甲：不许你玩，丑八怪！

[几只小鸭发现跟在后面的丑小鸭，围上了他]

群　鸭：丑八怪！难看的丑八怪！

小鸭乙：真不幸，妈妈为什么会生下一个这么难看的东西。

[丑小鸭低下头，擦眼泪，这时鸭妈妈游了过来]

丑小鸭：妈妈，我是不是很丑？

鸭妈妈：孩子，外表不美不要紧，最重要的是心灵要美。

[丑小鸭看着妈妈，点头]

丑小鸭：妈妈，妈妈，我懂了。

群　鸭：滚开，不要再跟着我们。

画外音：丑小鸭可怜地望着妈妈，可妈妈却低下头，一脸的无奈。他知道，妈妈也
　　　　无法承受这残酷的事实。于是为了妈妈，他决定离开这个家。

丑小鸭因为长得丑被周围的鸭群们排挤，逐渐开始自我怀疑，在鸭群们你一言我一语嫌弃的台词中，最终触发了丑小鸭离家出走的情节。

（二）明确人物性格，有利于塑造人物特征

幼儿戏剧中的每个人物根据需求都有不同的个性特征，观看表演过程中观众可以通

过台词揣摩人物性格，人物通过台词也可以变得更立体丰满。例如：在由经典的童话故事《巨人的花园》改编的幼儿戏剧的第一幕中：

> 巨人外出旅行归来，看到自己的花园里都是开心玩耍的小朋友时，气愤地吼道："谁允许你们到这儿来玩的！都滚出去！"吓得孩子们惊恐万分。他紧接着又说："这帮捣蛋孩子，我得阻止他们再进入我的花园！"

不过短短两句台词，就已经将巨人的自私与冷漠展现得淋漓尽致。

三、幼儿戏剧台词表达与表演的要求

（一）吐字清晰、标准

幼儿戏剧对演员的普通话有比较高的要求。作为一名登台表演者，吐字清晰、标准，能让人听懂是最基本的要求。除非是角色的特定需求要说方言或者模仿某类群体的口音，否则普通话是必须过关的。（具体参考模块二"朗读能力"）

（二）培养声音的可塑性

不同的角色在舞台上所呈现出的声音特征应该有所不同，这直接关系到对人物角色的塑造。当然，每个人的声音条件是不相同的，有的人声音洪亮，穿透力强；有的人声音较弱，比较单薄。这就需要根据角色的不同，适当调整发声位置，控制声调的高低等配合角色。当然，通过台词的节奏强弱、气息长短同样可以表现情节发展中所需要的情感表达，合理地拿捏台词节奏，将使得情感顺势释放出来。

1. 不同的年龄、性别，声音应该有所不同

比如戏剧作品中男性的声音一般是偏低、浑厚的，女性的声音则往往是偏高、偏柔的；老人的声音应该是低沉、沧桑的；而年轻人则是充满朝气、阳光的；小孩儿的声音普遍偏尖、偏细等。

2. 不同的人物特征及性格，声音应该有所不同

在戏剧作品中，性格偏急的人语速应该偏快，性格暴躁的人语气中一般带些不满，性格温柔的人语速适中，听起来让人很舒适，而缺乏主见的人往往有些犹豫拖沓，充满着不确定性等。

3. 不同的环境及遭遇，声音应该有所不同

在幼儿戏剧中，角色的台词塑造应随着剧情的需要有所变化。一段台词中，如果是喜悦兴奋的情绪，那么其台词节奏必然是紧凑有力的，若是悲伤愁苦的情绪，其节奏也必然是延缓低语式的。

（三）语言表达口语化、生活化

在表演过程中既要学会运用语言来表达作品的内涵，同时又要将语言口语化、生活化。千万不要总是装腔作势，过于书面化、僵硬化。一方面幼儿戏剧的观众年龄普遍偏小，口语化、生活化的表达更便于他们理解；另一方面，在舞台上口语化、生活化的台词显得更接地气，更容易传递情感。例如，在幼儿戏剧《没有牙齿的大老虎》中，有这么一段剧情：

［狮子拿着牙刷上场，走到老虎跟前］

狮　子：虎兄，在干嘛呀？呀，地上有这么多的糖纸。

大老虎：呵呵，我在吃小狐狸给我的世上最好吃的东西呢。

狮　子：那你刷牙了吗？

大老虎：刷什么牙呀！

狮　子：哎哟哟，糖吃得太多，又不刷牙，牙齿会蛀掉的。狐狸最狡猾，你可别上他的当呀。

［狮子下场，小狐狸又拿着一包糖上场，大老虎拿着牙刷准备刷牙］

小狐狸：啊（紧张），大王，你在刷牙吗？你把牙齿上的糖全刷掉了，多可惜呀。

大老虎：可听狮子说，糖吃多了会坏牙的。

小狐狸：唉唉，别人的牙怕糖，你大老虎的牙这么厉害，铁条都能咬断，还会怕糖！让森林里的动物们知道了，岂不可笑！

大老虎：对，对，狐狸说得对！（大老虎把牙刷扔在一边）我要天天吃糖，我的牙不怕糖！（突然，大老虎捂着嘴巴）哎呀……哎呀呀……我的牙……快，快，快去找来马大夫。

　　在这段剧情中，平日里凶猛的老虎也喜欢吃糖，也需要刷牙，而狮子劝老虎刷牙的台词就像平时妈妈劝孩子一样，一下子就给了观众很强的代入感。

（四）台词表达可以适当夸张

　　由于幼儿戏剧是在舞台上表演，台词的表达既要贴近生活，又要在真实生活的基础之上，很多时候适当的夸张更有助于角色的塑造。例如，表达得意之情时，可以通过拉长笑声的方式；表达轻蔑不屑的情绪时，可以加入"哼"这类的拟声词以增强人物情绪。

技能练习

1. 台词练习：阅读剧本，仔细揣摩剧本中不同人物的台词表达，并试着给他们配音。

动物王国开大会

场　景：森林广播站。

开场白：在美丽的大森林里，住着一群可爱的小动物们（小动物们从舞台前三五成群地跑过）。它们在虎老大的带领下（虎老大背着手，看着小动物们点点头，从台上走过）过着幸福快乐的生活。又到了一年一度举办森林联欢会的时候啦，不过森林里的广播员长颈鹿哥哥两个月之前到隔壁森林留学去了，今年，虎老大把发通知这个光荣的任务，交给了狗熊小弟。

［狗熊走上场，面向观众，一手背着，一手向台下同学招手］

狗　熊：小伙伴们，我想死你们啦！我刚刚呀，接到虎老大的命令，让我给大家发个通知，是关于动物王国举办联欢会的，小动物们一定会很开心。（狗熊正襟危坐在广播台前，打开广播开关）

狗　熊：（咳咳！）台下的动物们注意啦！动物王国要开联欢会，请你们都来参加。

　　动物王国要开联欢会，请你们都来参加。动物王国要开联欢会，请你们都来参加……

[此刻狐狸扭着扭着进来]

狐　狸：狗熊大哥，你这样说下去，说一百遍，大会也开不起来。

狗　熊：(挠挠头) 为啥呀？

狐　狸：因为你都没有告诉大家，联欢会在哪一天开，是今天，是明天，还是后天呀！

狗　熊：(伸伸舌头，做了个鬼脸) 对对对，你说得对呀！

狐　狸：那你再跟虎老大确认一下吧。

[狗熊开始给虎老大打电话，此时虎老大的电话铃声响起：两只老虎，两只老虎跑得快，跑得快……]

狗　熊：老大，咱们是哪天开联欢会呀？

老　虎：联欢会就在明天开，你快去通知大家吧。

狗　熊：Yes，sir。(狗熊转向小狐狸)

狗　熊：小狐狸，还是你来播吧，虎老大说是明天开。

狐　狸：可以啊，我来播。(小狐狸坐下，打开话筒)

狐　狸：刚才狗熊通知得不对，我再重新通知一下哈！动物王国要在明天开联欢会，请你们都参加。动物王国要在明天开联欢会，请你们都参加。动物王国要在明天开联欢会，请你们都参加……

[大灰狼气喘吁吁地跑着进来]

大灰狼：嗨，小狐狸！就你这么个播法，说一百遍，联欢会也还是开不起来。

狐　狸：怎么啦？还是不对吗？

大灰狼：你的时间说的不精确，你没有告诉大家是明天的什么时候开，是上午还是下午，几点开呀！

[狐狸想了想有道理，不好意思地笑了笑。狗熊点点头，拍拍大灰狼的肩膀]

狗　熊：对对对，你说得对呀！平时看你凶巴巴的，没想到心思还是挺细腻的嘛。

大灰狼：那是，我这也是从小灰灰学校里学来的。你再跟虎老大确认一下吧。

[狗熊开始给虎老大打电话，此时虎老大的电话铃声响起：两只老虎，两只老虎跑得快，跑得快……]

狗　熊：老大，明天是几点开联欢会啊？

老　虎：就在明天上午八点开，你再去通知大家吧！

狗　熊：Yes，sir。

狐　狸：狗熊大哥，这次你让大灰狼试试吧。

狗　熊：没问题，大灰狼，你来播吧。

大灰狼：我来就我来，学着点啊！

大灰狼：大家注意啦！动物王国要在明天上午八点开联欢会，请你们都参加。动物王国要在明天上午八点开联欢会，请你们都参加。动物王国要在明天上午八点开联欢会，请你们都参加……

[此时梅花鹿走上台，站在台上，插起腰]

梅花鹿：大灰狼、小狐狸、狗熊大哥，我都快听不下去了，联欢会在哪里开，你得说清楚啊！

［狗熊捶捶自己的脑袋，狐狸和大灰狼也恍然大悟］

狗　熊：对对对，你说得对呀！我怎么没问清楚呢？

梅花鹿：你快再和虎老大确认一下吧，大家都等着呢！我先回去给大家排节目了，你快确认啊！（梅花鹿边说边走下台）

［狗熊开始给虎老大打电话，此时虎老大的电话铃声响起：两只老虎，两只老虎跑得快，跑得快……］

狗　熊：老大，又是我，您能再告诉我联欢会在哪里开吗？

老　虎：哎呀！忘记说地点了，大会在森林广场开，你再去通知大家吧！

［狗熊挂了电话，看着狐狸和大灰狼］

狐狸、大灰狼：还是你来吧！（手指着话筒的方向）

狗　熊：好吧，这次应该不会有问题了。

狗　熊：请注意啦！明天上午八点，在森林广场开联欢会，请大家准时参加！明天上午八点，在森林广场开联欢会，请大家准时参加！明天上午八点，在森林广场开联欢会，请大家准时参加！（狗熊说完松了口气）

狗　熊：这回可算说清楚了。小朋友们，一定要记住，我们通知事情的时候，一定要把具体的时间、地点，都有谁参加，都有什么事情说清楚哦，否则就会像我们一样，做了好多无用功。接下来，请大家期待我们第二天的联欢会吧！

2. 在网上自由选择一段 5 分钟以内的动画片片段，并为其配音，将视频上传至学习通平台。

任务三　掌握舞台设计与制作的方法

学习目标

知识目标
掌握幼儿戏剧舞台设计与制作的特点。

技能目标
掌握幼儿戏剧舞台设计与制作的基本方法。

素质目标
提升学生团队合作、合理分工的职业能力。

幼儿戏剧《老鼠嫁女》

课前学习

观看幼儿戏剧《老鼠嫁女》片段，思考哪一个片段更能引起你的兴趣，为什么？

学习支持

幼儿戏剧的舞台美术设计是创作幼儿戏剧不可分割的部分，它服务于整个剧目而又独具特色，幼儿戏剧的舞美设计人员只有具备足够的想象力和创造力，才能创作出形式多样、被孩子们接受的、具有极强感染力的作品，也只有成功的舞台美术设计才能为舞台增添绚丽的色彩，才能彰显出舞台艺术的魅力。

一、幼儿戏剧舞台设计的特点

（一）表演空间的灵活性

1. 灵活多变、互动性强

可变式流动的舞台空间，是表现戏剧舞台时空转换，创造无限时空变化的舞台艺术构成。在有限的时空条件下，表现戏剧无限的时空内容，是戏剧舞台的突出特点。作为幼儿戏剧，故事场景往往也不是单一不变的，例如在幼儿戏剧《小红帽》中，故事场景就由妈妈家、森林、外婆家三个场景构成。

互动环节也是幼儿戏剧必不可少的元素之一，互动环节设计的巧妙，可能成为整台幼儿戏剧演出制胜的法宝。

优秀的互动环节是幼儿戏剧的场外延续，能否让观众有"沉浸式"的剧场体验，对舞台的设计也有着不小挑战。在幼儿戏剧中，互动要设计的具有美观性，同时，还要能带来欢乐的气氛，寓教于乐，更要有一定的意义体现艺术性。戏剧评论家孙豹隐一语道破："互动重在与剧情结合、与戏剧冲突结合，而不是为了互动而互动，这不仅失去了互动的价值和意义，而且反倒会影响戏剧的观赏感觉"。

2. 生动鲜活、趣味性强

幼儿戏剧是戏剧的一个门类，以生动鲜活的表现力和鲜明的舞台艺术形象感染、打动观众。幼儿戏剧的舞美在形式上既要生动活泼，表现手法又要简单明了，有灵活性和趣味性，能吸引小朋友们的眼球。学前儿童认识世界往往通过感性形象思维模式来认识事物，所以他们喜欢的形象和内容单纯，喜欢富有趣味性和颜色鲜艳的造型。例如幼儿戏剧《三只小猪》的舞台效果(见图6-1)。

图 6-1   幼儿戏剧《三只小猪》的舞台效果

（二）表达形式的多样性

幼儿戏剧是舞台的艺术。整个舞台的构成包括演员的表演、服装道具、舞美灯光、屏幕、音乐等一系列元素。

1. 注重服装道具的轮廓、颜色、质感

学前儿童的想象力是无穷的，对他们来说，越是夸张的、区别于生活的东西越能吸引他们的注意。所以在幼儿戏剧人物服装颜色的选择上，一般会选用冲击力强、饱和度高的，经常还会运用到对比色。道具的选择上一般也多使用夸张的造型，例如高高的帽子、长长的鼻子等。

舞台制景上，根据学前儿童的审美心理，造型一般采用夸张的卡通造型，形象越简单印象越深刻。与之契合的是质感方面，一般运用异于现实生活的夸张质感，比如，大树可以有长长的树干，毛茸茸的树皮。

2. 音乐的配合要恰到好处

一部好的幼儿戏剧不单单是视觉的艺术，同时也是一场听觉盛宴。音乐在幼儿戏剧中有着不可替代的作用。这里的音乐分为背景音乐和人声两部分。背景音乐，一是要符合主题且能烘托剧情，并让剧情有一定程度的升华；二是配合剧情需要，适合角色的性格；三是节奏性强，适合舞台的表现。人声部分，要选择朗朗上口，易于唱出来的。许多幼儿戏剧都有着优秀的原创音乐，当然如果没有足够的能力原创，也可以选择寻找一些耳熟能详的歌曲作品进行改编，这种方式的优势是更容易拉近与观众的距离，代入感更强。

（三）风格题材的鲜明性

1. 基于童话、神话、寓言故事的选材，使演出风格极其鲜明

童话、神话故事具有鲜明的主题性，呈现出纯净的儿童世界，故事中经常会出现有神奇能力的超人体形象，或者拥有人物性格的拟人体形象。例如幼儿戏剧《冰雪奇缘》中拟人化的树和会说话的猫（见图6-2）。故事中人物和事物都是超现实的，行为、性格夸张和鲜明，构成了其演出形式的独特性，形成了舞美造型的鲜明特征。

图 6-2　幼儿戏剧《冰雪奇缘》中拟人化的树和会说话的猫

2. 多以喜剧为主要呈现形式

幼儿戏剧多是体现纯真心灵，黑白善恶的喜剧故事，故事里面通常会有感人的部分，但是大多是热闹活泼的气氛，通过逗乐的行为和愚蠢的嬉闹引人发笑，表达的东西也是浅显易懂的。幼儿戏剧中的主人公一般善良纯真，但是故事中会有狡猾的坏人跟主人公有剧情冲突，一般在幽默的情节中展现，具有鲜明特征，且具有象征性的舞台形象，表现生活中或美或丑，或喜或悲的一面，主要歌颂主人公的善良、才智、自信等品性。

二、幼儿戏剧舞台的设计与制作

（一）抓住学前儿童的审美心理

幼儿戏剧的舞美和成人的有很大的不同，要做好幼儿戏剧的舞美设计首先必须研究学前儿童的审美心理。他们的身心发展水平、接受能力、思维方式、欣赏趣味等都与成年人有很大的差异。学前儿童的大脑正处在发育阶段，知识积累还不丰富，逻辑和抽象思维能力还不强，他们往往是以形象思维的方式来认识客观世界。学前儿童的总结和概括能力相对比较差，对于形象的判断除了自己的主观判断就是形象的具体对应，所以，他们对形象简单的、内容单纯的、富于趣味性且颜色丰富又不断变化的场景非常喜欢，如幼儿戏剧《蓝精灵》的舞台设计很好地诠释了这一点 (见图 6-3)。学前儿童对于造型过于抽象、色彩灰暗的场景一般会有排斥的心理。

图 6-3　幼儿戏剧《蓝精灵》的舞台设计

（二）提升幼儿戏剧舞美设计的趣味性和互动性

有人说幼儿戏剧的舞美设计是舞台美术设计中最难的，因为既要符合剧情、服务剧情又要符合学前儿童的审美心理，就舞美设计本身来说属于二度创作，离不开剧情，而且必须服务剧情，设计的自由度不如其他创作。所以对于设计者来说要站在学前儿童的角度考虑问题，要充分了解他们的心理和对世界敏锐的感受力。

舞台美术设计是一门综合艺术，客观地说，舞台美术设计从构思到呈现实际上是一个"造假"的过程，是营造逼真和以假乱真的效果。幼儿戏剧的舞台美术设计应该从学前儿童心理和剧情出发，除了尽可能鲜明的色彩和可爱的形象外，更应该给孩子营造想象空间。从剧情中寻找适合学前儿童的造型元素来进行设计，搭建一个符合他们审美情趣的舞台空间。幼儿戏剧舞美设计无需考虑流派、风格等问题，只要是营造了符合剧情又能引发学前儿童无限想象的舞台梦幻空间就是成功的幼儿戏剧舞台美术设计。

（三）提升幼儿戏剧舞台美术设计的视觉吸引力

幼儿戏剧的受众就是学前儿童，他们的好奇心强、注意力容易发生转移，这就涉及幼儿戏剧舞台美术的视觉吸引问题。幼儿戏剧的舞美设计在创作过程中必须具有丰富的想象力，需要在满足学前儿童审美心理的同时，也要对其视觉的冲击产生影响，要"以假乱真"制造一种假象来满足剧情需要。

1. 色彩运用

考虑到学前儿童的心理是相对简单的、感性的、活泼的，所以在色彩的运用上要尽量丰富、尽量鲜艳。如幼儿戏剧《糖果屋历险记》的舞台设计中色彩丰富有亲和力，能很快抓住学前儿童的眼球(见图6-4)。如果在色彩运用上过于灰暗、过于单一，就很难激发起孩子的兴趣。所以一部幼儿戏剧给孩子的第一印象是非常重要的，而这个第一印象就来自视觉、来自舞美效果。

图 6-4　幼儿戏剧《糖果屋历险记》的舞台设计

2. 构图的饱满性

舞台美术设计构图不是绘画概念上的平面构图，而是立体的、三维的构图，要充分考虑舞台的立体空间，幼儿戏剧的舞美设计不能等同于其他成人戏剧的舞美设计，他们的观众群体不一样，成人戏剧的舞美可以简约、抽象，而幼儿戏剧则不同，应该尽量饱满、夸张，这个可以参考儿童画，儿童画一般都是构图饱满、造型夸张、充满童趣。所以幼儿戏剧舞美设计也要尽量做到构图饱满、造型夸张、具有童趣。

3. 灯光的选择

我们常说舞台的灯光是演出的灵魂，很多效果是不能用语言来传递的。灯光能烘托出舞台的气氛、情调和它表现出来的主题。通过光量、光质和光色的变化来加强效果，利用灯光的变换、色调的明暗来表达剧意和构思，起到画龙点睛的作用。比如经典幼儿戏剧《冰雪奇缘》的灯光运用就恰到好处(见图 6-5),在表达孤独的情感时,用一束顶光打在人物身上;在突出主角的情节时,可以用到追光等。

图 6-5　幼儿戏剧《冰雪奇缘》的灯光运用

随着科技的进步,舞台灯光的种类越来越多,科技含量也越来越高,富于变幻的灯光能带给观众更好的视觉享受,同时也能让戏剧增色不少。

技能练习

1. 分组道具制作练习:请仔细阅读下面的小故事,选出三样你认为在戏剧表演时最重要的道具分组进行制作,每一小组进行展示并解说,全班投票选出优胜组。

毛毛虫和花儿的天空

在一个阳光明媚的日子里,一只毛毛虫懒洋洋地趴在一片绿叶上。这时,一只小鸟飞了过来。

"小鸟,小鸟。天空是什么样的呢?"毛毛虫好奇地问小鸟。

小鸟说:"你会知道的,以后你能飞到天空。"小鸟说完就飞走了。

毛毛虫仰望着天空,对着一朵小花说:"美丽的花儿呀,你想知道天空是什么样吗?"

花儿看了看天空,然后对毛毛虫说:"听说天空有一座美丽的城堡,那里有彩虹。知道彩虹的味道是什么样的吗?我妈妈告诉我彩虹是甜甜的,就像我的花蜜一样甜,不过呀,我没有真正到过天空。我好想去看看天空是什么样的,尝尝彩虹的味道。"

"那咱们一起去天空吧!"毛毛虫高兴地对花儿说。

"一言为定,咱们拉钩上吊,一百年不许变。"花儿这么回答道。花儿问身边的大树爷爷:"大树爷爷,我和毛毛虫怎么才能到达天空呢?"

大树爷爷对花儿和毛毛虫说:"毛毛虫以后能变成美丽的蝴蝶,到时候他抱着你一起飞向天空就可以了。天上有很多美丽的东西。"

没等大树爷爷说完,花儿急切地问大树爷爷:"毛毛虫怎么才能变成美丽的蝴蝶呢?"

"他要吃许许多多的叶子才行哦。吃了许许多多的叶子以后他就需要好好地睡一觉,然后等他睡醒了就变成美丽的花蝴蝶了。"

"谢谢大树爷爷。"花儿说完这些就急急忙忙地去找毛毛虫了。

　　"毛毛虫，我知道咱们怎么能飞上天啦！"花儿高兴地看着毛毛虫。"我们能飞上天空了，好高兴呀。快告诉我怎么飞上去，是去做一架飞机吗？"

　　"当然不是啦，只要你变成花蝴蝶就行啦。"

　　"我能行吗？""当然能行啦，相信我不会有错的。"于是花儿把自己的叶子拆了下来，让毛毛虫吃得饱饱的。

　　"我吃得好饱啊，我要睡一觉了。"毛毛虫懒懒地对花儿这么说。

　　"你睡觉吧，我守着你。"花儿坚定地说。这一睡呀就是好久好久，花儿的家没了，为了不让毛毛虫被雨水打扰，花儿用自己的花瓣帮毛毛虫挡风挡雨。又是一个阳光明媚的日子，花儿发现毛毛虫动了动。慢慢地，毛毛虫走出了自己的茧，他伸展了一下自己的翅膀，在阳光下闪闪发光。

　　"毛毛虫，你变成美丽的花蝴蝶了！"毛毛虫听到这声音，立马掉转头，他看到花儿已经没有以前那么美丽了，她的花瓣凋零了，脸色也黑黑的。毛毛虫看着花儿，眼睛变得红红的，他抱起了花儿"美丽的花儿啊，咱们一起去天空吧，去到那美丽的天上寻找咱们美丽的世界。"花儿高兴地点点头。蝴蝶抱着花儿飞到了天空，一起去到了那美丽的天上。

　　2. 配合声音、背景、服装等，将《毛毛虫和花儿的天空》改编成幼儿戏剧在班级里进行演出。

项目二　图画书创作比赛

任务一　认识图画书结构

学习目标

知识目标

了解图画书的结构。

技能目标

能熟练掌握图画书各个部分的特点。

素质目标

体会图画书的精巧设计，感受文学与图画结合的美。

课前学习

查询并观看"学前儿童文学"课程网站中的图画书鉴赏作品《爷爷一定有办法》，初步感受图画书由哪些部分组成。

学习支持

一、图画书的类型

图画书根据不同的划分标准有以下五种分类方式。

(1) 根据内容可以分为文学故事类图画书和知识性图画书。

(2) 根据图画风格可以分为写实风格图画书、印象派风格图画书和漫画风格图画书。

(3) 根据题材可以分为中国传统文化故事类图画书和外国经典名著故事类图画书。

(4) 根据有无文字可以分为有字图画书和无字图画书。

(5) 根据载体形式可以分为纸质图画书和电子图画书。

二、图画书的结构

每本图画书都有一个精心设计的版式，图画书从封面、扉页到正文以及封底，是一个完整的整体。

（一）开本

开本是表示书籍幅面大小的，图画书的开本设计对图画书的阅读有重要影响。

1. 横开本

横开本形式书的高小于宽，其展开面积在横向上更广，可以很好地展示图片和画面细节，既能给幼儿更宽的想象空间，又能在亲子阅读时有更好的阅读体验。因此横开本在图画书中较为常见。

2. 竖开本

竖开本形式书的高大于宽，在普通读物中较为常见，其开本面积在纵向上更广，学前儿童在阅读时，能更轻松地翻页，利于他们习得翻页技能。学前儿童在阅读竖开本图书时可以把视线从书本的上方移到下方，这些有利于其对故事内容的理解。

3. 方开本

方开本形式书的高等于宽，一般会设计成小开本和厚纸页。学前儿童在阅读方开本图书时翻页更加便捷，这有利于低龄儿童早期阅读兴趣的培养。小开本图书也方便携带，有利于旅行中与学前儿童开展早期阅读活动。

（二）封面

图画书的封面一般包括书名、作者及译者、出版社和封面图画等信息。封面图画的选取都会精挑细选，达到展示图画书的特色与风格、吸引读者打开阅读的目的。

图画书的封面图画选取一般考虑以下两方面：

(1) 选择书中的某一个情节，展示情节矛盾，激发阅读兴趣。

(2) 选择书中的主要人物、关键信息，让读者将信息与生活体验联系起来产生猜想。

（三）环衬

环衬是指封面、封底与内文之间的衬纸，也称为蝴蝶页。环衬在图画书的整体设计中起到连接和过渡的作用，可以用来烘托整本书的氛围，增强读者的阅读体验。

常见的环衬形式是单色环衬。单色环衬通常采用一种颜色，这种环衬的选择要考虑整体的配色和主题，以营造特定的氛围和情感。例如，对于温馨的故事，可以选择柔和的暖色调环衬，让读者感受到温暖和安心；对于冒险的故事，可以选择鲜艳的明亮色调环衬，增强活力和紧张感。

除了单色环衬，还有其他形式的环衬，如插图环衬、装饰性环衬等。插图环衬可以在环衬上添加小插图或图案，与图画书中的插图内容相呼应，增加视觉趣味性。装饰性环衬则采用更加精美的装饰图案，营造出华丽、精致的视觉效果。例如《小房子》中房子的变迁图，《小熊，不刷牙》中杂乱飞舞的牙刷牙膏。

（四）扉页

环衬之后便是扉页，扉页一般写着书名、作者及译者、出版社信息。

图画书的扉页常常会有文字与图画的组合，缓缓地将读者带入故事。例如，《葡萄》的扉页写着："从前，有一只狐狸。"在常见的狐狸故事中，狐狸往往是狡猾的，可是扉页的狐狸却画得很可爱很安静，不由得让读者思考，这也是一只狡猾的、喜欢不劳而获的狐狸吗？

（五）正文

正文是图画书的主体，图画书正文的页面设计一般有以下三种形式。

(1) 对页：一页一画面。

(2) 跨页：两页一画面。

(3) 特殊页：延展页、异型页。

（六）封底

封底是图画书的最后一页，它作为故事结尾的一部分，往往起着承上启下的作用。它既是故事结束的标志，又是作者思想感情、观点和主张表达出来的方式。封底是图画故事的延续，更是作者思想、情感的延续，有时还能引起读者更多的思考。

技能练习

尝试不用订书机和胶水将两张 A4 纸制作成一本竖开本的书。

任务二　掌握图画书创作的方法

学习目标

知识目标

掌握图画书创作的原则。

技能目标

能将故事创作成为图画书。

素质目标

体会图画书创作的意义，感受图画与文字结合之美。

课前学习

你认为创作一本图画书需要准备哪些材料？

学习支持

一、图画书创作的原则

图画书有自身独特的结构，虽然创作并没有固定的章法，但也不能随意，必须遵循一定的原则。

（一）文学性

图画书有其独特的性质和特点，其作者需要有较高的文学素养和一定的文字功底。

文学素养和文字功底，在创作图画书时会起到至关重要的作用，这就要求创作者既要有扎实的文学基础和广博的知识面，还要有一定的文字功底。在进行图画书创作时，要注重文学元素的融入，比如文字、场景、故事情节等。

（二）艺术性

图画书不是单纯的图画加文字，而是一种艺术形式。它是用图画来表达故事和情感的，图画是作者心灵的写照。因此，在进行图画书创作时要注意表现出作者的思想和感情。

（三）儿童情趣

图画书想要吸引学前儿童，就必须有儿童情趣。这就要考虑学前儿童的兴趣和心理。他们有自己独特的心理，喜欢快乐、好玩的故事。所以，图画书内容要有趣，故事情节要丰富多彩，充满想象。同时，还要注意将图画书内容与学前儿童生活结合起来。

二、图画书创作的过程

创作图画书的过程包括收集素材、构思故事情节、绘制草图、校对修改等环节。每一部优秀的图画书作品，都是作者对生活和生命深入思考的结果。因此，从收集素材到创作出一部好作品，需要仔细观察生活、认真思考生活。在这过程中，作者必须要具备四种能力：观察能力、想象能力、写作能力和绘画能力。

观察能力，就是看、听、想、说等多种感官相结合，从而感知生活和世界的能力；想象能力，就是想象、联想和幻想故事情节的能力；写作能力，就是以文字传达自己的思想感情的能力；绘画能力，就是用各种绘画技巧表达思想感情的能力。

"生活是创作之源"，一个热爱生活、善于观察生活和思考生活的人，必定是一个善于发现美并且拥有丰富想象力和创造力的人。创作一部优秀的图画书，需要作者有敏锐的观察力，在日常生活中注意发现被我们忽略的细节；需要作者有丰富的想象力，善于从纷繁复杂的细节中联想出有意义与价值的内容；需要作者有表达自己思想感情的能力。

观察是发现美和进行艺术创作的第一步。在日常生活中，每一个人都会遇到各种各样让自己感到惊讶或意想不到的事情。但是在这些不可思议和意想不到的事情中，往往包含着非常多微妙而又值得我们去注意、去发现和研究的细节。因此在创作图画书时，应该要有一双善于发现细节和变化的眼睛，只有这样才能够发现别人忽略了的东西，只有这样才能够捕捉到生活中那些不容易被我们所注意到但却是最值得注意和研究的细节。

三、文字转化为图画书的过程

文字转化为图画书的过程包括分析文字作品、图画作品构思、构图、打草稿、修改完善、形成成品等环节。

（一）分析文字作品

分析文字作品主要从三个方面分析：一是内容分析，即了解故事的主题和主要内容；

二是形式分析，即了解故事的文体、节奏、画面表现等；三是手法分析，即了解故事中人物的刻画、声音的运用、光影的效果等。

（二）图画作品构思

图画作品构思需根据故事情节进行整体构思，包括人物形象、色彩、画法选择等。

（三）构图

构图是根据画面内容和布局，确定图画布局方式和图画表现形式，如单幅图、横式构图、黑白图画、彩色图画等。

（四）打草稿、修改完善、形成成品

根据画面内容，做一些简单的文字或绘图，初步构思图画和故事情节就完成了草稿；根据故事发生、发展、高潮、结束的过程，分析故事、分析画面特点、分析人物塑造以及画面的主次，每幅画面所展示的内容情节的连续性，考虑使用何种艺术手段展现更能充分地表达故事的意趣，由点入面，循序渐进，不断修改完善；经完善修改的作品趋于完整，再经过细节处理最后形成完整作品。

课后练习

请根据童话《花蜗牛爬墙》的内容创作一本图画书。

花蜗牛爬墙

王玲

花蜗牛一家住在高墙的背后，那里又潮又湿，一年到头见不到阳光。花蜗牛经常想：墙的那边是什么呢？

一天，小鸟站在墙头唱歌，花蜗牛问道："小鸟，请你告诉我，墙的那边是什么样的？""墙的那边是非常美丽的田野。"花蜗牛有了一个美好的愿望：爬到墙上去，看看绿绿的树，青青的草，还有美丽的迎春花。

于是，花蜗牛开始往上爬。可是，花蜗牛爬得太慢，几天过去了，只爬了一点点。她的弟弟说："姐姐，你真傻，墙那么高，你爬得那么慢，根本爬不上去的！"花蜗牛摇摇头，继续使劲往上爬，她要看墙那边美丽的风景。十几天过去了，花蜗牛又爬了一点点，可是，离墙头还是很远很远。她的姐姐说："小妹，墙实在是太高了，等你爬上去花早就谢了，草也黄了。算了，别白费劲了。"花蜗牛摇摇头，她继续使劲往上爬……

这一天，小鸟又飞过来了，花蜗牛问："小鸟，墙那边的迎春花谢了吗？草黄了吗？"小鸟看了看花蜗牛，说："春天已经过去了，迎春花谢了，不过夏天的花儿正在开放。墙那边，蜻蜓在荷花丛中跳舞，蜜蜂、蝴蝶在草丛中捉迷藏。花蜗牛，加油爬吧！"花蜗牛使劲地点点头，更加卖力地往上爬。

爬呀爬，也不知道爬了多久，花蜗牛感到一缕阳光照到了自己的身上。"哎呀！我终于爬到墙头啦！让我来欣赏美丽的景色吧。"可是，花蜗牛立刻呆住了：花谢了，草枯了，树叶也都黄了。一阵凉风吹来，花蜗牛打了个寒战，她好失望。

突然，几片黄色、红色的树叶，像一群蝴蝶飘落下来，有的落在她的身边，有的落

在地上。"啊，多漂亮的树叶！"花蜗牛赞叹着，她抬起头，看到柿子树上，熟透了的柿子像一盏盏小红灯笼挂在树上，"多么可爱的柿子！"花蜗牛高兴起来，她晒着太阳，闻着柿子的香气，心想：我虽然很辛苦，但是很值得。

模块小结

本模块介绍了排演幼儿戏剧和图画书创作比赛两项可以在学校开展的活动。这两项活动可以将前面两个阶段的知识和技能进行综合展示，同时在排演和创作的过程中，深入了解学前儿童的世界，了解学前儿童的所思所想，表达他们的情感，创作出真正为学前儿童所喜爱的幼儿戏剧和图画书。

模块测试

1. 如何选择幼儿戏剧剧本？
2. 幼儿戏剧的台词表达与表演有哪些要求？
3. 幼儿戏剧舞台设计的特点有哪些？
4. 如何提升幼儿戏剧舞台美术设计的视觉吸引力？
5. 图画书的结构包括哪些部分？
6. 图画书创作的原则是什么？

模块七 职业准备

2020年9月9日，在第三十六个教师节，中共中央总书记、国家主席、中央军委主席习近平代表党中央，向全国广大教师和教育工作者致以节日的祝贺和诚挚的慰问。"希望广大教师不忘立德树人初心，牢记为党育人、为国育才使命，积极探索新时代教育教学方法，不断提升教书育人本领，为培养德智体美劳全面发展的社会主义建设者和接班人作出新的更大贡献。"习近平总书记的谆谆话语、殷殷嘱托直抵人心，体现了党中央对国家教育事业的高度重视和对广大教育工作者的深切关怀，彰显了大国领袖崇高的人民情怀。

园长谈文学

1. 你认为"学前儿童文学"课程可以为今后从事学前儿童教育打下哪些基础？
2. 你对未来想从事学前儿童教师职业的大学生有哪些期盼？

园长分享：职业准备

我们邀请到了江西省宜春市直属机关幼儿园党总支书记张琼为大家分享她的见解。首先，她强调了"学前儿童文学"课程对今后从事学前儿童教育的基础作用。这门课程为学生提供了深入了解学前儿童文学的机会，使他们能够掌握学前儿童文学的核心理念和教育方法。其次，她认为通过学习这门课程，学生将建立起对学前儿童文学的敏感性和理解力，能够更好地选择适合学前儿童的文学作品，并在教育实践中运用这些作品，为学前儿童提供丰富多彩的学习体验，培养学前儿童的阅读兴趣和文学素养。这为今后从事学前儿童教育工作打下了坚实的理论基础。最后她预祝大家未来都能成为充满爱心、责任感和专业素养的优秀幼儿园教师。

项目一　作品活动指导

任务一　掌握幼儿园文学活动的指导方法

学习目标

知识目标
(1) 掌握幼儿园文学活动中常用的两种方法。
(2) 了解学前儿童文学作品欣赏活动中的重点。

技能目标
能根据文学作品设计表演游戏。

素质目标
(1) 增强对学前儿童教师的职业认知。
(2) 树立培养学前儿童自主能力的意识。

学前儿童文学作品在幼儿园各主题中的运用　　学前儿童文学作品在幼儿园各年龄班中的运用

课前学习

(1) 观看微课视频"学前儿童文学作品在幼儿园各主题中的运用",积累相关基本知识。
(2) 观看微课视频"学前儿童文学作品在幼儿园各年龄班中的运用",积累相关知识。
(3) 思考学前儿童文学作品可以运用在幼儿园一日生活中的哪些环节。

学习支持

一、幼儿园讲述活动

幼儿园讲述活动可以在各种文学作品欣赏活动中开展,这对发展学前儿童口头语言能力和思维能力都起着重要作用。

(一)讲述活动的作用

幼儿园讲述活动以讲述故事为主,与朗诵相比,讲述更适合学前儿童。其优势主要表现在:

(1) 学前儿童在讲述的过程中可以表达自己的想法,理解别人的思想和情感。
(2) 学前儿童在讲述的过程中可以练习记忆和想象,让记忆和想象在大脑中建立新的联系,进行创造性的表达。

(二)讲述活动的分类

幼儿园学前儿童文学活动中常用的讲述方式有以下三种。

1. 原文讲述

原文讲述是指教师通过口述给学前儿童讲解故事内容，这种讲述方式的优点在于教师讲述比较全面，且可以让学前儿童对故事有较多的了解。但是由于学前儿童在听讲述时缺乏思考，容易出现逻辑错误，因此教师在讲故事时要注意语言表述的连贯性、逻辑性。

2. 记忆讲述

这种讲述方式适合于理解能力较好的学前儿童，因为他们在讲述时能准确地把握故事的情节。学前儿童在讲故事时，不仅要讲故事情节，还要把故事中人物的情绪、动作、语言等讲演出来。

3. 自主讲述

自主讲述是指让学前儿童自己来讲述，教师只起到引导的作用。例如，在幼儿园讲述活动中常用的看图讲述，教师可以利用故事图片，帮助学前儿童理解故事内容，在故事图片与学前儿童讲述之间架起一座桥梁，便于他们理解和讲述。

（三）组织讲述活动的注意事项

讲述活动中可能会遇到一些问题，如教师对讲述活动认识不足；学前儿童参与积极性不高；故事材料准备不充分；学前儿童的想象过于丰富，教师不易控制；学前儿童的表述过于简单、机械，教师不易听懂；学前儿童的讲述过于单调，教师不易掌握。这些都会影响学前儿童的讲述水平和语言发展。

讲述时教师需注意以下四点：

(1) 讲故事的时间不宜太长，一般在五分钟左右比较合适，讲完故事后还要留出一段时间让学前儿童进行讨论。

(2) 创造积极的讲述氛围，鼓励学前儿童积极参与。可以采用游戏化的方式，如角色扮演、提问互答等，激发学前儿童的讲述兴趣和主动性。在讲述时教师要有足够的耐心和信心。

(3) 教师在讲述活动中要充分引导和鼓励学前儿童表达。可以提出开放性的问题，激发学前儿童思考和表达自己的观点。同时，要给予肯定和鼓励，帮助学前儿童建立自信心，提高语言表达能力。

(4) 鼓励学前儿童用多种方式表达自己的想法，同时关注学前儿童的语言表达，教师可以适当引导学前儿童运用一些连接词和过渡词，使讲述内容更加连贯、流畅。

(5) 提供反馈和评价。教师在讲述活动后，可以给予学前儿童积极的反馈和评价，鼓励他们的努力和进步。可以指出学前儿童的优点和改进的方面，帮助他们提高讲述水平，促进语言发展。

二、幼儿园表演游戏

表演游戏是一种综合活动，包括文学作品、绘画、音乐等多种艺术形式。利用游戏的方式来演绎文学作品，不仅能够丰富学前儿童的语言，激发他们阅读、讲述和表演的兴趣，而且能在潜移默化中提高他们的审美能力。

（一）表演游戏的分类

表演游戏按组织形式大致分为阅读表演和角色游戏两类。

1. 阅读表演

阅读表演主要是让学前儿童根据阅读的内容，以故事的形式来表演，比如创编新的故事、给故事配动作、复述故事等。阅读表演可以为学前儿童提供丰富的语言材料和具体的语言环境，便于他们掌握一定的语言知识和技能，发展思维能力。

2. 角色游戏

角色游戏主要是让学前儿童根据自己的兴趣和爱好，选择一个角色进行表演，来表现他们自己对某一角色的认识与理解。

（二）小班的表演游戏指导策略

小班学前儿童年龄小，对人物和情节往往缺乏理解能力，也缺乏语言表达的能力，很难在短时间内把故事表演出来，在表演过程中会遇到许多困难。例如，无法理顺人物的关系，不能完全理解故事情节，需要教师反复引导。再如，对于小班的学前儿童来说，要想表现一个完整的故事，要帮助他们进行串联。因此，教师组织小班学前儿童开展表演游戏需要注意以下五点：

(1) 选择的表演材料符合学前儿童能力，例如情节简单、对话少、动作多的文学作品。

(2) 在游戏之前让学前儿童了解故事情节与人物的关系。

(3) 根据故事的内容和学前儿童的年龄特点，选择形象逼真的服装和道具。

(4) 小班学前儿童在表演游戏时，教师可以通过示范表演引导学前儿童。

(5) 教师全程跟随，有意识地让学前儿童相互配合，及时帮助学前儿童解决困难，不断激发他们参与的热情。

（三）中班的表演游戏指导策略

中班学前儿童的表演游戏有初步的发展，对表演有初步的兴趣。中班学前儿童不仅能够看懂故事，而且能在理解的基础上大胆地进行表演。但是存在不熟悉表演游戏的故事内容和表演方式不当等情况。因此，教师组织中班学前儿童开展表演游戏需要注意以下三点：

(1) 指导中班学前儿童提升对故事情节的掌握。帮助学前儿童理解故事的对话内容、主要情节，丰富其理解作品的相关经验。

(2) 帮助学前儿童提高表演的主动性。支持自主表演，随着学前儿童的动态发展不断更新主题，给学前儿童一定的表演时间与空间，组织学前儿童进行表演游戏的讨论与评价。

(3) 支持学前儿童参与表演游戏环境的创设。鼓励学前儿童提出对游戏环境的不同设想，支持学前儿童进行环境材料的制作，让学前儿童按各自的想法布置环境。

（四）大班的表演游戏指导策略

大班学前儿童在讲述方面已经有了较大的进步，能主动地表达自己的想法，会用动作来表现自己对文学作品的理解和感受。

大班学前儿童在表演游戏中存在的问题：其一，大班学前儿童表演游戏的发展受到故事框架的限制，兴趣会减少。其二，学前儿童较为被动，无法自主地从一般表现提升至主动表现。因此，教师组织大班学前儿童开展表演游戏需要注意以下四点：

(1) 让学前儿童自主选择表演主题和内容，自行创编角色对话及故事情节。

(2) 让学前儿童自主选择合作伙伴，协商和讨论具体的表演内容。

(3) 为学前儿童提供动作表现机会，并注重观察学前儿童在表现过程中存在的问题。

(4) 结合日常生活中的语言进行引导，让学前儿童在潜移默化中学会如何用动作来表现自己对文学作品的理解和感受。

技能练习

根据《春天的电话》设计一个表演游戏。

春天的电话
野军

"轰隆隆！"打雷了，睡了一个冬天的小黑熊被惊醒了，揉揉眼睛，打开窗户，往外一看：啊，原来是春天来了。

他连忙拿起电话，得儿得儿拨电话号码12345："喂，小松鼠吗？春天来了，树上的雪融化了，快出来玩吧！"

小松鼠听了电话，得儿得儿拨电话号码23451："喂，小白兔吗？春天来了，山坡上的草绿了，快出来吃草吧！"

小白兔听了电话，得儿得儿拨电话号码34512："喂，小花蛇吗？春天来了，河里的冰融化了，快出来游泳吧！"

小花蛇听了电话，得儿得儿拨电话号码45123："喂，小狐狸吗？春天来了，地上的虫子出来了，快出来吃虫子吧！"

小狐狸听了电话，得儿得儿拨电话号码51234："喂，小黑熊吗？春天来了，山上的花开了，快出来采花吧！"

小黑熊听了电话，高高兴兴地来到外边，看见大伙全出来了。他对小狐狸说："谢谢你给我打电话，告诉我春天来了"。小狐狸指指小花蛇，小花蛇指指小白兔，小白兔指指小松鼠都说："是他先打电话给我的。"小松鼠指着小黑熊说："我们应该谢谢小黑熊，是他第一个打电话给我的！"小黑熊听了连忙用两只大手捂着脸，连声说："不用谢，不用谢！"

任务二　掌握图画书阅读活动的指导方法

学习目标

知识目标

(1) 了解当前幼儿园图画书阅读教学存在的误区。

(2) 懂得不同年龄班图画书阅读活动的指导重点。

技能目标
(1) 能开展图画书阅读活动。
(2) 能开展亲子阅读指导。
素质目标
(1) 认识到早期阅读的重要作用。
(2) 培养家园共育的意识。

课前准备

(1) 从课程资料中选择两本图画书阅读，分析图文特点。
(2) 早期阅读活动的目的是识字吗？为什么？

学习支持

一、图画书阅读活动存在的误区

幼儿园开展图画书阅读活动，有利于提高学前儿童的阅读能力和水平。然而，许多教师在开展图画书阅读活动中存在以下三方面误区。

（一）忽视图画书阅读活动的价值

目前，虽然幼儿园开展图画书阅读活动的意识普遍有所提高，但还没有形成一个较为科学、完整的体系。有的幼儿园只是在集体教学活动中穿插开展图画书阅读活动，没有从学前儿童的生活实际出发，仅把图画书阅读活动当作教学过程中的一个环节。还有的教师在组织阅读活动时仅根据自己的理解为幼儿设计简单的读图游戏。虽然也有个别幼儿园把图画书阅读作为特色课程开设，但是没有系统、科学、完善的理论支撑。

图画书的图画形象色彩鲜明、线条简单、画面单纯、文字简短，与学前儿童的语言发展水平相适应。同时，图画书中的语言生动形象，富有童趣和想象力，能激发学前儿童的阅读兴趣。学前儿童通过阅读图画书，可以更好地认识世界、了解自己、理解他人并与他人交往。通过阅读图画书还可以培养学前儿童良好的阅读习惯和性格品质，阅读习惯与性格品质影响着一个人一生的发展。

（二）在教学中没有充分发挥学前儿童的主体地位

学前儿童是活动的主体，然而大多数教师认为开展图画书阅读活动就是让学前儿童接触图画书，因此，在阅读过程中学前儿童只是被动地听教师念，而不是主动地去思考和讨论。其实，教师应充分发挥学前儿童的主体地位，让学前儿童在图画书阅读活动中充分地参与进来。

（三）利用图画书开展早期阅读的方法不恰当

1. 要选择适合的图画书

由于学前儿童的认知水平和理解能力有限，所以教师在选择图画书时应该注重他们的兴趣、爱好、学习风格，为他们提供适合的读物。在选择图画书时，应以趣味为主，让学前儿童"玩"起来。

2. 要培养学前儿童的阅读能力

教师开展图画书阅读活动时，往往将重点放在培养学前儿童的阅读兴趣上，而忽视了对其进行阅读方法的指导。阅读方法的指导是学前儿童进行阅读的必要准备，能提高他们的阅读能力，同时，还可以帮助他们理解图画书的内容。正确开展图画书阅读活动，需要教师掌握一些基本的技能，如让学前儿童认识图画书，能根据故事情节猜测和判断故事发展；学会看图理解画面内容；学会按顺序了解和复述故事等。只有掌握了正确的阅读方法，才能提高阅读能力，否则会事倍功半。

二、图画书阅读活动指导的过程

（一）图画书阅读活动的构成

1. 分析图画书的组成要素

一本图画书包括开本、封面、环衬、扉页、正文、封底等要素。优秀的图画书对这些要素都会有整体设计，串联起整本书的统一风格和体系。例如封面揭示主要人物或冲突，环衬采用故事的重要色彩，扉页对封面图画的进一步拓展，封底揭示谜底等。

2. 解读图画书

教师应仔细阅读图画书的图画和文字，思考各自的特点和图文关系，对其文学内涵和教育契机进行剖析解读，结合学前儿童能力水平和兴趣确定活动目标和重点。

3. 早期阅读活动设计

早期阅读活动设计的方案框架与其他活动一致，包括活动背景、活动目标、活动准备、活动过程、活动延伸、评价反思等。

4. 亲子阅读指导

亲子阅读活动是幼儿园教育与家庭教育的有效整合，也是学前儿童早期阅读的主要方式。不仅可以增进亲子感情，还能给学前儿童带来阅读能力的提升。教师要充分重视亲子阅读，为家长提出阅读推荐和建议，让父母多与学前儿童一起阅读图画书。

（二）教师在具体活动过程中的注意事项

1. 创设良好的阅读环境

在亲子阅读活动中，要为学前儿童创设一个良好的阅读环境。比如，学前儿童需要安静地看书，周围环境不能有声音干扰等。在一日生活中设置一个教师和学前儿童一起读书、互相不干扰的环节，让学前儿童在良好的环境中积极地参与到阅读活动中来。

2. 选择合适的图书

教师可以通过对图画书内容与学前儿童生活经验相联系、图书色彩与学前儿童情感需要相适应等原则来选择合适的图画书。在选择时还需要注意以下三点：

(1) 教师要对图画书进行细致、全面的观察和分析，了解图画书内容对学前儿童成长所起到的作用，从而正确地选择合适的图画书。

(2) 教师要结合学前儿童的年龄特点、个性特点、兴趣爱好、审美趣味选择图画书，注重多样性、启发性和情感体验，同时避免选择学前儿童熟悉的图画书。

(3) 教师选择图画书时应坚持以学前儿童为主体的原则，充分尊重他们对阅读活动的自由选择权和参与权。

3. 选择恰当的阅读方法

1) 注重师生之间情感的交流和沟通

教师要给学前儿童提供一个宽松、民主、愉悦的氛围，把孩子看作是"平等的朋友"，教师不是高高在上的"威严"。多以鼓励、赞扬的语气对学前儿童进行积极评价，帮助学前儿童建立信心；同时要对学前儿童的想法给予理解和接纳，允许他们有不同的看法，让他们在自由表达和沟通中获得满足感。另外，教师要善于倾听学前儿童的想法和意见。要关注学前儿童的兴趣点，把阅读活动和他们的兴趣联系起来。在早期阅读活动过程中，教师不仅要关注学前儿童读完一本书后，有没有表现出愉悦感和满足感，还要关注学前儿童在读书过程中遇到了哪些困难。

2) 根据不同年龄段学前儿童的特点，采取适宜的阅读方法

大班学前儿童思维活跃、语言表达能力强，对于情节、人物形象都比较容易理解。教师可以采用提问、表演、自由表达等方式让学前儿童发挥想象，自由地表达自己对图画书的理解。

中班学前儿童可重点放在引导其观察图画书中人物的表情、动作及情节上。根据学前儿童的兴趣点，设计一些小问题展开讨论，引导其了解图画书内容对自己成长的作用。

小班学前儿童以培养其阅读兴趣和习惯为主。采取多种方式来促进学前儿童阅读兴趣的提高，如利用实物、标本等形式呈现图书的内容；通过欣赏音乐、故事等手段促进学前儿童对图画书内容的理解；利用讲故事、唱歌等方式让学前儿童参与到阅读活动中等。

技能练习

(1) 根据图画书《漏》设计提问，引导学前儿童理解图画书的内涵。

(2) 根据图画书《逃家小兔》设计阅读后的延伸活动。

项目二　教师资格考试

任务一　掌握幼儿园教师资格笔试的内容

学习目标

知识目标

理解幼儿园教师资格考试标准。

技能目标

能熟练掌握常见学前儿童文学作品的基本信息。

素质目标

知道学前儿童文学课程知识在笔试中的重要性。

课前学习

课前游戏：比一比谁知道的学前儿童文学作家多。

学习支持

一、《中小学和幼儿园教师资格考试标准（试行）》

为加强中小学和幼儿园教师队伍建设，提高教师队伍整体素质，完善教师资格制度，严把教师入口关，促进教师专业化，根据《中华人民共和国教师法》《教师资格条例》和《〈教师资格条例〉实施办法》，制定中小学和幼儿园教师资格考试标准。中小学和幼儿园教师资格考试标准是教师职业准入的国家标准，是从事中小学和幼儿园教师职业的最基本要求，是进行中小学和幼儿园教师资格考试的基本依据。

（一）考试目标

中小学和幼儿园教师资格考试主要考查申请教师资格人员从事教师职业所必需的职业道德、专业知识与基本能力。

(1) 具有先进的教育理念，良好的法律意识和职业道德；具有从事教师职业所必备的科学文化素养和阅读理解、语言表达、逻辑推理和信息处理等基本能力。

(2) 掌握教育教学、学生指导（幼儿保育）和班级管理的基本原理和基本知识，并能正确解决教育教学中的实际问题。

(3) 具备学科教学能力，掌握拟任教学科或专业领域的基本知识，掌握教学设计、教学实施和教学评价的基本原理和方法，并能在教学实践中正确运用。

（二）幼儿园教师考试内容

幼儿园教师考试内容见表 7-1。

表 7-1　幼儿园教师考试内容

一级指标	二级指标	三　级　指　标
1. 职业道德与基本素养	1.1 职业理念	1.1.1 关爱幼儿，尊重每个幼儿的人格尊严与基本权利 1.1.2 理解幼儿教育在人一生发展中的重要性，能认识到幼儿教育必须以每一个幼儿的全面发展为本 1.1.3 理解教师职业的光荣与责任，具有从事幼儿教育工作的热情 1.1.4 了解幼儿教师专业发展的要求，具有终身学习与自主发展的意识
	1.2 职业规范	1.2.1 了解国家主要的教育法律法规，了解《儿童权利公约》 1.2.2 熟悉教师职业道德规范，能评析保育教育实践中的道德规范问题 1.2.3 了解幼儿园教师的职业特点与职业行为规范，能自觉地约束自己的职业行为 1.2.4 有爱心、耐心、责任心
	1.3 基本素养	1.3.1 了解自然和人文社会科学的一般知识，熟悉常见的幼儿科普读物和文学作品，具有较好的文化修养 1.3.2 具有较好的艺术修养和审美能力 1.3.3 具有较好的人际交往与沟通能力 1.3.4 具有一定的阅读理解能力、语言与文字表达能力、信息获得与处理能力
2. 教育知识与应用	2.1 学前儿童发展	2.1.1 了解婴幼儿发展的基本原理 2.1.2 了解婴幼儿生理与心理发展的基本规律，熟悉幼儿身体发育、动作发展和认知、情绪情感、个性、社会性发展的特点 2.1.3 了解幼儿发展中的个体差异及其形成原因，能运用相关知识分析教育中的有关问题 2.1.4 了解研究幼儿的基本方法，并能据此初步了解幼儿的发展状况和教育需求 2.1.5 了解幼儿发展中易出现的问题或障碍

一级指标	二级指标	三　级　指　标
2. 教育知识与应用	2.2 学前教育原理	2.2.1 掌握教育的基本理论，并能据此分析教育现象与问题 2.2.2 掌握学前教育的基本理论，并能据此分析学前教育中的现象与问题 2.2.3 了解幼教发展简史和著名教育家的儿童教育思想，并能结合幼教的现实问题进行分析 2.2.4 掌握幼儿教育的基本原则和不同于中小学教育的基本特点，并能据此评析幼教实践中的问题 2.2.5 理解幼儿游戏的意义与作用 2.2.6 理解幼儿园环境创设、班级管理的目的和意义 2.2.7 熟悉《幼儿园教育指导纲要 (试行)》，了解幼教改革动态
3. 保教知识与能力	3.1 生活指导	3.1.1 熟悉幼儿园一日生活的主要环节，具有将教育融入一日生活的意识 3.1.2 了解幼儿生活常规教育的内容和要求以及培养幼儿良好生活、卫生习惯的方法 3.1.3 了解幼儿保健、安全方面的基本知识和处理常见问题与突发事件的基本方法
	3.2 环境创设	3.2.1 熟悉幼儿园环境创设的原则与基本方法 3.2.2 理解教师的态度、言行对幼儿园心理环境形成的重要性，并能进行自我调控 3.2.3 了解幼儿园常见活动区的功能，能根据幼儿的需要创设相应的活动区 3.2.4 理解协调家庭、社区等各种教育力量的重要性，了解与家长沟通与交流的基本方法
	3.3 游戏活动的指导	3.3.1 熟悉幼儿游戏的类型及其各类游戏的特点和主要功能 3.3.2 了解各年龄阶段幼儿的游戏特点，能根据需要提供支持与指导
	3.4 教育活动的组织与实施	3.4.1 能根据教育目标和幼儿的兴趣需要、年龄特点选择教育内容，确定活动目标，设计教育活动方案 3.4.2 掌握幼儿健康、语言、社会、科学、艺术等领域教育的基本知识和相应的教育方法。 3.4.3 理解各领域之间的联系和开展综合教育活动的意义与方法 3.4.4 活动过程中关注幼儿的表现和反应，并能据此进行调整 3.4.5 关注个体差异，能根据幼儿的个体需要给予指导
	3.5 教育评价	3.5.1 了解幼儿园教育评价的目的与方法，能对保教工作进行评价与反思 3.5.2 能正确运用评价结果改进保教工作，促进幼儿发展

二、笔试内容

幼儿园教师资格考试笔试科目包括《综合素质》和《保教知识与能力》。其中《综合素质》考试模块明确指出：了解中外文学史上重要的作家作品，尤其是常见的儿童文学作品。

近年来，考试中也常有相关考点出现。

例1：各国的儿童文学都曾产生过深受儿童和家长欢迎的经典作品。下列选项中，属于法国小说家圣·埃克苏佩里创作的作品是（　　）。

A.《金银岛》　　　B.《水孩子》　　　C.《小王子》　　　D.《彼得·潘》

答案：C

例2：一位作家在创作翻译儿童作品方面卓有成就，编过儿童文学杂志，有一项儿童文学奖就以其命名，这位作家是（　　）。

A.严文井　　　B.陈伯吹　　　C.张天翼　　　D.叶圣陶

答案：B

例3：中国古代蒙学教育基本目标是培养儿童认字、书写能力，养成良好的日常生活习惯，具备基本的道德伦理规范，掌握一些中国基本文化常识及日常生活常识。下列选项中，不属于中国蒙学教材的是（　　）。

A.《千字文》　　　B.《百家姓》　　　C.《急就章》　　　D.《山海经》

答案：C

例4：下列作品中，不是选自《伊索寓言》的是（　　）。

A.《伊利亚特》　　B.《蚊子和狮子》　　C.《龟兔赛跑》　　D.《农夫和蛇》

答案：A

解析：《伊利亚特》是古希腊《荷马史诗》的一部分。故选A

例5：材料题

20世纪20年代，以万氏兄弟为代表的早期动画艺术家创作了中国早期的动画片。此后的80多年，中国动画逐渐成熟，形成了自己独特的艺术风格。在中国，动画有一个特殊称谓"美术片"，它准确反映了中国动画特殊的创作观念，就是用中国传统美术如绘画、民间工艺等的造型观念、空间概念、绘画技法创作的动画影片。中国"美术片"造型主要取材和借鉴中国古代壁画、民间年画、庙宇泥塑、舞台戏曲等的形象和服装、道具设计。角色造型或富丽堂皇，追求形式感很强的"装饰风格"，或简约洗练，追求轻松随意的"写意风格"。因为运用了中国绘画中散点透视、高远法则、分层、留白等技法和原理，中国传统动画的场景设计不是真实立体空间的再现，而是创造出一个完全不同于真实物理空间的、适合平面形象活动的平面空间。角色造型是平面的，场景也是平面的，动作（表演）自然也不能同真实生活一样了。

中国动画家从传统戏曲表演中获得启示，动画角色也要"表现"，不要"再现"，这样既有动画特点，又与画面的平面风格一致。《骄傲的将军》首次把京剧中"净""丑"的表演动作运用到动画角色上，《大闹天宫》《哪吒闹海》《三个和尚》中的许多动作也借鉴了京剧表演。由此，中国动画动作设计逐渐形成了自己的风格：一是舞蹈化的表演动作，不追求真实生活动作；二是适合在平面空间上展现。中国美术片对中国传统绘画和民间艺术的吸收和借鉴不仅表现为形式，还包含对其美学观念和哲学理念的继承，特别是视觉重构、意境营造等观念的继承。中国传统绘画和文学追求"意境"的传达，在叙事之外给人更多情感宣泄和想象的空间。中国传统绘画和脱胎于此的中国传统动画，把真实三维空间重构为二维平面"空间"，则是哲学意义上的突破。独特的"意境"也使中国动画具有鲜明的中国风格。认为"中国风格"过时了的人，其实并不真正了解"中国风格"，也不知道国外动画无一例外一直在追求、宣扬他们自己国家和民族的文化——从艺术形式到精神内涵。

戴铁郎以及万氏兄弟、特伟、阿达等老一辈动画艺术家不仅创造了"中国风格"的经典动画，创造了中国动画的辉煌，他们也是在通过这些"中国风格"的动画传承、弘扬、发展中国的文化。

当然，风格也具有时代性。我们说中国动画要坚持"中国风格"，绝不是为了怀旧甚至"复古"，也绝不是说我们的动画必须或只能是传统题材、传统形式和传统表现手法。动画创作中突出"中国风格"，不仅需要传承坚守，更需要创新发展。没有动画艺术的突破，就不会有动漫产业的真正发展。中国动画史上有过两次大的发展时期。今天，认真学习、研究前辈动画家的风格，就是为了抓住机遇，打造既有传统"中国风格"、又符合时代需求的新的"中国学派"，创造新的动画精品，以迎接中国动漫产业发展高峰的到来。

问题：

(1) 在中国，"动画"为何又被称为"美术片"？请结合文本，简要概括。(4分)

(2) 文章为什么说中国动画的"中国风格"没有过时，请结合文本，简要分析。(10分)

参考答案：

(1) "美术片"准确反映了中国动画特殊的创作观念，就是用中国传统美术如绘画、民间工艺等造型观念、空间概念、绘画技法创作的动画影片。

中国动画追求舞蹈化的表演动作，不追求真实生活动作；中国动画适合在平面空间上展现。

(2) 认为"中国风格"过时了的人，其实并不真正了解"中国风格"。

中国美术片对中国传统绘画和民间艺术的吸收和借鉴不仅表现为形式，还包含对其美学观念和哲学理念的继承，特别是视觉重构、意境营造等观念的继承。国内外的动画都是在宣扬他们自己国家和民族的文化——从艺术形式到精神内涵。中国动画也是在通过"中国风格"的动画传承、弘扬、发展中国的文化。风格具有时代性。动画创作中突出"中国风格"，不仅需要传承坚守，更需要创新发展。中国动画要抓住机遇，打造既有传统"中国风格"又符合时代需求的新的"中国学派"，创造新的动画精品，以迎接中国动漫产业发展高峰的到来。因此，中国动画的"中国风格"没有过时。

三、知识点列表

（一）中国儿童文学作家作品

1. 中国古代儿童文学作品

(1)《三字经》：启蒙教材，宋代王伯厚、清代贺兴思被认为是主要创作者。内容取自中国文史哲学、天文地理及伦理道德等典故，反映了儒家要义，每句三个字，隔句押韵。

名句：人之初，性本善。性相近，习相远；苟不教，性乃迁。教之道，贵以专；养不教，父之过。教不严、师之惰。

(2)《百家姓》：幼儿启蒙读物，成书于北宋初，作者不详。将常见的姓氏组成四字一句的韵文，原收集姓氏411个，后增补到568个。"赵钱孙李"成为前四姓是因为百家姓形成于宋朝的吴越地区，故而宋朝皇帝的赵氏、吴越国国王钱氏、吴越国末代国王钱俶正妃孙氏以及南唐国王李氏成为前四位。

名句：赵钱孙李，周吴郑王，冯陈褚卫，蒋沈韩杨。

(3)《千字文》：南北朝梁朝周兴嗣编纂的一千个不重复汉字组成的识字韵文。全文为工整对仗的四字句，条理清晰，文采斐然。

名句：天地玄黄，宇宙洪荒。日月盈昃，辰宿列张。寒来暑往，秋收冬藏。

(4)《千家诗》：由宋代谢枋得《重定千家诗》(皆七言律诗)和清朝王相所选《五言千家诗》合并而成的启蒙诗歌选本，大多是唐宋名家名篇，易学好懂，共录诗1281首，都是律诗和绝句。

(5)《幼学琼林》：作者明朝程登吉，本名《幼学须知》，又称《成语考》《故事寻源》，清朝邹圣脉增补，改名为《幼学琼林》。全书用对偶句写成，对许多的成语出处作了介绍。其内容广博、包罗万象，被称为中国古代的百科全书。

(6)《弟子规》：原名《训蒙文》，清朝李毓秀作，后来贾存仁修订并改名为《弟子规》，记录了孔子的108项言行，三字一句，两句或四句连意，合辙押韵，朗朗上口。全篇先为总叙，后分七个部分列述了弟子在家、出外、待人、接物与学习上应该恪守的守则规范。

2. 中国现当代儿童文学作家作品

(1) 叶圣陶：创作了中国现代第一部现实主义长篇童话《稻草人》，通过一个富有同情心而又无能为力的稻草人的所见所思，描写了20世纪20年代中国农村的人间百态。

(2) 丰子恺：在儿童文学方面以漫画著称，代表作有《阿宝赤膊》《你给我削瓜，我给你打扇》《会议》《我的儿子》等。

(3) 冰心：原名谢婉莹，儿童文学作品以《繁星》(诗集)、《春水》《寄小读者》(散文集)、《小橘灯》《三寄小读者》为代表。

(4) 张天翼：代表作有童话《大林与小林》《宝葫芦的秘密》《秃秃大王》，小说《华威先生》《鬼土日记》等，在儿童文学史上占有重要位置。

(5) 陈伯吹：儿童文学的一代宗师，有童话集《一只想飞的猫》、评论集《儿童文学简论》等。1983年，创立陈伯吹儿童文学奖。

(6) 严文井：其作品以童话和寓言的影响为大，被誉为"一种献给儿童的特殊的诗体"。代表作有童话《南南和胡子伯伯》《丁丁的一次奇怪旅行》《蚯蚓和蜜蜂的故事》《三只骄傲的小猫》等，杂文集《关于鞭子的感想》等。1958年出版的中篇童话《"下次开船"港》被译成多种外文介绍到国外。

(7) 任溶溶：译著有《安徒生童话全集》《彼得·潘》《小飞人》等；著有童话集《"没

头脑"和"不高兴"》，儿童诗集《小孩子懂大事情》等；曾获陈伯吹儿童文学奖杰出贡献奖、宋庆龄儿童文学奖特殊贡献奖、宋庆龄樟树奖、国际儿童读物联盟翻译奖等奖项。

(8) 徐光耀：所著中篇小说《小兵张嘎》获全国第二届儿童文艺评奖小说一等奖。

(9) 孙幼军：他的第一本长篇童话《小布头奇遇记》出版后销售册数达百万以上，著有短篇童话集《玩具店的夜》《吉吉变熊猫的故事》《怪雨伞》，中篇童话《没有风的扇子》《白妞儿和竹脑壳》等，曾获全国少年儿童文艺创作一等奖、宋庆龄儿童文学奖等。

(10) 金波：出版童话集《小树叶童话》《金海螺小屋》《苹果小人儿的奇遇》《眼睛树》等，选集有《金波儿童诗集》《金波童话》《金波儿歌》等；曾数次获全国优秀儿童文学奖、全国幼儿图书奖、宋庆龄儿童文学奖等；1992 年被推荐为安徒生奖候选人。

(11) 杨红樱：以《女生日记》拉开"杨红樱校园小说系列"序幕，与其后的作品《男生日记》《五·三班的坏小子》《漂亮老师和坏小子》《淘气包马小跳系列》等在学生、老师和家长中引起巨大反响。

(12) 沈石溪：被称为动物小说大王。所著小说《圣火》获 1990 年世界儿童文学和平奖，《第七条猎狗》获中国作协首届儿童文学作品奖，《一只猎雕的遭遇》获中国作协第二届全国儿童文学优秀作品奖，《斑羚飞渡》一文荣获人民文学出版社首届《中华文学选刊》奖、台湾"好书大家读"活动推荐书目。

(13) 郑渊洁：因系列童话《皮皮鲁外传》等受人瞩目，其笔下的皮皮鲁、鲁西西、舒克、贝塔和罗克在中国拥有亿万读者。1985 年创刊的《童话大王》是专门刊登郑渊洁童话的杂志，至今畅销不衰，最高月发行量曾达百万册。主要作品还有《郑渊洁童话全集》《皮皮鲁总动员》《舒克和贝塔》《乔麦皮外传》《鲁西西外传》等。

（二）外国儿童文学作家作品

1. 古希腊儿童文学

《伊索寓言》：现存的《伊索寓言》是后人根据拜占庭僧侣普拉努得斯搜集的寓言以及人们陆续发现的古希腊寓言及古罗马寓言汇编而成的，统归在伊索名下。其中《狼与小羊》《狮子与野驴》等用狼、狮子等凶恶的动物比喻人间的权贵，揭露他们的专横、残暴，反映了平民或奴隶的思想感情；《龟兔赛跑》《牧人与野山羊》等则总结了人们的生活经验，教人处事和做人的道理。

2. 英国、爱尔兰儿童文学

(1) 乔纳森·斯威夫特：爱尔兰作家，讽刺文学大师，以《格列佛游记》《一只桶的故事》等作品闻名于世，其中《格列佛游记》通过格列佛船长之口，叙述了周游四国的经历。

(2) 刘易斯·卡罗尔：英国作家，童话《爱丽丝漫游仙境》讲述爱丽丝追赶一只揣着怀表、会说话的白兔，掉进了一个兔子洞，由此坠入了神奇的地下世界的故事，另著有姊妹篇《爱丽丝镜中奇遇记》。

(3) 奥斯卡·王尔德：爱尔兰作家，著有童话集《快乐王子及其他》(包括《快乐王子》《夜莺和玫瑰》《自私的巨人》《忠诚的朋友》和《神奇的火箭》);《石榴之屋》收有《少年国王》《小公主的生日》《渔夫和他的灵魂》和《星孩》四部童话。《自私的巨人》是最短的一篇，却是最富有优美诗情的一篇，在春光明媚的日子里，巨人的花园鸟语花香，但巨人不准孩子们进花园玩。结果，春天也不来了，花园里永远是冬天。巨人后来终于醒悟过来，打开大门，欢迎孩子们进来。

(4) 史蒂文森：英国作家，作品《金银岛》讲述了少年吉姆一行人去海上荒岛寻找海盗埋藏的财富的冒险故事。

(5) 毕翠克丝·波特：英国作家，代表作《彼得兔的故事》的主人公彼得是一只宠物兔子，住在一个美丽的山村，永远不会老。所著《国王的女儿哭着要月亮》讲述某天晚上国王的女儿爬上最高的烟囱要月亮，误以为女儿失踪的国王听信保姆的话，导致罢工，最后一切恢复正常的故事。

(6) 艾伦·亚历山大·米尔恩：英国童话作家，代表作《小熊维尼历险记》是家喻户晓的世界童话名著，写了小熊及其小伙伴们在森林里的生活、交往以及追捕猎物、北极探险、智胜洪水等种种奇遇。他还著有童话《小熊温尼·菩》《菩角小屋》等，儿童诗集《当我们还很小的时候》《我们已经 6 岁了》等，轻喜剧《皮姆先生过去了》《迈克尔和玛丽》、幼儿戏剧《假象》、侦探小说《红房子的秘密》等。

3. 德国、法国、北欧儿童文学

(1) 格林兄弟 (雅各布·格林、威廉·格林)：德国文学史上的巨星，《格林童话》包括《白雪公主》《灰姑娘》《青蛙王子》《布来梅镇的音乐家》等 200 多个童话。

(2) 埃里希·凯斯特纳：德国儿童文学家，代表作《埃米尔擒贼记》讲述了 5 岁的埃米尔在火车上钱包被偷和抓贼的故事。另著有政治童话《动物会议》(各国之间应该和平相处)、家庭喜剧《两个小洛特》(成年人遏制自己的利己主义)、儿童小说《埃米尔和侦探》《两个小洛特》《小不点和安东》、童话《5 月 35 日》《飞翔的教室》《理发师的猪》《野兽会议》等。

(3) 勒内·戈西尼：法国漫画家，作品《小淘气尼古拉》讲述小学生尼古拉和他的伙伴们校内外的生活、家里家外的故事。《阿斯泰利克斯历险记》(同漫画家阿尔伯特·优德佐合作)、《幸运的路克》(同漫画家莫里斯合作) 也非常有名。

(4) 埃尔热：本名乔治·雷米，比利时漫画家，创造出了世界上知名的漫画形象丁丁，被誉为 "近代欧洲漫画之父"。作品《丁丁历险记》以探险发现为主，辅以科学幻想的内容，同时倡导反战、和平和人道主义思想，在全世界都非常著名。

(5) 汉斯·克里斯蒂安·安徒生：丹麦童话作家，被誉为 "世界儿童文学的太阳"。他创作的著名的童话故事有《小锡兵》《海的女儿》《拇指姑娘》《卖火柴的小女孩》《丑小鸭》《皇帝的新装》等。他的作品《安徒生童话》已经被译为 150 多种语言。

4. 美国儿童文学

(1) 马克·吐温：所著长篇小说《汤姆·索亚历险记》写了汤姆和哈克贝里·费恩目睹了一起凶杀案的发生，因为害怕被凶手发现他们知道这件事而逃到荒岛，最后回家指证罪犯的故事;《哈克贝利·费恩历险记》则写了哈克贝利为追求自由逃亡到密西西比，路遇黑奴吉姆的故事。

(2) 弗朗西丝·霍奇森·伯内特：美国作家，代表作《秘密花园》讲述了一个孤苦无依的小女孩，在叔叔家发现一个秘密花园，并因此重新找到了友谊和生活的乐趣。

(3) 莱曼·弗兰克·鲍姆：美国儿童文学作家，代表作《绿野仙踪》写了一个生活在美国堪萨斯州的小姑娘多萝西，被一阵龙卷风带到了一个神奇的国度，在那里她遇到了稻草人、铁皮人和狮子，并和他们成了好朋友，经历了许多奇妙的历险，因本部作品鲍姆被称为"美国文学之父"。

(4) 劳拉·伊丽莎白·英迪尔斯·威尔德：美国儿童文学作家，共出版了9卷系列图书，其中《大草原的小屋》是作者自述她童年时代在家乡大森林中的生活。主人公劳拉是个非常活泼可爱的阳光女孩，她和父母、姐姐生活在一起，虽然过着艰苦的生活，但却始终乐观向上，其他几卷包括《农场少年》《普拉姆·克里克的堤岸》《银湖岸边》《漫长的冬季》《大草原的小镇》《流金岁月》《最初的四年》等，被后人称作"小屋系列"。

(5) E. B. 怀特：美国作家，代表作《精灵鼠小弟》讲了一个像老鼠一样大小、长得也像老鼠的男孩斯图尔特；《夏洛的网》描写了小猪威尔伯和蜘蛛夏洛真挚的友谊，居美国最伟大的十部儿童文学名著之首；《吹小号的天鹅》讲述了一只不能发声的天鹅靠努力成功的故事。

5. 日本、印度儿童文学

(1) 手冢治虫：日本漫画家，作品《铁臂阿童木》轰动日本，《缎带骑士》则是公认的世界第一部少女漫画。漫画作品《火之鸟》至今被认为是日本漫画界杰作。

(2) 泰戈尔：其《新月集》生动描绘了儿童们的游戏，巧妙地表现了孩子们的心理以及他们活泼的想象。

技能练习

1. 下列作者与其作品对应有误的是（　　）。

A.《一百个中国孩子的梦》——董宏遒

B.《推开窗子看见你》——金波

C.《乌鸦兄弟》——林焕章

D.《神笔马良》——洪汛涛

2. 创作《年夜》《一颗蓝豌豆》《小小的月牙》等"小拇指童话诗"的作者是（　　）。

A. 徐鲁　　　　B. 张秋生　　　　C. 邱易东　　　　D. 尹世霖

3. 我国的幼儿戏剧古已有之，但现代幼儿戏剧的出现是20世纪初的事，其开创者是（　　）。

A. 熊佛西　　　　B. 黎锦熙　　　　C. 黎锦晖　　　　D. 瞿秋白

4. 童话（　　）塑造了一个永葆童真、拒绝长大的人物形象，因此该童话也被翻译为《永不长大的孩子》。

A.《长袜子皮皮》　　　　　　B.《骑鹅旅行记》

C.《彼得·潘》　　　　　　　　　D.《木偶奇遇记》

5. 下列作家中属于中国台湾儿童散文作家的是 (　　)。

A. 徐鲁　　　　B. 桂文亚　　　　C. 吴继路　　　　D. 毕淑敏

6. 1835 年是近代儿童文学诞生的标志点，一位世界童话大师的《讲给孩子们听的故事》的发表，开创了文人自觉创作童话的新时代。这位伟大的作家是 (　　)。

A. 夏尔·贝洛　　B. 格林兄弟　　　C. 安徒生　　　　D. 刘易斯·卡洛尔

任务二　掌握幼儿园教师资格面试的流程

学习目标

知识目标

理解幼儿园教师资格面试标准。

技能目标

熟悉幼儿园教师资格面试流程。

素质目标

知道学前儿童文学课程知识在面试中的重要性。

课前学习

课前讨论：如何在幼儿园教师资格面试中留下好印象？

学习支持

一、《中小学和幼儿园教师资格考试大纲（试行）》（面试部分）

（一）测试性质

面试是中小学和幼儿园教师资格考试的有机组成部分，属于标准参照性考试。笔试合格者，可参加面试。

（二）测试目标

面试主要考查申请幼儿园教师资格人员应具备的基本素养、职业发展潜质和保教实践能力，主要包括：

(1) 良好的职业道德、心理素质和思维品质。

(2) 仪表仪态得体，有一定的表达、交流、沟通能力。

(3) 有一定的技能技巧，能够恰当地达成保教目标。

（三）测试内容与要求

1. 职业认知

(1) 爱幼儿，尊重幼儿。

(2) 对幼教工作有热情、有责任心。

2. 心理素质

(1) 具有一定的情绪调控能力。

(2) 乐观开朗、有自信心。

3. 仪表仪态

(1) 行为举止自然大方，有礼貌。

(2) 服饰得体，符合幼儿教师职业特点。

4. 交流沟通

(1) 有较好的言语表达能力。口齿清楚，普通话标准，语速适宜，表达比较准确、简洁、流畅、有条理，有一定的感染力。

(2) 善于倾听、交流，有亲和力。

5. 思维品质

(1) 能正确地理解问题，条理清晰地分析、思考问题。

(2) 有一定的应变能力，在教育教学上表现出一定新意。

6. 了解幼儿

(1) 具有了解幼儿兴趣、需要、已有经验和个体差异的意识。

(2) 能通过观察来了解幼儿。

7. 技能技巧

(1) 熟悉一些幼儿喜欢的游戏和故事。

(2) 具有一定的弹、唱、画、跳、手工制作等幼儿教育所必需的基本技能。

8. 评价与反思

(1) 能对录像或资料中的教育活动、教育行为进行评价；或能对自己的面试表现进行评价。

(2) 能根据评价结果提出进一步改善的意见。

（四）测试方法

采取结构化面试和展示相结合的方法。通过展示、回答问题、陈述等方式进行。

考生按照有关规定进行准备，时间20分钟，接受面试，时间20分钟。考官根据考生面试过程表现，进行综合性评分。

（五）评分标准

幼儿园教师资格面试评分标准见表7-2。

表 7-2 幼儿园教师资格面试评分标准

序号	测试项目	权重	分值	评 分 标 准
一	职业认知	10	5	爱幼儿，尊重幼儿
			5	有热情、有责任心
二	心理素质	10	5	能较好地调控情绪与情感
			5	开朗、乐观、善良
三	仪表仪态	10	6	五官端正，行为举止自然大方，有礼貌
			4	服饰得体，符合幼儿教师职业特点
四	交流沟通	15	8	有较好的言语表达能力。普通话标准，口齿清楚，表达流畅，语速适当，有感染力
			7	善于倾听、交流，有亲和力
五	思维品质	15	8	能条理清晰地分析、思考问题
			7	有一定的应变能力，在活动设计与实施、环境创设上表现出一定新意
六	了解幼儿	10	5	有了解幼儿兴趣、需要、已有经验和个体差异的意识
			5	能通过观察来了解幼儿
七	技能技巧	20	10	熟悉一些幼儿喜欢的游戏和故事
			10	具有弹、唱、画、跳、讲故事、手工制作等基本技能
八	评价与反思	10	5	能对教育活动和教育行为进行较客观的评价
			5	能根据评价结果提出改进意见

（六）试题示例

例 1：请你给小班幼儿讲一个故事。

（故事自选。如考生没有故事，可提供）。

例 2：请用绘画为大班主题活动"动物的冬眠"设计一个主题展示墙。

二、面试真题举例

1. 根据儿歌《摇篮曲》完成以下两个问题：

(1) 为儿歌配画。

(2) 利用这首儿歌和画可以在大班开展哪些活动？

附儿歌《摇篮曲》：

风不吹，浪不高，

小小的船儿轻轻摇，

小宝宝啊要睡觉。

风不吹，树不摇，

小鸟不飞也不叫，

小宝宝啊快睡觉。

风不吹，云不飘，

蓝蓝的天空静悄悄，

小宝宝啊好好地睡一觉。

(3) 参考答案：可以开展欣赏活动和续编活动。

2. 根据故事《老爷爷的帽子》完成以下两个问题：

(1) 中班幼儿理解这个故事最难的地方在哪里？

(2) 如何帮助中班幼儿理解故事？

附故事《老爷爷的帽子》：

冬天到了，北风呼呼地吹，天气很冷很冷。有一只小鸟真可怜，它在树枝上冷得直发抖。

一位老爷爷走来了，他看见小鸟在树枝上冷得直发抖，心里想："这只小鸟多可怜啊，这么冷的天，小鸟一定会冻死的。"

小鸟看见老爷爷，说："风把我们的鸟窝吹走了，我们没有家了，冷得直发抖。"老爷爷说："别着急，我来帮你们想办法。"老爷爷就用自己的帽子给小鸟做鸟窝，老爷爷的帽子真暖和。小鸟想："树林里还有许多怕冷的小鸟，它们一定也冷得发抖了，快把它们叫来。"

于是，小鸟们都飞进了老爷爷的帽子里，老爷爷的帽子真暖和。它们非常感谢老爷爷，高兴地唱歌给老爷爷听。

以后，老爷爷天天来看小鸟，听小鸟唱歌，小鸟们非常高兴。

可是，有一天，老爷爷没有来。原来，老爷爷病了。小鸟也知道了老爷爷生病的消息。心想："一定是老爷爷把帽子给了我们，自己生病了，我们快给老爷爷做顶帽子。"小鸟们用自己的身上的羽毛做成了一顶帽子送给了老爷爷，老爷爷非常感谢小鸟。

过了几天，老爷爷的病好了。

参考答案：中班幼儿理解这个故事最难的地方在于幼儿没有见过鸟窝，难以建立起鸟窝和帽子之间的联系，因此可以展示鸟窝图片和帽子实物帮助幼儿建立两者的相似点。

3. 根据故事《大欺小的狗熊》完成以下三个问题：

(1) 模拟向幼儿讲这个故事。

(2) 某老师向孩子提问："长颈鹿来了，他在干什么？为什么这样做呢？"这些问题是否适合中班幼儿？为什么？

(3) 根据这个故事可以在中班开展什么活动？

附故事《大欺小的狗熊》：

森林里住着一只狗熊，它常常欺负小动物。

清早，狗熊一出门，看见小鸭子在河里游泳，就悄悄躲到树背后，悄悄地捡起一块石头，往河里扔。小鸭子以为狐狸来了，吓得赶紧躲到芦苇丛里。狗熊说："哈哈哈哈，胆小鬼！"小鸭子说："狗熊最坏！"

狗熊继续往前走，看见小刺猬，便拦住它，叫它背着苹果走路。小刺猬害怕狗熊，只得乖乖地背着苹果走路。狗熊说："哈哈哈哈，不中用的小家伙！"小刺猬说："狗熊尽欺负人！"

狗熊继续往前走，看见小猴子，跑过去夺下小猴头上的草帽戴在自己头上。小猴说："狗熊哥哥，把草帽还给我吧，狗熊哥哥，把草帽还给我吧。"狗熊说："你有本事自己来拿呀！"

长颈鹿来了，低下头去，咬住狗熊头上的帽子还给小猴。狗熊说："你、你、你多管闲事！"长颈鹿不说话，咬住狗熊，把它举得高高的，狗熊吓坏了，说："放开我，放开我！"长颈鹿放下狗熊，说："下次不许大欺小！"狗熊说："我知道，我知道！"

狗熊再也不做大欺小的事了，森林里的小家伙们都愿意和它交朋友了。

(4) 参考答案：适合，因为可以帮助幼儿记忆故事理解内容。后续可以开展表演游戏、续编、画画活动。

4. 根据故事《小动物交朋友》完成以下三个问题：

(1) 模拟向幼儿讲这个故事。

(2) 你认为中班幼儿对故事中的哪些地方感兴趣。

(3) 如何利用幼儿的兴趣拓展他们的经验。

附故事《小动物交朋友》：

有一天，小兔子、小猫、小猴子一起在山脚下做游戏，他们玩得可高兴了。

小兔子开心地对着大山喊："今天的游戏真好玩呀！"

这时，从山里传出了一个声音："今天的游戏真好玩呀！"

小动物们吓了一跳。小猫害怕地小声说："这是哪个小动物呀？为什么要学小兔子讲话呢？是不是一个人在山里不好玩？要不我们和它交个朋友，请它出来和我们一起玩吧！"小兔子和小猴子也同意了。

于是小兔子高兴地对着大山喊："你好，我是可爱的小兔子，人人都喜欢我。我们交个朋友吧！"

山里的小动物也高兴地说道："你好，我是可爱的小兔子，人人都喜欢我。我们交个朋友吧！"

小兔子听了有些不服气了："不对，不对，我才是最可爱的小兔子，别人都喜欢我！"

山里的小动物也有些不服气了："不对，不对，我才是最可爱的小兔子，别人都喜欢我！"

小兔子生气了："哼，我不和你交朋友了！"

山里的小动物也生气了："哼，我不和你交朋友了！"

这时，小猫对着山里的小动物说话了："你好，我是能干的小猫，我有很多本领，我们交个朋友吧！"

山里的小动物也说："你好，我是能干的小猫，我有很多本领，我们交个朋友吧！"

小猫听了有些不服气了："不对，不对，我才是最能干的小猫，我的本领多！"

山里的小动物也有些不服气地说："不对。不对，我才是最能干的小猫，我的本领多！"

小猫生气了："哼，我不和你交朋友了！"

山里的小动物也生气地说："哼，我不和你交朋友了！"

最后，小猴子对着大山喊："你好，我是小猴子，我会做许多游戏，我们可以一起玩！"

山里的小动物也说："你好，我是小猴子，我会做许多游戏，我们可以一起玩！"

小猴子开心地说："那好吧，我们就是好朋友了，真高兴呀！"

山里的小动物也开心地说："那好吧，我们就是好朋友了，真高兴呀！"

一旁的小兔子和小猫听了觉得很奇怪：为什么小猴子可以和山里的小动物交朋友，而我们却不能呢？

小朋友，你知道这是为什么吗？

(4) 参考答案：中班幼儿感兴趣的地方是山里小动物为什么会说一样的话。利用这一兴趣点可以开展讲述活动"我去山上找朋友"，想象山上的动物是谁，丰富幼儿想象和讲述经验，还可以开展探究回音的活动。

技能练习

1. 根据故事《光说不做的狐狸》完成以下两个练习：

(1) 模拟向幼儿讲这个故事。

(2) 表演其中的一个片段。

附故事《光说不做的狐狸》：

春天到啦，小动物都忙着种菜种瓜，只有狐狸东荡荡西逛逛，什么事情也不愿做。

这天，他来到山羊家门口，看见山羊正在刨地。他走过去问："哟，山羊大哥，准备种什么呀？"山羊说："噢，是你呀，小狐狸。我打算种白菜，你准备种什么呢？"狐狸拍了拍胸脯说："我想种一大片西瓜，夏天吃西瓜，又甜又解渴。到时候，我送你一个。"

告别了山羊，狐狸来到熊的家门口。看见熊正往地里挑水，狐狸走上去问："熊大伯你好，你准备种什么呀？"熊说："我打算种白薯。你准备种什么呀？"狐狸摇头晃脑地说："我想种人参。人参多有营养呀。到时候我送你一支。"

离开熊的家，狐狸又来到小兔子家门前。小兔子正在家门口的地里撒种子。狐狸走上去问："小兔子，你在种什么呀？"小兔子说："我在种萝卜。你准备种什么哪？"狐狸昂了昂头说："我想种一大片草莓，又酸又甜多好吃。等草莓熟了，我送你一大篮。"

转眼秋天到了，山羊、熊、小兔子带来他们种的白菜、白薯、萝卜请狐狸尝。可狐狸什么也没有种，他耷拉着脑袋说："真不好意思，我没有什么东西可招待大家的。"山羊走上去拍拍狐狸的肩膀说："小狐狸，光说得好是不够的，还要做得好。请记住，光说不做到头来什么事也做不成！"

2. 根据故事《小船悠悠》完成以下两个问题：

(1) 模拟向幼儿讲这个故事。

(2) 你会提哪些问题帮助幼儿理解故事内容？

附故事《小船悠悠》：

海龟爷爷的生日到了，一大早，海面上就出现许许多多的小船。小松鼠用圆圆的草帽做小船，小草帽在水上飘呀飘，像一轮圆圆的月亮。

小灰鼠乘着它的西瓜小船。瞧，手里还拿着一束鲜花，在蓝蓝的大海上特别显眼。

小花猫坐在一只大皮靴里，皮靴船上挂着一只红气球，是送给海龟爷爷的生日礼物。

小刺猬站在树枝编成的小船上，背上插满了鲜红的山楂果，随着浪花，忽悠忽悠往前走。

小猴子抬了一篮水蜜桃，坐在空心的桃树杆里，一摇一摇好自在。

小猪拿块门板当小船，一把扫帚当桅杆，挂上衬衫当风帆，特别神气。

啊，各式各样的小船像一支小舰队，向海龟爷爷划来，海龟爷爷高兴得不停地招呼大家，海龟爷爷说："你们常年生活在陆地上，为了祝贺我的生日，这回都下海了。为了答谢大家，我带大家游游大海，都坐到我的背上来吧。"于是，小松鼠、小灰鼠、小花猫、小刺猬、小猴子、小猪都跳到海龟爷爷的背上。

海龟爷爷像一艘大海船，船上插着鲜花，挂着气球，载着好朋友，飘飘悠悠，开始了海上旅游。

模块小结

本模块是为学生未来从事学前教育工作而设置的。介绍了学前儿童文学作品活动指导，包括幼儿园文学活动指导和图画书阅读活动指导，还介绍了教师资格考试相关内容，包括幼儿园教师资格笔试和面试。笔试中更多地涉及文学作品的信息，面试中涉及各文体在幼儿园教学实践中的展示、年龄班选择、活动价值和活动设计等。集中体现了学前儿童文学课程在培养幼儿园教师基本素养，提高保教实践能力方面的重要性。

模块测试

1. 组织幼儿园讲述活动的注意事项有哪些？
2. 组织各个年龄班学前儿童开展表演游戏的指导策略是什么？
3. 中小学和幼儿园教师资格考试的考试目标是什么？
4. 图画书阅读活动存在的误区有哪些？

参 考 文 献

［1］　高格褆，舒平.幼儿文学实用教程［M］.2 版.北京：高等教育出版社，2011.

［2］　方卫平.幼儿文学教程［M］.北京：高等教育出版社，2012

［3］　李莹，肖育林.学前儿童文学［M］.2 版.上海：复旦大学出版社，2011.

［4］　朱自强.儿童文学新视野［M］.青岛：中国海洋大学出版社，2004.

［5］　蒋风.儿童文学史论［M］.太原：希望出版社，2002.

［6］　蒋风.儿童文学原理［M］.合肥：安徽教育出版社，1998.

［7］　蒋风，韩进.中国儿童文学史［M］.合肥：安徽教育出版社，1998.

［8］　韦苇.点亮心灯：儿童文学精典伴读［M］.上海：复旦大学出版社，2009.

［9］　韦苇.外国童话史［M］.石家庄：河北少年儿童出版社，2003.

［10］　人民教育出版社中学语文室.幼儿文学：幼儿师范学校语文教科书［M］.北京：人
民教育出版社，2005.

［11］　王向东.幼儿教师语言表达技能训练教程［M］.上海：复旦大学出版社，2013.

［12］　周杰人，李杰.学前儿童文学［M］.上海：华东师范大学出版社，2013.

［13］　陈丹辉.幼儿教师语言训练：幼儿文艺作品吟诵及表演［M］.北京：高等教育出版社，
2010.